陕西省哲学社会科学重点研究基地宝鸡文理学院“周秦伦理文化与现代道德价值研究中心”经费资助项目

汉魏南北朝道教身体哲学思想研究

杨普春 著

中国社会科学出版社

图书在版编目(CIP)数据

汉魏南北朝道教身体哲学思想研究/杨普春著.—北京:中国社会科学出版社,2018.10

ISBN 978－7－5203－3474－7

Ⅰ.①汉…　Ⅱ.①杨…　Ⅲ.①道家思想—研究—中国—汉代②道家思想—研究—中国—魏晋南北朝时代　Ⅳ.①B223.05

中国版本图书馆CIP数据核字(2018)第247772号

出 版 人　赵剑英
责任编辑　周晓慧
责任校对　无　介
责任印制　戴　宽

出　　版　中国社会科学出版社
社　　址　北京鼓楼西大街甲158号
邮　　编　100720
网　　址　http://www.csspw.cn
发 行 部　010－84083685
门 市 部　010－84029450
经　　销　新华书店及其他书店

印　　刷　北京明恒达印务有限公司
装　　订　廊坊市广阳区广增装订厂
版　　次　2018年10月第1版
印　　次　2018年10月第1次印刷

开　　本　710×1000　1/16
印　　张　23
插　　页　2
字　　数　331千字
定　　价　88.00元

自　序

作为一种理论涉险的活动，哲学创造的过程从本质上是哲学家对个体性的人生困境进行自我拯救的过程，人类性的命运通过哲学的方式转化为哲学家个体性的命运，构成哲学创作的生命底蕴，故就此而言，生生不息的哲学运动过程归根结底是人类性和个体性生命不断交合汇通的过程。在哲学的王国中，小我升华为大我，大我浸润着小我，从而使一切真正热爱哲学的人，在心灵深处获得致向完满境界的无穷力量。哲学思想的精神魅力来源于哲学家深切的生命困境和真切的理论自觉，就此而言，真正的哲学必然是切于己、发于人的思想。这也就是哲学存在的不朽的根基吧。

源于不同的生存境遇，中西方哲学追求智慧的具体样式各自不同，但这种不同只是反映了人类在认识自我、致向自明之境中的路径和方式不同；就其终极指涉言，本质上都意图在探寻生命存在的大本大源中，确立人的地位和实现人的价值，因此中西方哲学可谓是同种智慧的各自表达。自古希腊以来，西方传统哲学对“第一哲学”的迷恋，中国传统哲学中根深蒂固的“道统”情节，皆是中西方哲人立足于自身的生存境遇，以自我的方式所进行的民族化、个性化表达。

道家哲学作为一种民族化、个性化的哲学形态，是道家诸子在真切的炼养实践中，将民族性、人类性和派别性的哲学性问题，纳于修身的视域内，循“修身成人”和“身化人文”的逻辑路径升华、凝结而成的一种身体智慧。道家哲学的基本主题，是在生命的内向觉解中，循身天一体、神人交感的逻辑，培育生命价值，挺立身道地位。

身体的出场如种子的萌发，要破除种种障碍，汲取种种营养，然后才能破茧而出，茁壮成长为青青之树，自由自在而自立于天地之间，成为宇宙洪荒中的一抹绿洲。在道家看来，生命的解放和人生的价值问题，以及由此而引发的真理的证明问题，不能经由逻辑的思辨来解决和实现，哲学背后所揭示的真理，须用自己的身心做切实的体证，而唯有如此，才能通达成人之道，才能领悟人生的真谛。

在修身成人的过程中，身体的破茧之旅，生命价值的重建之道，遭遇到内外双重阻力。内，需要自我觉醒到造成生命困境的根源，乃在于无穷欲望的流淌和泛滥，正是流逝于欲望的洪流，完整的身体被单向化为物质名利的肉躯；外，乃在于道德生活的价值异化，扭曲了生命的本真状态。它们共同作用，让生命步入不归之路，远离道的本原，远离生命的实相。

在我看来，哲学的问题归根结底是人的问题，借用高清海先生所言，“哲学的奥秘在于人”，这样一种情感认同和信念坚守，构成了我学习和思考全部哲学问题的内在精神底蕴。人从哪里来？人如何与包括动物和他人在内的一切他者有所区别？人为什么存在？如何更好地存在？人生到底有没有价值？为什么哲学要一而再、再而三地回到“学做人”的主题？非经修身，人能否实现自我？对这一系列问题的思考，可谓构成了我哲学生活的主干内容。因为特殊的机缘，我钟情并归身于道学的天地，从而踏上了一条于我而言再无可退却的不归之路，在道学的语境中，探寻哲学之谜，体悟哲学精神，欣赏自然之善，感受生命之美，已经成为我无法割舍的生命情怀。

道家修行要经由一个“穷理尽性以至于命”的艰辛历程，哲学研究又何尝不是如此。穷理，在我看来就是一遍遍地回到哲学史中，在前赴后继的哲学之河中思考哲学发生的奥秘，哲学问题提出的机缘，哲学思想演变的过程规律，“为伊消得人憔悴，衣带渐宽终不悔”，在执着的“穷理”路程中，人类思想的魅力会不断俘虏自我的身心，让自我惊叹于哲学王国中所蕴含的磅礴力量，直指人性，了然我心。尽性，包括尽天地之性和尽人类之性，所谓“穷造化之奇，叹人生究竟”是也。哲学之“穷理”的历程，必先经历“行至水穷处”的洗炼，然后才有“坐看云起时”的了然。“以至于命”，就是在宇宙的觉解中，证知人生的必然旨归，契悟自由的无言之美，那种无待于世、“独与天地精神相往来”的道美之美。

穷理明真，尽性向善，达命乐美，不就是哲学的真使命和真精神么？

目　录

"身体"溯源篇

“身体”原理篇

“身体”思维篇

绪　言

一　20 世纪 90 年代以来道教身体哲学研究述评

（一）道教身体哲学研究的整体概况

身体哲学兴起于西方。作为西方现象学哲学运动的重要思想成果，身体哲学力求通过对肉体之身的尊重，将哲学的起点奠基于身体而不是意识之上。循着尼采、梅洛·庞蒂等人的思想轨迹，现象学逐步开出一种新的哲学转向，这种转向对中国哲学研究所造成的影响，便是启发了中国传统身体哲学研究的热情。20 世纪 80 年代，自杨儒宾先生出版《儒家身体观》① 一书以来，中国身体哲学研究开始了以多元多维的姿态，呈现出蔚为大观之景象。但从研究论题所关涉的研究论域而言，儒家身体哲学无论是从研究的深度、广度还是从研究的成果形式上讲，都远远领先于国内关于道教身体哲学的研究水平。导致这种状况出现的原因，既有道教哲学研究在中国传统哲学研究中素来不被重视的因素，也有道教学界自身的原因。

道教哲学研究长期以来，在中国哲学研究中处于弱势地位，这是不争的事实。治中国传统哲学的早期代表学者如冯友兰、牟宗三、唐君毅、李石岑、张岱年和劳思光等人，在他们的中国哲学史著作中，几乎完全忽略了对道教哲学思想的独立研究和阐述。当代如郭齐勇者，在其《中国哲学史》著作中，对道教哲学也采取了忽

① 杨儒宾：《儒家身体观》，中研院中国文化研究所筹备处 1986 年版。

略、简论的态度。道教哲学在中国哲学研究中所处的这种受冷落地位，是由多重原因导致的。一者，学者对哲学的厘定首先受自身哲学观的影响，有怎样的哲学观便决定着有怎样的哲学认识论。前所述治中国传统哲学诸学者，其哲学观受西方知识论哲学的影响较深，将哲学视作一种崇尚理性、重视知识、探求真理的系统而专门的学问。倘若以西方知识论的标准来衡量道教哲学，则道教既无知识论之特长，也缺乏较为明晰的理论体系，道教哲学之有无，自然也就成为一个严重问题。二者，治中国哲学者，长期以来对道教哲学存有一种严重的思想偏见，认为道教哲学思想实质上即先秦道家哲学，因而“以道家思想为其哲学内涵”是道教哲学的主要特征：“一般人总以为道教是由老庄道家发展而来的，或者说道教是以道家思想为其哲学内涵，由上面的分析来看，实在是极大的误解。”①

除此之外，强调儒家文化在中国传统文化中的地位，而无视道教文化在传统文化中的“根柢”地位，也是导致道教哲学不兴的重要原因。

> 中国道教研究的起步时间这样长，将近80年，表明中国道教研究的起步是非常艰难的，老是在那里踏步不前。在整个20世纪里它真正迈开步子展开研究的时间是很晚的，是最后20年的事，在前80年的很长时间里，我们国内对道教文化的研究工作，都未引起足够的重视。最主要的原因，是由于长期以来，在学术界都存在着一种偏见，这就是把儒家文化看成是中国传统文化的唯一代表，认为道教没有自己的系统理论，只不过是民间的一种迷信，是应该予以彻底消灭的。②

上述思想偏见导致的理论后果之一，便是以道家哲学代替道教哲学，使道教哲学研究湮灭于道家哲学研究之中。

---

① 龚鹏程：《道教新论》，北京大学出版社2009年版，第17页。

② 卿希泰：《百年来道教研究的回顾与展望》，牟钟鉴主编：《当代中国宗教研究精选丛书·道教卷》，民族出版社2008年版，第4—5页。

就道教学界自身而言，缺乏专业性的哲学研究人才无疑是导致道教哲学研究式微的根本原因。李刚在其《二十一世纪道教文化展望》一文中曾语重心长地指出：“文化素质和信仰素质都较低，队伍良莠不齐，缺乏一批名扬海内外的高道，宏道事业后继乏人。”“面对二十一世纪的挑战，道教徒自身文化素质和信仰素质的提高与完善至关重要，关系着道教文化的生死存亡！”[①] 宏道人才的匮乏，在道教哲学研究领域表现得尤为严重。80 年代以来，以卿希泰为领军人物，在国内逐渐引发了道教学术研究的热潮。时至今日，国内学者在道教史、道教文献、道教养生、道教文化等各个领域，几乎都取得了极为丰富的研究成果。但相对而言，道教学术研究的关注重心和所取得的研究成果，在各个领域呈现出并不平衡的发展态势，其中，尤以道教哲学研究亟待重视。加强道教哲学研究的力度，拓展道教哲学研究的多元化空间，理应成为我们促进道教学术研究的重要课题。道教哲学的研究，需要兼具一般哲学思辨的能力和道教文献学的能力，并需要对道教文化有深刻和独到的身心体悟，在当代的社会境遇和思想氛围下培养兼具这几种素质的人才，实属不易。

道教哲学研究的滞后状态，也自然而然地影响到道教身体哲学的研究，使道教身体哲学研究的水平及其相应的研究成果远远落后于国内身体哲学研究的整体发展水平。当前，国内身体哲学研究主要集中于西方身体哲学和儒家身体哲学的研究视域中，对于道教身体哲学的研究，起步较晚，成果数量也屈指可数。可以说，对道教身体哲学的研究仍然处于起步阶段，有诸多可供开拓的问题域。

（二）90 年代以来道教身体哲学研究的不同阶段、基本维度与主要成果

1. 道教身体哲学研究的探索阶段

20 世纪整个 90 年代，可以被称为道教身体哲学的探索阶段。

---

① 李刚：《二十一世纪道教文化展望》，《二十一世纪中国道教展望——茅山中国道教文化研讨会会议论文集》，2001 年，第 8 页。

这一时期从事道教身体哲学研究的学者较少，所取得的研究成果不多，研究的视域也较为狭窄。其中，台湾学者蔡璧名可谓是国内开展道教身体哲学研究的领军人物。该时期，蔡璧名先后公开发表了4篇学术论著：一篇论文——《身体、自然与中国医学传统中的身体观》（1996年“文科学术理论研讨会”论文），一部专著——《身体与自然——以〈黄帝内经素问〉为中心论古代思想传统中的身体观》，两篇同专题研究报告——《泥丸与丹田——以〈黄庭内景经〉为中心论魏晋“身体观”的因革》。在研究报告中，作者依托道教医学和道教的养生文献，深入细致地考察了道教文化中所蕴含的身体思想意蕴，揭橥出道教身体观的整体思想特征。作者指出：“中国古代思想传统所探讨的身体，绝非自独自化、自生自灭的孤立存在，而总是着落在变动不居的时空网络之中与时迁化。”①也就是说，身体之生化养成是在身体与世界一体的关联中进行的，身心、身天、身国等相互作用，构成了作为完整的身体观的理论景象。蔡璧名的研究成果对于后来道教身体哲学研究不仅具有方法论的启迪作用，而且具有思想疏导的功能。

在蔡璧名之后，张钦在《宗教学研究》1999年第3期上发表了《道教形神论与生命的自我超越》一文，从形神关系视角探析了道教生命超越的理想性与可行性。葛兆光在《中国哲学史》1999年第2期上发表了一篇与道教身体哲学观相关的学术论文：《宇宙、身体、气与“假求于外物以自坚固”——道教的生命理论》。在该文中，作者通过梳理宇宙、身体与气三范畴之间的关系，指出了道教内养是一种“假气以全身”“依身而全命”的生命质量升华与人生意义超越的过程。这种认识深刻地揭示了道教生命哲学的理论特质。

2. 道教身体哲学研究的起步阶段

进入21世纪，道教身体哲学研究逐渐受到学界的关注，研究

① 蔡璧名：《身体与自然——以〈黄帝内经素问〉为中心论古代思想传统中的身体观》，台湾大学出版社1997年版，第323页。

队伍渐成规模，研究成果层出不穷。按照研究的不同维度，对这一时期的研究成果分类简述如下：

第一类，关于道教身体观理论的研究成果，主要有：李刚的《道教身体观初探》，发表于《天府新论》2009 年第 11 期；胡奂湘的《〈淮南子〉的人体观和养生思想》，刊于杨儒宾主编，台湾巨流图书公司于 2009 年 12 月刊印的《中国古代思想中的气论及身体观》一书中；孙亦平的《实用与玄想兼备的道教身体观》，发表于《中国社会科学报》2012 年 8 月 27 日；杨普春的《魏晋南北朝道教身体哲学研究论纲》，发表于《宝鸡文理学院学报》（哲学社会科学版）2015 年第 4 期；刘鹏、王振国的《以身观身：对道教与中医学身体观的认识》，发表于《中国道教》2015 年第 10 期。

法国学者戴思博撰写的《〈修真图〉——道教与人体》一书，由齐鲁书社于 2012 年出版发行。该书以丰富翔实的资料揭示出身体的结构特征与炼养功能，对于研究道教身体观而言，是一部不可或缺的重要参考文献。

道教身体观的理论特征既与西方心物二元论的身体观乃至与西方后现代主义的身体观有着根本的不同，也与儒家和佛教的身体观有所区别。与西方身心观相比，道教身体观是身心一元的身体观。与儒家和佛教身体观相比，道教对身体的重视和认识更加深刻，也更加全面。李刚指出："道教对于人的身体产生和孕育的过程，予以特别的关注，在儒释道三教中首屈一指。"在道教的认识视域中，道教对终极价值的追求，始终奠基于其身体基础上，身体既是追求终极意义的物质介质，又是实现理想的实践主体。"在道教看来，人能成仙是人的身体发生质变、人体变为仙体的结果。"①

第二类，关于道教形神关系问题的研究成果，主要有：吕鹏志《道教内丹术的形神观》，发表于《中国道教》2002 年第 2 期；陈霞的《形神俱妙——道教身体观的现代诠释》，发表于《哲学动态》2005 年第 4 期；孙亦平的《道教身心观的文化特质及其现实

① 李刚：《道教的身体观初探》，《天府新论》2009 年第 6 期。

意义》，发表于2006年的《杭州师范学院学报》第5期；姜薇的《庄子形神关系论》，2007年吉林大学硕士学位论文；刘秀丽的《传统道教形神观研究》，2007年华东师范大学硕士论文；李刚的《形神俱妙、形神可固——道教生命哲学超越生死的理论根据》，登载于“Purposes, Means and Convictions in Daoism—A Berlin Symposium”会议论文集中，该文集于2007年由Harrassowitz Vela Wiesbaden发行；何立芳的《形神相守——道教身心和谐关系论》，发表于《天府新论》2008年第11期；李刚的《伪道养形，真道养神——〈西升经〉的形神观探险》，发表于《宗教学研究》2009年第3期；胡孚琛的《道家和道教形、气、神三重结构的人体观》，刊于杨儒宾主编，台湾巨流图书公司于2009年12月刊印的《中国古代思想中的气论及身体观》中；蔡林波的《陶弘景的形神论及其思想史意义》，发表于《东岳论丛》2010年第11期；刘仲宇的《道教形神观初探》，登录于中国社会科学网（WWW. CSSN. CN）2014年10月27日；孔令宏的《道家、道教的“形”“神”观》，发表于《社会科学战线》2014年第12期。

此外，还有一些与之相关的研究成果，因其研究视角和所得出的研究结论与上述研究成果多有重叠，故不再赘述。

关于道教形神关系问题的研究成果众多，且形式多样，由此可以看出这一问题在道教身体观研究中所处的重要地位。形神关系问题可谓是道教身体哲学的一个基本问题，从某种意义上讲，有怎样的形神观就会有怎样的身体观。诚如李刚在《形神俱妙、形神可固——道教生命哲学超越生死的理论根据》一文中所论：“永久保持形与神的统一，这是道教论证人能不死成仙的一个主要依据，它与神仙不死的信仰能否在道教的神学理论上得以成立有关，与人能否超越生死存亡有关。”形神之间存在着复杂的关系，克服形神对立的一切障碍以实现“形神俱妙”即成为贯通道教神仙信仰理论、养生炼养的思想红线。

应当看到，无论是“形”与“神”处于怎样的一种状态，分离或者统一，都与逻各斯主义支配下的西方传统认识论哲学中的

“身”“心”关系有着根本的不同。道教中“形”和“神”的分离是以身体的整体性与有机性为前提的，形神分离也只是整体之身在致向超越之身的过程中暂时出现的阶段性状态，这种分离状态随着修养工夫水平的增进，会自相融合。不仅如此，道教对待“形”和“神”的态度，也是以实现二者之间的和谐共存为根本目的的。《上清黄庭内景经》言：“泥丸百节皆有神……一面之神宗泥丸，泥丸九真皆有房，方圆一寸处此中，同服紫衣飞罗裳，但思一部寿无穷。”[①]“泥丸”是“神”之所居，在修身中处于极为重要的地位，如要长寿，存思泥丸中神即可得之。由此可见，道教要践行“长生久视”的价值理想，既需要精神上的提顿，也需要形质上的保证，二者缺一不可（也正是在这里，道教与儒家、释家的身体观产生了分歧，对此问题当另行论证）。

在逻各斯主义主导下，与超越性、纯粹性的理性相比，身体就是堕落性、庸俗性的代名词。在黑格尔的“绝对理念”哲学中，几乎没有给“身”留下任何足以自立的地盘，整个世界都被纳入理性王国之中，一切都作为理性王国的一个逻辑链条而存在，身体被遗忘了。

第三类，关于道教身体思维和身体范式的研究成果，主要有：陈杰的《道教身体与自然观初探》，2004 年四川大学硕士学位论文；李刚的《身体政治，道教诠释〈道德经〉的主线之一：以陈景元〈老子注〉为例》，刊于刘笑敢主编，广西师范大学出版社 2009 年出版的《中国哲学与文化》第五辑《六经注我还是我注六经》；邹静的《身体的符号和结构——〈道教和人的身体〉翻译》，2007 年四川大学硕士学位论文；李磊的《论黄帝内经身体观范式》，发表于《医学与哲学》2010 年第 12 期；吕有云的《道教身体政治学论纲》，发表于《西南大学学报》（社会科学版）2012 年第 9 期；张硕的《司马承祯之身体美学研究》，2013 年苏州大学硕

① 《云笈七签》卷 11《上清黄庭内景经 · 至道章第七》，《道藏》第 22 册，第 69 页。本文所引《道藏》，皆以文物出版社、上海书店出版社、天津古籍出版社 1988 年影印本为据，下引只注明册数和页码。

士学位论文；吴光明著，蔡丽玲译的《庄子的身体思维》，刊于杨儒宾主编，台湾巨流图书公司于2009年12月刊印的《中国古代思想中的气论及身体观》一书。

从哲学认识论意义上讲，身体本身同时就是一种认知模式、一种思维方法。在道教视域中，由于身体具有沟通生命内外两种情境的能力，且身体又是一个不断自我生成的过程，这样身体便因所处的不同情境而自然地呈现为不同的生命样态，从而赋予当下的生活以“道”的意义。由此可见，身体思维就是以身思之的哲学思维方式，是一种“透过身体来思想”的认知模式。“‘身体思维’乃是身体情况中的思维，也就是透过身体来思想，身体体现的思维与身体联结；在这种情况下，思维活出了身体，而身体也活出了思维。”[①] 从身体思维的角度看待道教文化，道教的宇宙论即是一种身体宇宙论，道教的自然观是身体自然观，道教的政治观、道德观、认识论等无不是一种身体政治观、身体道德观和身体认识论。

第四类，以陈霞的《从内经图看道教身体观的生态意义》［发表于《锦州医学院学报》（社会科学版）2006年第5期］与《道教身体观的生态意义》（陈霞主编《道教生态思想研究》，巴蜀书社2010年版）为代表，对道教身体观的思想价值进行了初步的论述。她从身体、自然与国家相互融通、互为一体的认识前提出发，揭示出道教尊重自然，建设美好生态家园的哲学根据及其这一理论的应用前景。

第五类，除上述研究维度外，还有一些与道教身体观相关的研究成果，它们的作者都是一些并非专业从事道教文化研究的学者，他们对道教身体观的研究，大都因为在从事自身专业研究的过程中，出于研究需要而附带做一些道教身体观的研究。这些研究成果对于拓展道教身体观研究的视域，提高身体观研究的认识水平具有重要的理论参考价值。这方面的研究成果，数量庞大，成果丰富，

---

① 吴光明：《庄子的身体思维》，蔡丽玲译，杨儒宾主编：《中国古代思想中的气论及身体观》，台湾巨流图书公司2009年版，第395页。

本书仅撷取其中的代表作予以说明。

相关的研究成果主要有张再林的《作为身体哲学的中国古代哲学》，于2008年由中国社会科学出版社出版发行。该书运用彻底的经验学方法，以身体为轴线，对中国古代哲学中的宇宙论、伦理学和哲学史观等问题进行了系统的阐发，对于研究中国传统哲学的身体观而言是一本必读的参考文献。周与沉的《身体：思想与修行——以中国经典为中心的跨文化观照》，于2005年由中国社会科学出版社刊印。在本书中，作者循着身—心—气—行的逻辑线索，层层递进，逐级超越，精致而又深刻地揭示出传统身体哲学的形上运演路径，对于治中国传统哲学者而言，本书的思想方法、建构逻辑和分析结论都具有一定的启发意义。杭艳艳的《先秦儒道身体观与其美学意义考察》一书，于2007年由上海古籍出版社出版发行。本书是作者在其博士学位论文基础上进一步修改后的研究成果。全书分上下两篇，上篇重在说明先秦儒道身体观与西方心物二元论身体观之根本区别，下篇意在说明儒道身体主体挺立的美学根据。这三本专著分别从不同侧面揭示出传统哲学的身体意蕴，在传统哲学身体观研究中具有代表意义，对于开展道教身体哲学研究而言同样具有重要的理论参考价值。

对一至五类研究成果进行统计，共有期刊论文21篇，硕士学位论文5篇，译著1部，各种成果形式之间的数量比例严重失衡，缺乏专著性的研究成果。这也从一个侧面说明，道教身体哲学研究还应该从深度和广度层面展开工作，不断提升道教身体哲学的研究水平。

（三）道教身体哲学研究展望

1. 对道教身体哲学的展望，需要具有理论的反思能力

经过近20年的建设，道教身体哲学研究所涉及的一些基本概念已经日益明晰，研究的问题意识也渐趋明朗，为进一步开展道教身体哲学研究，推进道教身体哲学研究向更高水平发展提供了理论前提。今后开展道教身体哲学研究的方向，应从研究的广度和深度两个层面努力，不断促进身体哲学研究境界的理论创新。从现有研究

成果的论域看，广泛涉及道教的身心关系、身天关系、身国关系和身体思维等多个论域，但对这些论域的研究大都从横向层面展开，缺乏纵向的、历史的研究维度，亟待通过进一步的研究弥补之。而且，从不同论域所达到的研究深度看，各个论域之间的研究水平差异较大，其中，身心关系问题方面的研究成果较多，而对其他几个论域的涉入力度则薄弱得多，需要加强这方面的研究力度。从研究所指涉的文献背景看，现有研究缺乏跨文本、跨文化的研究视野，与之相关的问题意识也不明确。今后研究可在这方面强化之。

2. 研究道教身体哲学，需要具备熟练使用理论工具的能力

在当代世界哲学语境中从事道教身体哲学研究，必然关涉研究者个人所持有的元哲学观问题。此一层面的问题是以对“何为哲学问题”的回答为认识条件的。在这一前提下，探究关于道教身体哲学的问题，实质上是从道教身体哲学这一独特视角出发对“何为哲学问题”的一种个性化的回应。研究者自身关于“何为哲学”问题的研究视野和所达到的认识水平，不仅影响着道教身体哲学研究的理论风格，而且直接决定了道教身体哲学研究的思想价值。

当代哲学的总体发展趋势呈现出高度分析和高度综合的整体特征，黑格尔式的抽象体系建构的研究范式尽管仍然为一些学者所采用，但在后现代哲学的冲击下，早已不是当代哲学研究的主流范式。尤其是身体哲学，作为一种“反形而上学”的思想产物，更是藐视那种纯粹思辨的研究方式。身体之为身体，乃因身体自与“道”通，“道通为一”是对身为物本的本体诠释，这是就抽象的身体而言的；与“道”一体之身，又因身体所处的具体情境，而有具体的呈现，体现出具身性的一面。就身体的内收性而言，身体是高度综合的整体性、交互性、融通性存在；就身体的外显性而言，身体又是具体的存在。内外融通构成了活泼泼的身体世界。今后进行道教身体哲学研究，需以世界的哲学视野和哲学理论创新的问题意识为指导，促进道教身体哲学研究的当代转换。道教哲学能否成为一种时代性的哲学，归根结底取决于这种研究努力。

道教的身体观有其自身的发生逻辑，这种发生逻辑和西方后现

代身体哲学存有一种天然的亲近关系。道教身体哲学是一种服务于养生，以解决生死问题为终极关怀的身体形而上学，这一形而上学体系自有不同于知识论的逻辑线索。从道教身体哲学的研究方式看，对文献做静态描述及在此基础上进行知识论建构仍然占据主导地位。如何在动态的研究中揭示出道教“肉身成道”“生活道教”的内在奥秘？在新的时代背景下，应该如何厘定道教的核心价值与根本精神，使其与社会主义核心价值观相适应？这些问题都是道教身体哲学研究需要思考的问题。

当前道家哲学研究中存在两种倾向：一是沿着西方哲学的路向，对道家文本做知识论诠释，意图通过精致的语言分析，展现出一种全新的理论面貌；二是循经学文献学的传统治学之路，对道教典籍做训诂性的研究。这两种研究路向都拓展了道教哲学研究的视域，丰富了道教哲学研究的成果，但又不同程度地歪曲或遮蔽了道教哲学的精神实质，未能有效地揭示出道教那种悲天悯人、身国同构、兼容并包的智慧特征。

道教哲学，是一种以形上的姿态关注形下生活的生命和生活智慧，它高扬着“修身成人”“身化人文”的精神气质，自具一种生命价值情怀下的身体理性情怀，这种理性情怀是综合天道观、修炼观和道德观与历史观于一体的身道价值哲学，体现为生成性、内向性和比身性等一系列特征，由此形成的人文景观呈现出一种身化人文的哲学人类学特征。

胡孚琛曾提出“建设21世纪新道学”① 的宏伟构想，倘从此

---

① 见于胡孚琛《21世纪的新道学文化战略——中国道家文化的综合创新》[《杭州师范学院学报》（社会科学版）2003年第12期]，《全球化浪潮下的民族文化——再论21世纪新道学文化战略》（《东方论坛·青岛大学学报》2005年第8期）等文。在文中，胡孚琛指出：“如果说西方文明是‘狼的文明’，中国儒学文明是‘羊的文明’，那么道学文明则是‘龙的文明’。”他认为：“道学文化是人类唯一保存下来的新石器时代母系氏族公社时期的原生态文化，它是人类最初的文化，也必将是人类最后的文化。新道学文化的创立是中国文化的第三次重构，也是世界上‘第二轴心时代’普世文明的发现。我们应以道家的自然生态文化为基础进行现代化诠释和综合创新，将现代西方文化的精华接纳进来，创立集古今中外文明精粹之大成，有时代精神的新道学文化，以解决全世界共同面对的问题。这是21世纪人类唯一可行的文化战略。”

一高度审视道教身体哲学研究，所关涉的问题更多、更为复杂，唯待有心人去从事这种理论探险工作了。

二　本书的研究思路[①]

身体哲学是近年来道教哲学研究的学术增长点之一，立足道教文本，揭橥道学文化中的身体思想底蕴，并进而探寻这一思想的现代价值，是道教身体哲学研究的根本旨趣。秉承这一旨趣，本书撷取汉魏南北朝时期的道教作为考察对象，分别从不同方面阐发道教身体哲学的相关问题，以期从整体上呈现出道教身体哲学研究的理论前景。

（一）道教身体哲学研究的背景

1. 西方后现代身体哲学研究的兴起

后现代意义上的西方身体哲学，发轫于对笛卡尔“身心二元”哲学的批判。胡塞尔指出：“笛卡尔的身心二元论被视为现代性种种负面恶果产生的哲学上的‘罪魁祸首’，克服现代性，在哲学上几乎就意味着克服笛氏的二元论。”[②] 伴随着这一思想批判的历史进程，身体的际遇也大体经历了一个由“身心二元”之身到“身心合一”之身的转变。“世界的问题，可以从身体开始”，梅洛·庞蒂的这句名言，将世界的本原安放在了身体之上，身体由之而成为一种新的哲学观的元话题。以“身体”为元话题的西方身体哲学，以摆脱和克服身心、心物二元论哲学思维模式为己任，强烈反对“逻各斯”普遍主义下“意识独白”式的哲学话语表达方式，力主推动哲学研究范式由“思辨世界”向“生活世界”转变。这种哲学致思取向甫一进入中国哲学家的视野，便激起了众多中国哲

① 该节内容是在笔者业已发表的《魏晋南北朝道教身体哲学研究论纲》［《宝鸡文理学院学报》（哲学社会科学版）2015 年第 4 期］一文基础上，经过调整、修改而成的。特此说明。

② 胡塞尔：《现象学的观念》，倪梁康译，上海译文出版社 1986 年版，第 36 页。

学家的理论兴趣，并逐渐引出了中国传统哲学研究的“身体转向”①。

2. 中国传统哲学研究的“身体转向”

事实上，中国传统哲学语境包含着丰富的“身体”资源，正是在对这些“身体”资源给予现代解读的过程中，逐渐形成了中国传统哲学研究的“身体转向”。以对“身”的认识为例，早期儒家和早期道家都已认识到了“身”在道德养成中的重要性。“我未见好仁者，恶不仁者。好仁者无以尚之，恶不仁者其为仁矣，不使不仁者加乎其身。”② 这里将“仁”与“身”并列，代表着早期儒家将“仁”与“身”并举，以“仁”性塑造“身”体的思想主张。“吾所以有大患者，为吾有身；及吾无身，吾有何患?”③ “身”之所以成为“大患”之根源，因为“身”之存在不仅是人生问题产生的终极之因，也是彻底解决“人世间”一切问题的终极之方。隐匿于老子精神世界中的这种“身患”意识，成为激发后世道教追崇神仙信仰以解脱生死问题的基本的“问题意识”。

中国古典哲学中有关“身体”论述的资源极其丰富、深刻，以致西方哲学家得出了“中国古典哲学使用那么多词语来表示身体，表明身体是这个哲学传统的中心”的结论。④ 以胡塞尔、梅洛·庞蒂等为代表的西方现象学哲学家，主张从哲学本体论意义上厘定“身体”在哲学中的地位和作用。它以“视域交融”的形式，为探寻传统哲学的现代转型打开了一扇“芝麻之门”。“走向‘身体哲学’”逐渐成为当代中国传统哲学研究中一种极富思想价值的哲学观取向。只有“走向‘身体哲学’，才能认识到什么是真正意义上的中国哲学，才能使中国哲学研究告别以西方哲学为元话语的庞大

---

① 陈立胜：《“身体”与“诠释”：宋明儒学论集》，台湾大学出版中心2011年版，第12页。

② 《论语·里仁》，（宋）朱熹撰：《四书章句集注》，中华书局1983年版，第70页。

③ （魏）王弼注，楼宇烈校释：《老子道德经注校释》第12章，中华书局2008年版，第27页。本书引《道德经》，皆以楼宇烈本为据，下引只注章数和页码。

④ ［美］理查德·舒斯特曼：《身体意识与身体美学》，商务印书馆2014年版，第11页。

叙事，同时，我们也才能使中国传统哲学与人类哲学新的时代精神接轨，并继往开来地使其重焕生命的青春。”[①]

3. 身体哲学是一种依“身体”而起的哲学观

综上所述，作为身体哲学中的“身体”，是“被自然、社会与文化所构成，同时又构成人类世界的生命原型意义上的‘身体’”[②]。此种“身体”是一种“彻底经验主义”意义上的“身体”。“它又是一种至大无外的身体，乃至整个世界、宇宙都可以看作身体的放大和再现，从而它也是一种彻底经验主义的身体。”[③]基于“身体”所具备的这种无限敞开的属性，“人与世界关系的问题”以“身体与世界关系的问题”呈现出来，“身体”成为思考“哲学何以可能”问题的阿基米德点。在依“身体”而筑起的哲学图景中，世界是具有身体性的价值世界，身体是世界的自然之物。在身体与世界的一体化关系中，身体成为解释世界，包括宇宙、社会、文化等在内的终极之因，而世界万物则成为身体开展自我观照和自我批判的价值源头！

（二）道教身体哲学研究的致思逻辑

与西方认识论哲学不同，中国传统哲学是以“价值论”为核心的哲学形态。“价值论是中国传统哲学的核心。与西方哲学的异隔性、分析性思维方式不同，中国哲学价值思维的突出特征是融通性、综合性。”[④]中国哲学的这一独特理论品格的形成，究其思想根源，与中国哲学所内蕴的“身体性”特点不无关系。“这种‘身体性’表现为中国古人一切哲学意味的思考无不与身体相关，无不围绕着身体来进行，还表现为正是从身体出发而非从意识出

---

① 张再林：《走向“身体哲学”——中国传统哲学研究范式的变革》，《江苏社会科学》2008 年第 3 期。

② 张再林、燕连福、程秋君等：《身体、两性、家庭及符号》，西安交通大学出版社 2010 年版，第 137 页。

③ 同上。

④ 赵馥洁：《中国传统哲学价值论》，人民出版社 2009 年版，第 365 页。

发，中国古人才为自己构建了一种自成一体，并有别于西方意识哲学的不无自觉的哲学理论系统。”① 中国哲学本有的这种“根身性”特征，在汉魏南北朝“神仙道教”哲学思想中得到了充分的体现。“神仙道教是魏晋时期独具特色的道教形式……神仙道教继承了战国时期神仙家的传统，是秦汉以来方仙道和黄老道的演变，同时又是对早期道教的改造。”② 与“神仙道教”的整体特征相适应，中国传统哲学的“根身性”特征在汉魏南北朝“神道设教”的论说中，具体体现为“即身即道”“身天一体”的理论特征。对这一理论特征的具体分析，应遵循一般哲学观形成和发展的逻辑线索，即在哲学和哲学史的统一中展开对这一时期身体哲学观的研究。

1. 以老庄为端，对道教“身体”缘起做理论溯源性研究

汉魏南北朝道教哲学思想的形成，是在对先秦老庄道学理论做神仙道教改造的基础上形成的，其所使用的理论范畴以及所崇尚的价值理想都深受老庄道学的影响。故对汉魏南北朝道教身体哲学的研究离不开对老庄身体哲学意蕴的发掘与梳理。

以《道德经》对汉魏南北朝神仙道教思想的影响为例。后世对《道德经》的诠释与解读，或奉之为养生之圭臬，或视其为治国之大范，或视作谋略之始祖，或视作管理之典范，视角各异，不一而足。几乎每个阅读《道德经》的人都会得到不同的体悟，得出不同的认识结论。这些解读是否揭示了《道德经》的真义？是否存在误读的现象？对这些问题，对这种现象，从《道德经》思想的身体性出发便可以得到合乎情理的解释。有感于世间解读《道德经》时所出现的种种讹误现象，著名道学家胡孚琛指出：“今之著《道德经》者，多不治内丹学和《黄帝内经》，看不懂内丹家的《道德经》注本，这就忽略了对道的身体感受，将老子的许多修炼思想望文生义地曲解为政治学说了。因之弄清儒家‘家

① 张再林：《作为身体哲学的中国古代哲学》，中国社会科学出版社 2008 年版，第 3—4 页。

② 胡孚琛：《道学通论》，社会科学文献出版社 2004 年版，第 292 页。

国同构’和道学‘身国同构’的区别，是正确理解道家著作的关键。”[①] 又指出：“道家之学，既可知，又可行；既需学道，又需修道；既是政治哲学，又是生命哲学，要深刻理解道学，必须抓住它以身为本位，天人同构，身国一理的特点。”[②] 通观《道德经》全体，在其81章内容中，始终贯穿着一条思想主线，然后围绕这一思想主线形成了不同的思想层面和不同的问题维度。这条主线就是根植于“身患”意识基础而形成的“养生”主线。为什么要养生？何以养生？如何养生？身体之患的解除乃以“生死”问题的解决为其根本标志，“养生”中如何克服“生死”难题？如何在世俗的生活中坦然面对生命大限？《道德经》包含着丰富的智慧思想，对这些问题有着深刻的论述。秉承《道德经》中的“身体”旨趣，以赋予“道”“玄”“守一”等范畴以神仙信仰意蕴的方式，汉魏南北朝道教建立起了以长生成仙为终极归宿的道教身体哲学。

2. 在“神仙道教”思想视域中发掘蕴含其中的“身体”哲学意蕴

道教哲学思想中天然地蕴含着一种浓郁的“身体”情结，这种“身体”情结并不仅仅是道教宇宙论、伦理观或者是其他哲学问题的一种情感投射，而是一种身本论意义上的本体“意向性”精神旨趣。这种本体“意向性”旨趣，孕育于道教宇宙论、自然观、生命观和伦理观之中，成为贯通道教哲学体系中各部分内容的一根思想红线。从道教的宇宙论和生命观之间的关系看，道教的宇宙论和生命观是一种“天和人和”“人乐天乐”[③] 的同源同构和同感性的关系。这种“天人感应”的关系特征，使道教的人性论成为一种“自然摄性归性”[④] 的自然人性论；使道教的认识论成为一种“心

① 胡孚琛：《道学通论》，社会科学文献出版社2004年版，第26页。

② 同上。

③ 《南华真经口义》卷15，《道藏》第15册，第773页。

④ 《道藏》第32册，第434页。

意向天，使万物兴”[①] 的认识论。而在“天人感应”的整体格局中，道教的伦理观、生活论和修养论融通一体，使德性之养成、生活之行为与仙境之追求在本体上互相涵摄，在事法上则相与为用。

总之，神仙道教可以说是造端于“身患”意识，纠结于“生死”问题，追崇于“神仙”信仰，笃实于“清静”修行，内观于“身心”修炼，外显于“圣道”统治，在长期的历史演化中，造就了一种独具特色的道教“身体哲学”。道教的“身体哲学”远远溢出了“身心关系”下对“身体”的狭隘限定，包含着“自然身”“本体身”“方法身”“境界身”等多种意蕴。以道教的“自然身”为例，它完全不同于“身心关系”视域下的“形躯之身”或者“肉身”之“身”，而是一种“天地”之身，内蕴着无限丰富的超越韵味。所谓“人皮应天，覆盖于物，天之象也”；[②]“人之骨巨而体繁……应天地之数也”[③]。“身体”“象”天、“应”天，是“天地”之身。“人身中百神，皆与天灵通同。”[④]“身”纳百“神”，是“神性”之身。可见，道教的身体是融生命现实性于宇宙超越性之中，融形体有限性于精神无限性之中的身体，这样的“身体”，用现代哲学的判断标准去看待，就是一种哲学之身。

道教的身体是一种自觉的身体观，其萌发、衍变，呈现出复杂的身体理论，包含着丰富的身体智慧。

3. 判别“道”与“身体”之间的关系，厘定道教“身体哲学”研究的元概念

在身体哲学的视域中，道教之“道”与道教之“身”是何关系？道教之“道”对于现实人生何以可能？即道教之道如何落实于现实的修行生活中？对隐匿于道教身体哲学研究中的这一问题，我们不妨借用后世大儒王夫之的一句话来回答：即身而道在。也就是

---

① 王明：《太平经合校》卷117，中华书局1997年版，第660页。本书所引《太平经》皆以王明本为据，下引只注明卷数和页码。

② 《黄帝内经素问补注释文》卷31，《道藏》第21册，第190页。

③ 《皇极经世》卷12上，《道藏》第23册，第441页。

④ （宋）张君房编，李永晟点校：《云笈七签》，中华书局2003年版，第972页。

说，“道”依“身”而显，道是“体道”之道，“道”贯通和显示于“以身体道”的生命实践过程之中。这一“以身体道”的过程，乃以“生死”问题为其根本的问题意识，以“养生”为其核心价值特征，以“修行”为其生命存在方式，即对“生死”问题的回答最终落实于以“养生”为根本特征的生命实践活动中。由此可知，道教之“道”与其说是天道之“道”，不如说是借天道以言人道之“道”。而无论是天道之“道”还是人道之“道”，都是“身体”之“道”，是依“身”而显，因“体”而悟之“道”。因此，我们强调身本体，是从人的价值本质及其实现这一视角而言的。

总之，“道”本论与“身”本论并不矛盾，“道”之“独立不改”“周行而不殆”[①]的特性，恰恰为“身体”提供了自我超越的内在根据。这说明，“体道”修真的过程是一种自我创造和自我实现的超越之路。在这一超越的路途中，身体润泽清洁、濯而不染地超拔而出，挺立于世界之间，逍遥于六合之外，自然而自由！

4. 运用元哲学的研究成果构建道教“身体哲学”的研究范式[②]

“身体哲学”研究与“身体观”研究的根本区别，在于“身体哲学”研究需要以自觉地运用元哲学的问题意识和思维方式为指导，按照元哲学研究的不同论域展开道教身体哲学研究的具体维向。如按照西方传统哲学的划分，将哲学的论域划分为“终极存在、终极解释与终极价值”三个板块，则可以从身体宇宙论、身体

① 《老子道德经注校释》第 25 章，第 63 页。

② 当代哲学研究的重大趋向之一是各种各样哲学导论、哲学通论研究热潮的兴起，这是哲学面对以分析哲学为代表的西方后现代哲学思潮的冲击而进行自我辩护的必然结果。在传统形而上学的话语方式和研究范式被消解之后，哲学要找到自身的理论家园，就需要对自身进行理论前提的审视。元哲学的致思目的即在于此。它的研究对象乃是以哲学观自身为理论反思的对象，意在揭示哲学自身赖以成立的前提条件，并在这一过程中给予其合理性的前提自明性的论证和说明，从而达到哲学研究的理论自觉。用元哲学研究的思维方式看待道教哲学研究，道教哲学研究水平要达到当代的理论水平，其理论形态内部也应呈现出多元多维的发展趋向。身体哲学就是在当代哲学语境下对道教哲学发生的理论前提进行追问和思考的结果。在元哲学方面相关的研究成果，请参见［俄］T. H. 奥伊泽尔曼的《元哲学》（人民出版社 2013 年版），［美］劳伦斯·E. 卡洪的《现代性的困境——哲学、文化和反文化》（商务印书馆 2008 年版），孙正聿的《哲学通论》（辽宁人民出版社 1998 年版），张世英的《哲学导论》（北京大学出版社 2002 年版）等。

认识论和身体伦理观等方面展开汉魏南北朝道教身体哲学研究。当然，不同学者由于元哲学观的不同，在处理道教身体哲学体系的过程中，可以做出个性化的安排。但就道教身体哲学研究而言，既要学习和汲取包括现象学身体观在内的哲学研究范式，以达到拓展研究视域和丰富研究内容的目的，又要结合学者自身的修行体验，寻找到符合道教"身体"生成的内在逻辑，并将其升华为道教身体哲学观的基本研究范式。

（三）汉魏南北朝道教身体哲学的理论意境

汉魏南北朝时期是道教承前启后的大发展时期。这一时期，神仙道教教理体系初步形成，道教宫观组织制度化建设基本上奠定了后世道教的发展格局。同时，《道藏》的编纂也从另一个侧面证明，汉魏南北朝时期道教建设已经进入了具有高度理论自觉的发展阶段。[①] 这一时期，以葛洪、陶弘景、寇谦之等为代表的一批道教学者，从当时道教所处的社会环境出发，结合其炼养经验，对包括道教教理教义、科仪规制、宫观建设、养生修炼等内容进行了一系列的改革，为促进道教的发展做出了巨大贡献。对这一时期道教的教理教义、斋醮仪轨、养生炼养等各部分内容进行哲学的反思，可以发现，无论是道教教理教义，还是道教的斋醮仪轨，或者是道教的炼养方术，都具有鲜明的"身体"特征。从"身体"出发，不仅能够揭示出它们缘起、生成的内在根据，对"道教文化何以可能"的问题做一本原性的回答；更能找到它们发生、发展的内在逻辑，从而对"道教文化如何开展"的问题做一合乎"身体"逻辑的回答。

1. "神仙道教"信仰理论是一种"身体"本原性哲学理论

在神仙道家们的精神世界中，宇宙乃是具备价值品行，以吉凶

① 对《道藏》编纂究竟以哪一部书为标志，学界存有争议。陈国符在《道藏源流考》中，提出《道藏》始编，当以《汉书·艺文志》为起点。而吉冈义丰在《道教经典史论》中则认为，应以《抱朴子·遐览》为始。本书采用吉冈义丰的论定，以《抱朴子·遐览》为《道藏》编纂之肇端。

赏罚的方式作用人间的身体场，宇宙中的一切事物，包括天地、自然都以“人天对话”的方式存在于人世间。处于这种“人天对话”“天人感应”关系中的“身体”，不再拘泥于自然主义的血肉之身，而成为经由现象学还原的“道身”。如此之“道身”涵摄肉身与灵身、经验之身与超验之身、当下之身与生成之身、个体之身与群体之身等诸多层次的内容，俨然为一生生不息的身体世界。非仅宇宙如此，知识的生成也与身体直接相关，身体与世界的一体性使认识身体与认识世界合而为一，身体观即世界观，真理的本质乃在于对身体生成规律的揭示，认识身体就是认识世界！如此，才有老子“不出户，知天下；不窥牖，见天道”[①] 的澄明之境！

在“根身”的宇宙论和“反身”的认识论支撑下，道教的伦理观乃是一种典型的“躬身主义”伦理观。修身、修心、修道，和合于养生实践过程中，“道生之，德畜之，物形之，势成之。是以万物莫不尊道而贵德”[②]。体“道”修真之要在“德”性之涵养，“道”之用在于“德”之养，由此而完成了道教作为养生伦理的价值实现进路。“神仙道教”伦理价值实现的这一进路对道教的自然观、社会观与生活观都产生了深远的影响。在神仙道家的生活图景中，因为“自然”“天地”等具有神格的气象，所以道教的身体伦理的投射范围也早已溢出了今天伦理学所界定的“社会关系——人与人之间伦理规范、道德义务关系”的苑囿。在他们的精神世界深处，天地、自然万物都具足身性，个体生命与天地万物之间，同样存在内在相关的伦理关系。自然不再是意识哲学之“心物二元论”视域下单纯的客体之物，不再是异于“我在”的“他者”之在，而是从情感方面与“我”相互融通，与“我”互文对话的主体之物。这种情理交融的特征落实在修身实践中，遂显现出一种极具生命气息的身体哲学智慧：对自然“身体”的爱护就如同对自己的身体一般的爱护，养护自然就是养护自己的身体，就是养护生命；对自然的保护本身

① 《老子道德经注校释》第 47 章，第 126 页。

② 《老子道德经注校释》第 51 章，第 136 页。

就是一种躬身而行的身体修行实践，具有义务和规范合二为一的特征。道教的这种神仙自然观，显然已非“客体自然”意义上的自然观，而是一种具有根身性的自然观。这种自然观所包含的内容，包括天、地、人、我、万物，都是自然之构成要素；这种自然观包括事实判断和价值判断的双重意蕴；这种自然观的致思方式，乃是一种以整体思维为显著特征的完整的身体论思维方式！由此出发，遂衍生出道教身体哲学所特有的全息思维、身象思维、内景思维等极具道教特征的思维方式。

2. 道教文化是一种依“身体”生成的内在逻辑而成的信仰文化

在道教炼养术、道教斋醮科仪与道教神仙信仰中无不投射着道教作为一种身体哲学所具有的理论特质。道教炼养术虽名曰“术”，但“术”中有“道”，是道和术一体性在“术”这一层面上的具体结合。道教炼养术的基本内容涵盖“精”“气”“神”三个层次，而每一层次的内容中又同时蕴含着对其他两个要素的吸收与运用。道教炼养的这种特征展示了道教以个体为本位，以身心修炼为内容，道术一体，融摄于身的思想特征。道教斋醮科仪是身体的仪式表征，是身体进入社会公共场景，以符号化方式进行的一种自我形象展示。身之理性、体之情感、行之道性相互勾连，贯通于其中，使道教斋醮科仪具足了鲜活的生命意义。总之，道教斋醮科仪不仅仅是一种文化象征，也是一种身体记忆，是个体走向社会，身体上通下达的媒介和桥梁。“神仙信仰”是道教区别于其他各种宗教的最为显著的特征。道教的神仙世界具有可感、可亲、可爱的特点，究其实质，乃在于道教的神仙世界本根于身体之中，面向现实生活而设，具有“直面生活”的特质。在道教的神仙世界中，不仅构成自我的灵与肉之间存在着相互对话的关系，而且生命个体之间，包括人与人之间、人与自然万物之间都因“天人同气”① 而共成一体，相互之间是一种“你”“我”的共生、共荣关系。彼此息息相通，彼此相依，共

① （宋）张君房编，李永晟点校：《云笈七签》，中华书局2003年版，第771页。

同构成了“道”的世界。在道教的神仙世界中，不仅人与人之间存在着通情达理的关系，人与天地万物之间亦是如此，故而“宇宙万有，皆是吾真”式的世界情怀才浸润而生！

总之，汉魏南北朝时期道教的天人观念、道教的修身思想、道德伦理观念等与先秦老庄道家和两汉道教相比，都发生了巨大的变化，形成了以神仙道教为思想核心的理论形态。这种理论形态在长期的历史演变过程中逐渐内化、凝结为道学文化的遗传基因，并对传统文化的精神旨趣、思维方式、人格情操与审美取向等都产生了深远的影响。从“身体”出发，对汉魏南北朝时期道教思想形成的根据给予哲学层面的反思，既有助于从文化深层次解读道学文化的特征，也能对近代以来诸如“中国无宗教”“中国无哲学”“道教是消极的遁世主义”等文化虚无主义思潮给予身体哲学意义上的回应。在当代哲学的视野下看待这种“解读”和“回应”，是在推动道学文化“转向”中必然要遭遇的也是必须要回答的问题。

（四）汉魏南北朝道教身体哲学研究中需要注意的几个问题

汉魏南北朝道教身体哲学思想研究需要注意处理以下几个方面的问题：

1. 如何在哲学观的理论视野和道教语境的融合中审视“身体”概念，并将其上升为哲学范畴，以使作为形而下的身体上通下达地递进为具备精神超越层次的哲学性“身体”，以最终奠定身体哲学的理论基础。

2. 在身体认识论研究中，身体认识论和意识认识论的区别是什么？在这一过程中如何应对来自“主客关系论”哲学与“心性主体论”哲学的冲击？

3. 胡孚琛提出“建设21世纪新道学文化战略”①。其根本精神在于传承和弘扬道学之身心合一、体用兼备的实践品格。在道教身体哲学的研究中，来自理论层面的挑战——譬如对后现代哲学思想

---

① 胡孚琛：《道学通论》，社会科学文献出版社2004年版，第91页。

的理解和把握问题，对当代哲学前沿动态尤其是身体哲学前沿动态的把握问题——尚易克服，而根本的挑战则来自于研究个体对道学文化、道教思想之身体认同的程度和水平——不仅是思辨地梳理，而且是身体力行地认同。从事道教身体哲学研究，隐喻于理论之中的价值关怀精神，也必须进入研究主体的身体内部，成为研究主体之生命、生活内容的一部分，只有这样才能对道教精神做一真切的情感体会和严谨的理论说明！

4. 传统道教哲学依循“形神关系”主线，在“天人合一”的整体理论格局下对道教身心关系论、心性论等问题进行持续的思考和研究，在身体哲学研究中，需要汲取“形神关系论”的思想成果，从身体哲学的角度对“形神关系问题”进行探思与发微。

对哲学做发生论的思考可知，哲学自身的肇端、蔓延，经历了一个物象崇拜、主体意识、多元分化的过程。道教的身体观是哲学发生的缩影。

三 本书的主要研究目的与研究方法

（一）研究目的

1. 对道教给予身体哲学观的考察

以身体哲学的视角解读道教文化的各个层面的内容，在发掘道教文化哲学底蕴的同时，回应常识和学界对道教的各种评价。比如，对道教是杂家之说，道教是弱者的哲学，道教是消极哲学等问题，都要给予回应。

2. 梳理道教身体哲学的思想、范畴，构建道教身体哲学体系

运用现代哲学的思维方式，对道教身体哲学思想给予发掘、整理，在明确逻辑线索的基础上，确定道教身体哲学研究的基本内容及其相互关系，最终勾勒出道教身体哲学的整体理论面貌。

3. 以当代哲学的问题意识和研究范式探究道教身体哲学的理论意境，推动道教身体哲学研究创新

哲学的创新表现在各个方面，对于道教身体哲学而言，通过与

世界哲学的比较，尤其是当代哲学研究成果和研究思想的比较，从中发现道教身体哲学思想的特点和价值，并用现代哲学的研究方法给予适当表达，就是道教身体哲学创新的一种重要形式。在道教身体哲学研究中，从“身体”出发，借助于后现代身体哲学确立道教身体哲学的地位，然后以此为“手术刀”切割当代中国哲学研究中的各种哲学问题，并对当代人类性的问题给予道教身体哲学的回应。这就是道教身体哲学的创新！

（二）主要研究方法

1. 文献法

根据选题的性质，确定待研究的对象和研究中可能涉及的相关问题，然后根据研究对象、研究问题所体现的不同时空限制条件，遴选资料，并对其进行梳理、加工和提炼，最终形成研究成果。在本书中，按照初步设想，文献资料的遴选主要分为三个问题视域进行，其一，道学经典文献和在道教发展史上有代表性的思想文献。由于本书具有“研究提纲”的性质，对道教典籍的把握不可能做到面面俱到，只能选择代表性的文献作为分析的对象。其二，后现代主义哲学的代表性文献和身体哲学方面的专门文献。对于后者，本书主要关注近年来在国内外哲学界尤其是中国哲学界取得较佳影响的思想成果。其三，时人论述传统文化现代化发展的一般文献。根据笔者总体研究思路和具体的研究问题，在元哲学的问题意识提示下，以西方后现代身体观研究为参照系，结合当代中国的社会语境，分门别类地展开对各问题的论证。

本书对文献法的使用采取了一种审慎而疏阔的立场与态度。本书的研究意在对汉魏南北朝道教哲学思想做一身道论的诠释，并不着力于对具体文献的真伪之考证，那是道教史学家的事情。道教哲学研究若过度拘泥于文献的考证工作，必会因文害意，必难以保证思想全体的脉络与整体研究气脉的贯通。哲学研究有哲学研究的独特方法，其客观性建立于对思想生成的历史语境和思想演变的历史进程的理解与把握基础之上。因此哲学研究的目的意在突显贯通该时期文化语境的思维主线，并在一种合理性的解释中发显出这种思想所蕴含的人文价值。

其实，从哲学研究的理论自觉性而言，哲学的客观性有其自身的逻辑特点，只有经过长期专门的、艰苦的思想训练才有可能领悟这种客观性，把握哲学研究的规律性。这种客观性来自于三个方面的训练。一是文献训诂的能力；二是贯通思想史的能力；三是在历史—实践交际下的问题意识及其理论批判能力。三者缺一不可。

所以，纯粹的哲学研究并不意味着可以完全无视对文献的梳理工作的重要性，恰恰相反，在研究中需要格外注意所使用文献的客观性和代表性。所谓客观性，包括四重含义：一者，选用的文献要限定于“汉魏南北朝”的时限中，不可越出此一时限，以保证理论论证内容与研究对象的生成背景相统一。二者，在使用资料时，力求兼顾道教文化的各个方面内容，而不可仅专注一点或某一方面的内容，造成以片面代整体的危害。三者，在使用文献的时候，主要使用或者只使用在道教史界业已论定真伪确属此一时期的道教文献，对于时限存疑的文献则尽量不使用，即便使用也做限制性的使用并详细交代使用的意图和使用的范围。四者，注意对文献版本的遴选，为保证版本的权威性，研究中凡是中华书局有单行本且学界业已认可的文献，就采用以此单行本为依据。如果没有相关文献的权威版本或者现有的单行本问题存在较多而为学界所不用者，则以三家本《道藏》为依据，特此说明之。

所谓代表性，即在择取文献的时候，主要以代表性人物和代表性文献为理论考察对象，譬如代表性人物有老庄、葛洪、寇谦之、陆修静和陶弘景等，代表性的作品主要有《道德经》《庄子》《太平经》《参同契》《老子想尔注》《西升经》《神仙传》《抱朴子》（内外篇），及其上清派的代表性作品《上清大洞真经》和灵宝派的代表性作品《元始无量度人上品妙经》等。其他的文献，则根据研究的需要，撷取使用。

2. *历史分析法*

按照事物发生、演变、发展的一般逻辑，通过对道教历史中各种偶然事件的分析，求同存异，得出“一般的”研究结论。历史研究法的哲学基础在于，历史是必然与偶然有机统一的过程，对历史发展规律的认识是通过大量偶然事件的比较分析而得出的。在本书中，历史方法的使用广泛体现于各个方面，与其他研究方法交织在一起，综合发挥作用。如在对“身体范畴”哲学属性的论证中，在道学文化天地中，“身体”使用的内涵和外延是各自不同的，先秦时期的“理性身体”与道教创教后的“技术身体”，其中身体所具有的思想意蕴已经发生了巨大变化。通过历时态的历史分析，可以发现，道教对身体概念的不同理解，揭示了道教在领会“道”之真谛中，内在地形成了多元多维的思想差异，这种差异性的存在，是道学开放性、自我批判性文化品格的具体反映。

3. 比较研究法

比较研究法是一种非常重要的研究方法，是为了突显研究对象的自身特点和发展状态而经常使用的研究方法。使用比较研究法，其重点要注意比较尺度的选择，不能过于宽泛，也不能过于狭窄，要紧扣问题，做到尺度得当。常用的比较研究法有“求同存异”“异中求同”“时间比较法”“空间比较法”“价值比较法”，不一而足。在本书中，后现代主义的“身体”与道教的“身体”这两种不同身体哲学的异同，及面向共同的生活世界二者之间的差异互补，相关思想的阐发都是在二者之间的相互比较中来完成的。

比较方法的使用不仅贯彻在具体问题的论证过程中，也作为本书的理论硬核——身体——具体含义及其哲学确立的思想背景而存在。在道教身体哲学研究中所关涉的一个前提性问题是，身体的形而上学含义及其在道教语境中的具体使用。对这一前提性问题的思考与回答，必不能离开比较哲学的思考视域而进行臆说和独断，毕竟作为哲学的身体范畴及其研究方法，其理论缘起、思想源头都奠基于西方后现代哲学的宏阔视野中，在对具体问题的探究中，也必然会时时关注到相关问题在西方身体哲学中的策应。当然，身体哲学缘起于后现代哲学，并不等同于将西方身体哲学研究的结论和相关的研究方法全盘借用，用以指导道教身体哲学研究，以“我注六经”的方式肢解之。道教身体资源极其丰富，且以身体为主轴确能够对道教的形成做出同情式的理解和富有新意的诠释。如此而言，作为哲学范畴的“身体”及其理论形态的身体观虽滥觞于西方，但随着它使用范围的拓展，就不仅仅局限于西方的文化语境了，而具有了哲学人类性的共性，与各自不同的文化形态相结合，形成各自不同的“身体观”。

4. 理论研究法

为克服思想的游移性，学者对自身思考的理论成果要及时总结，以形成系统的理论体系。或者，学者在整合其研究结论时，需要对各个不同的研究论题进行整合，以形成系统的理论成果。这样就需要确定体系内部的逻辑层次以及各层次之间的相互关系，使之自洽、圆融。由此可见，理论研究法包含四个环节：确立划分的尺度；在同一尺度下划分层次；对不同层次进行排列，确定顺序（逻辑顺序）；将各层次组成体系，形成系统。本书从“爱智”的哲学乃根于人生在世本自存有的“忧患基因”这一思想的大前提出发，循此“忧患意识”而提出、挺立出天道、人道等多维问题。在重重“问题”的包裹之下，“人”内约外显、身体力行地追寻“安身立命”的精神家园，将“道”之“无”与“术”之“有”合之于“身”，在生活世界中感受天地人物，创造身体世界，构成一个生生不息的历史文化语境。基于对哲学的这样一种体认，本书以道教“身体”为本，按照“问题解决”的认识逻辑，以求自洽而圆融地描绘出道家形而上学的瑰丽图景。

5. 修行人类学的研究方法

对于道教身体哲学而言，体悟法是一种必不可少的研究方法。道教“形神俱妙”之境不是纯粹理论的论证，而是身心修炼的反应。因而，对于身体内外诸层次内容的领会、理解，都建立于研究者独特的体验基础上。在研究方法上，道教身体哲学区别于思辨哲学的主要特点，即在于道教身体哲学长于以个体感的方式揭示出生命的内在奥秘。生命、生活，不是异隔于身体而独立存在的场景，它们本身就是身体具体的展现过程。对此中之理的理性剖析，需以真切的身心感受为前提，这也是道教真理标准的根本立足点。

为了获得这种真切的体验，笔者一方面投入资料的搜集和整理工作中，另一方面又结合道教辟谷、静坐等方式，在夜深人静之时，静静地体味典籍中的章意句理，并将日间所遭遇的理论难题纳入这种静思的氛围中，以体悟的方式消弭思想中的疑虑与困惑。可以说本书就是在“半日读书半日静坐”中一点点地往前推进并最终完成全稿的。

除了上述方法外，本书还应用了哲学诠释学的研究方法，诚如所论“哲学诠释学反思理解与解释及其条件”，本书在析取道家和汉魏南北朝道教身体意蕴时，使用的方法之一即建立于以“身体”为核心范畴对道家和道教思想发生的理论前提及其逻辑演变过程进行“身体”式的梳理上，本书对道教身体哲学的“建构”是建立于此种“梳理”工作基础上的。

在笔者看来，一种“哲学观”的研究，鉴于哲学自身的理论特征，必然涉及多种方法的使用，也正是在多种方法的相互渗透、多种方法的周转变化中，才能从多种视角展示出一种哲学观的复杂理论面貌。

四　本书的创新点

在哲学理论发生与发展的逻辑背后，总是离不开特定哲学问题的提出与解决，可以说，问题构成了哲学理论的生命力。因此，本书采取了问题解析的方式来展现魏晋南北朝道教身体哲学的理论全景，首先从宏观层面分“思想渊源”“理论原理”“哲学思维”“附录”四个方面来安排全书结构，其次从微观层面按照一般哲学问题提出与解决的致思方式安排各章节所要具体探讨的内容。

本书的创新点如下：

1. 从魏晋南北朝道教研究的视角看，本书与众多关于魏晋南北朝道家思想的研究成果相互补充，开阔了该时期道教思想研究的视野，丰富了这一时期道教思想研究的成果。

由于魏晋南北朝时期在道教发展史上占据着承上启下的地位，这一时期道教所形成的整体格局，基本上奠定了其后道教发展的历史轨迹。因此，通过对这一时期的道教进行专题研究，有助于从整体上把握道教思想和道教文化的基本特征。正因为此，学界对魏晋南北朝道教的研究，维向多层，视角多元，业已形成了丰硕的研究成果。在道教史方面，有早期道教史研究（汤一介《早期道教史》，昆仑出版社 2006 年版）、天师道史研究（张继宇《天师道史略》，华文出版社 1990 年版）等；在专题研究方面，有宗教政策研究（李刚《魏晋南北朝宗教政策研究》，四川大学出版社 1994 年版）、伦理学研究（姜生《汉魏两晋南北朝道教伦理论稿》，四川大学出版社 1995 年版）、道教文化与民俗研究（刘志《魏晋南北朝社会生活与道教文化》，巴蜀书社 2013 年版）、道教社会分层研究（钟玉英《魏晋南北朝道教社会分层研究》，四川大学出版社 2008 年版）、道教生态思想研究（白才儒《道教生态思想研究——以魏晋南北朝时期道教为考察对象》，社会科学文献出版社 2007 年版）；在人物专题方面，有陶弘景研究（王家葵《陶弘景丛考》，齐鲁书社 2003 年版），有葛洪研究（丁宏武《葛洪论稿》，中国社会科学出版社 2013 年版），有陆修静研究与寇谦之专题研究，等等，成果众多，异彩纷呈。从道教身体哲学契入魏晋南北朝道教研究，对于这一时期的道教研究而言，无疑可以极大地拓展魏晋南北朝道教研究的思想视域。

2. 本书从身体哲学角度考察汉魏南北朝道教，契合了当代哲学研究的前沿趋向，是推动道教哲学现代化发展的一种理论尝试。

身体哲学是一种个性化的哲学思维方式。在身体哲学研究中，需要对一般哲学属性做一自觉的反省，以形成关于对哲学一般特性的基本认定。然后再在这一认定基础上从事具体哲学研究，只有这样才能保证研究本有的哲学属性。身体哲学作为一种哲学观，需要从身体这一哲学发生的本原出发，思考人之为人，人何以成人等一系列具有终极意义的哲学问题，这就是身体哲学的独特理论旨趣。

本书秉承身体哲学这种独特的理论旨趣探讨汉魏南北朝道教身

体哲学思想形成的理论渊源及其身体本体确立的理论根据，探讨道教宇宙、认识论与伦理观身体内容与身体特征，探讨道教神仙信仰、生命炼养和斋醮科仪的身体意蕴，是立足于当代哲学前沿问题，运用现代哲学思维方法研究道教哲学问题的一种理论尝试。

3. 本书勾勒出汉魏南北朝道教身体哲学的整体理论景观，揭橥出其中所蕴含的丰富的身体哲学思想意蕴。

与西方身心观相比，道教身体兼具形上和形下的双重功能，是身心一体的身体观。与儒家和佛教身体观相比，道教推崇“形神俱妙”的身体智慧。李刚指出：“道教对于人的身体产生和孕育的过程，予以特别的关注，在儒释道三教中首屈一指。”“在道教看来，人能成仙是人的身体发生质变、人体变为仙体的结果。”[①] 在道教的文化世界中，道教对终极价值的追求，始终奠基于道教的身体基础上，身体既是追求终极意义的物质介质，更是实现理想的实践主体。

鲁迅说：“以此读史，有多种问题可以迎刃而解。”[②] 回到身体本身，从身体的本原处解读道教史，可以将鲁迅品评道教文化的论断在层次上做一种转换式解读。从身体出发，解读道教和道学文化，笼罩在道教和道学文化中的许多奥秘便可以在一种根身性的思想语境中得以理解。

牟宗三认为：“任何一个文化体系，都有它的哲学。否则，它便不能成为文化体系。”[③] 道教作为一个文化体系已是无须质疑的事实，然而，渗透于道教文化深处的道教哲学思想是怎样的呢？它是否存有一贯的思想逻辑？若有，这种一贯的思想逻辑是如何贯通于道教文化之中的？具体到汉魏南北朝时期，这一时期道教在宇宙论、伦理观、炼养方面都取得了极大的成就。然而，这一时期的理论建设水平，是否就如劳思光评价两汉儒学宇宙论那样，视其为一种“混合玄虚荒诞因素之宇宙论”，“使中国哲学思想退入宇宙论

① 李刚：《道教的身体观初探》，《天府新论》2009 年第 6 期。

② 《鲁迅书信集》上卷，人民文学出版社 1976 年版，第 18 页。

③ 牟宗三：《中国哲学的特质》，上海古籍出版社 2007 年版，第 6 页。

之哲学幼稚阶段"[1]。或许，从心性化、理性主体的价值取向而言，相比于前秦时期的宇宙论、伦理观思想，汉魏南北朝道教的宇宙论、伦理观思想也难免规避开"混合玄虚荒诞因素之宇宙论"之苛责。但换一种视角，从身体哲学的角度讲，汉魏南北朝道教未免不是以一种特殊的文化形式给我们展示出了一副磅礴的生命气象呢？而其中所蕴含的智慧之光，恰恰是今天的我们所需要的。

道教文化对于天人关系、身心关系及其人我关系等多重问题的认识，都围绕着身体来展开，其运思的逻辑线索不是基于知识论的逻辑而是基于一种生成论的逻辑展开的。因而，在道教的形而上学思想体系中，本体论、认识论、工夫论与方法论乃至历史观自然而然地融通为一，体现出以身转换的智慧特征。凡是身体所处都自然而然地融涵出"道"的指向，这就是道教存在论的全部思想要义；凡是身体的多向都自然而然地被身体转换、吸收进一种身体情景之中，构成属人世界。这种哲学观将人的局限性与人的超越性都安放于身体之中，使得身体的各个部分都不仅作为"物体"而"在"世界，更以"自体"而挺立于世界之中，生命之个体性、人生之个别性的形上根基，维系于身体构成的部分性之中。而作为整体的身体，则以其无限性为人们提供了致向绝对和崇向自由的无限可能性。由此而酝酿、演变出的人文景观，是循身而成，依身而起的哲学文化观。在这种文化观视域中的"人"，既非"情"本，亦非"理"本，而是"情景交融"地形成了以"身"为本的哲学观理论。

在这一哲学观理论体系中，存有三个基本的问题向度，制约着全书的致思取向，分别是：身体作为价值根据如何开出人道世界，为人之为人做出整全的论证和说明？包括自然性与社会性、个体性与人类性、物质性与理想性等问题，作为身—人关系问题的思考维度，如何合乎身体逻辑地层层铺垫开？对这些问题，皆要做一理论的关切和回应；身体作为"活"的有机体，是"活"在由个体的生命世界和群

---

① 劳思光：《新编中国哲学史》卷2，广西师范大学出版社2005年版，第3页。

体的生活世界共同构成的世界之中的，身体要呵护自身的生命安全，塑造超高的价值境界，必然要遵循一定的价值规范和生命法则，从身体出发如何推衍出此种生命法则？循此法则而行，如何必然地抵进超越之境？在此一过程中如何处理各种偶然事件之于必然进程的影响？由且己之身出发，如何开出理想之道德与理想之政治图景？由此而奠基出的身体人文世界，又是如何演变为一种身体文化的？此种身体文化的理论特征、思想意蕴、实践功能如何？

由上述问题交互作用构成的理论全景，即为道教身体哲学探究之方向。基于这种理论憧憬，从身体出发对道教和道学文化进行哲学解读，揭示道教作为一种母体文化生成、演变的历史奥秘，以及道教在中国文化中发挥作用的具体特点，乃至更进一步地探索道学文化在当代中国的历史机遇和发展机遇等，都是本书的理论努力方向。这种大胆而富有激情的尝试，是笔者借笔墨以言修行的一种心路磨炼，成与不成，道法自然！但无论如何，这种探索自有其价值意义在。如阿多诺所言："我们从事哲学研究的目的并不依照事物的科学用途来穷尽事物，将现象还原为少数几个命题……相反，我们应通过哲学尽力地将自己融入异质性的事物当中……而不是把这些事物硬塞进事先设计好的范畴当中。"[①] 人生在世，他人、物质、社会规范等所构成的客观世界每时每刻都影响着我们，让我们不得不做出选择，平安、幸福、自由遂成为人类性的课题，普适于世间而不分古今内外地烛照着芸芸众生。哲学的任务并非要将人类从周围的世界剥离出来，将人类置于生命荒原之上而无所皈依，而是要为人类找到一条安身立命的场所，让人类由之获得一种永恒。

在此种价值的挺立中，由于思考问题的出发点不同，不同的哲学家选择的哲学出发点各自不同，由此导致哲学发生的逻辑过程也各具特色。道教的形上之路是根于"身患"，始于身体的，它消弭世界异质性的方式，是借助于身体性的实施而逐步展开的。身体，

① 转引自［美］道格拉斯、凯尔纳、斯蒂文·贝斯特《后现代理论——批判性的质疑》，张志斌译，中央编译出版社2012年版，第250页。

也理所当然地成为道教哲学发生的理论基石。

五　本书的逻辑结构说明

按照哲学发生学的思维逻辑，将全书分为绪言，“身体”溯源篇、“身体”原理篇和“身体”思维篇三篇以及附录五部分内容来撰写。

其中，“绪言”意在立本——就本书的基础性概念和其他相关问题进行说明，以奠定研究的理论基础；“身体”溯源篇意在追本溯源——任何事物的成长都有自身的发生、发展过程，魏晋南北朝身体哲学亦然，其价值旨趣始于老庄；“身体”原理篇乃全其大要，论其精髓，是全书之“体”——意在对魏晋身体哲学的基本内容进行论证，以展示魏晋南北朝身体哲学的主要内容及其各部分内容的结构特征；“身体”思维篇乃“身体”之“用”——运用身体哲学的思维方法，选取有代表性的事物作为研究对象，对其做“个案性质”的分析，以弥补对研究对象做全体考察之不足，同时也为从更深层面探析研究对象的内在特征提供“移步换景”式的研究视角；“附录”乃为补充正文研究之不足而设，意在挂一漏万式地说明，对魏晋道教身体哲学做专题研究的思想价值。纳入附录中的几篇文章，是笔者已经投刊发表的几篇小文。

具体而言，“绪言”部分重在对身体哲学和道教身体哲学的概念进行一般性的界定和说明，并顺便对选取魏晋南北朝道教作为研究对象的原因和选题的意义进行概括性的说明。在“绪言”中，对身体哲学提出的理论依据及其身体哲学思维方法的一般特征的研究是这一部分的重点，因为在身体哲学成立的前提下，道教身体哲学的界定也就是顺理成章的事情了。

“身体”溯源篇是在业已界定的身体哲学的研究视域下，对道家和道家身体哲学发生的理论源头和基本的价值旨趣做一追本溯源式的探索，因为道教教理和教义的形成与道教养生理论的建构，乃至道教神仙世界的描绘，都与老庄道家存有千丝万缕的联系。在对道家和道教价值旨趣与修行方法做综合考察的基础上，本书认为，老庄道家在哲学基础、人格境界、修行方式和价值旨趣诸方面基本上奠定了道家和道教的思想基础，道教对老庄道家的发挥，只不过是通过神仙信仰的构建而将老庄道家的理想世界进行了社会化、系统化的展示，但在本质上它未曾脱离老庄哲学的精神境界。若将老庄精神世界看作隐匿的世界，那么，道教只不过是以社会化、组织化的方式将其揭橥出来，就是将老庄之“隐匿的身体”转化为“具体的身体”。在道教学术界，对道家和道教的划分一直以来就存有不同的观点，李申即认为道教和道家本为一体，若从身体哲学的视角讲，李申这种观点确实有其存在的思想根据。

“身体”原理篇是本书撰写的重点内容，是从魏晋南北朝道教的基础文本出发，对道教的身体哲学思想做一考察、分析和论证。“身体”原理篇三章内容的安排，乃是基于对哲学基本问题的理解之上做出的选择。“终极存在、终极解释、终极价值”问题是哲学思考的一般问题，也是哲学观研究的基本内容，身体哲学之所以为哲学，是以身体哲学研究的问题意识中所包含的对哲学基本问题的认定为前提的。当然，本书在这样安排的同时，也充分吸收了“具体形而上学”的观点（“具体形而上学”由杨国荣提出，其基本思想观点是，在高度分析和高度综合的学科演变过程中，哲学自身也呈现出这一特征）。一方面，在高度综合的层面，元哲学研究兴起，哲学需要为其生存的根基进行自我辩护，今后哲学的研究需要以哲学的理论自觉为前提来展开；另一方面，在高度分析的层面，哲学沿着价值、认识、伦理、语言、历史、文化、生活、自由等不同的维向，形成了认识与本体、价值与本体等既相互关联又各自不同的研究维向。对相关理论的具体论证，详见“具体的形而上学”系列著作（包括《道论》《伦理与存在——道德哲学研究》《成己与成物——意义世界的生成》三部著作，均由北京大学出版社 2011 年出版）。在对魏晋南北朝道教身体宇宙论、身体认识论和身体伦理思想做具体论证时，笔者注意到每章内容与身道本体之间的关系，又各自成章，各具一体，在宇宙论、认识论和伦理观方面各有所本，各自独立，体现了“既在大本大原方面的统一，又各美其美”的理论努力的方向。当然，在具体论证的过程中，本书始终坚持将老庄道家、汉代道教和魏晋南北朝道教做一体观察的原则，但在坚持三者之间内在统一的同时，又就魏晋南北朝道教在思想理论方面与前二者之间的不同做了重点论证，或发挥，或转换扬弃，或忽略，总之，魏晋南北朝道教身体哲学有其自身特点。

“身体”思维篇乃是运用“身体”原理篇中所形成的身体哲学理论对魏晋南北朝道教的重大内容进行“个案式”的分析，属于理论运用的性质。当然，选择“炼养”“斋醮”和“神仙”三个节点作为分析的对象，既是基于对道教发展规律的认识，也有其主观性安排的因素，可以说是主客观双重因素共同作用的结果。笔者这样处理，意有所指，其中，“炼养”部分重在从个体层面分析道教身体哲学的理论特点，“斋醮”和“神仙”则着重对“群体”和“社会”层面的分析，这样就形成了由个体到群体再到社会的分析进路。

“身体”溯源篇

哲学家们往往从西方哲学的历史语境出发，将哲学定性为“爱智”的学问。“爱智”的学问起源于人生在世的一种“惊异”意识。与西方“爱智”不同，中国哲学可以说是一种“爱生活”的学问，它萌发于一种与生俱来的生命忧患意识，而不是对外部世界的“惊异”情绪。与西方哲学以思维理性见长不同，中国哲学乃以身体理性见长，中国哲学则是以身体力行的方式对这种生命忧患意识所进行的身体语言表征，“安身立命”是中国哲学所要探究的终极问题！道家哲学问题意识的萌发，造端于老庄，在后世道教形成后，虽然引入了“气”范畴，以“气”释“道”，并在“神道设教”的整体格局下对老庄哲学精神进行了一系列的改造，但老庄哲学所蕴含的身体情感、问题意识、价值导向、思维方式仍为其所继承，成为道教构建教理教义思想的智慧源头。故对老庄身体哲学思想的把握也就自然而然地成为研究道教身体哲学思想的思想前提性工作。

第一章　老庄哲学的“身体”发轫

现代哲学家们往往从西方哲学的历史语境出发，将哲学定性为一种“爱智”的学问，“爱智”的学问起源于人生在世的一种“惊诧”意识，并由这种“惊诧”意识萌发、缔结出“逻各斯”主义哲学。与西方的“逻各斯”传统不同，道家哲学可以说是一种“爱生命”的学问，它萌发于一种与生俱来的生命忧患意识。道家哲学及继承其而来的道教哲学，都是这种生命忧患意识支配下所缔结出的人类智慧之果。

《道德经》指出：“吾所以有大患者，为吾有身；及吾无身，吾有何患。”① 人欲走向“世界”，致向无限之境域，须以自知、自明为前提。如何由“有限”之“小我”成就“无限”之“大我”？如何由“被抛于世”的状态进入“逍遥于世”的自由之境？在老子看来，造成人生之困境者，归根结底乃因为人是一种“身体”性的存在，有“身”便必然有限制，而且在造成人生困境的多重因素中，“身患”是根本之患。唯有消除“身患”，成为“圣人”“至人”，人才能够真正成为自由之人。那么，“身患”的含义是什么？包含哪些内容？“身患”何以为“大患”？“无身”何以可能？老庄之“身患”有何差异？又如何由此“身患”意识而达至“道通为一”的形上之境？此种身体观对后世道教产生了怎样的影响？汉魏南北朝神仙道教究竟是如何在改造老庄身体观的基础上将之打造为道教身体哲学的哲理根据？这是本章需要回答的问题。

① 《老子道德经注校释》第 13 章，第 29 页。

第一节 根深蒂固的“身患”意识

一 根于“身患”的生命意识

在“礼崩乐坏”的社会背景下，先秦诸子从各自不同的立场出发阐释了不同的“人道”观，① 铸成了中国传统文化的“轴心时代”②。置身于这样的历史环境中，“保身”“全生”“养亲”“尽年”俨然已成为一个沉重而又不得不直接面对的人生难题。秩序的瓦解，王道的沦丧，世事的无常，人生的变幻，这些人生遭遇都从不同方面威胁着生命的安全，如何在乱世之中保全生命？面对乱世的冲击，又如何为人生搭建起一方终极乐土？这些问题成为以老庄为代表的先秦道家哲人们要竭力思考解决的问题。他们的精神焦虑和思想困惑，以及由此而凝聚成的忧患意识，都围绕这些问题而展开。纵观老庄的思想全体，能够强烈地感受到这种忧患意识已经深深地浸透于其灵魂深处，伴随着生命的历程，漫延于世间生活的各个方面。

《道德经》所谓：“希言自然，故飘风不终朝，骤雨不终日。孰为此者？天地。天地尚不能久，而况于人乎？”③ 自然界中的万事万物，都由天地所生，来于天地，归于天地，但即便如天地之大者，也不能保守永恒。在浩渺的自然界中，人只是一个渺小的存在者，又如何能够规避开自然界的法则呢？人生一世，宛若飘风骤雨一般，来去匆匆，转瞬即逝。生命无常，这就是人生所面临的最平

---

① 赵馥洁在《价值的历程——中国传统哲学价值观的历史演变》（中国社会科学出版社 2006 年版）一书中，依不同时代核心价值观的不同，循核心价值观演变的历史顺序，将中国古代哲学划分为“天命观”“人道观”“天道观”“自然观”等不同的历史阶段，其中“人道的争鸣”是先秦诸子时期的价值观特点。

② 德国哲学家雅思贝尔斯在其代表作《历史的起源与目标》（魏楚雄译，华夏出版社 2006 年版）中，首先提出了“轴心时代”的概念，用以指对人类文化发展奠定思想基础的历史时期，在西方指古希腊时期，在中国则指春秋战国的诸子百家时期。在文化的“轴心时代”，萌发出了“终极关怀”意识，形成了各具特色的终极关怀问题，对其后不同文化的人文风格产生了持久的影响。

③ 《老子道德经注校释》第 23 章，第 57 页。

常但却是最残酷的现实。说人生之平常，对于我们每一个人的日常经验而言，因为这是每个人都知道的“事实”；说人生之残酷，因为它会以终极存在的方式，将人所创造出的一切事物都归之于无。在生命无常的自然法则作用下，人的行为自然就会被赋予双重意义。一方面，在自然法则裁量下，人的生命历程只不过是一个“从哪里来到哪里去”的过程经历而已，从原点出发最终必然回归原点，人所自以为是的一切所得所有，都会被无情地消解掉，毫无价值可言。另一方面，既然生命存在对人而言具有终极关怀意义，以价值根据的方式决定着我们所从事的一切活动的意义，那么保养生命则不仅是成就其他一切事项的前提条件，而且是判断这些事项是否具有真实价值的基本标准。

老子的这种忧患意识既是对生命自然存在的一种经验总结，亦是对人生意义的一种根本觉解——生命存在的时间性对于人而言具有优先性，时间既可以销毁一切，又可以成就一切。这种本原性的忧患意识，在庄子那里，则因其别具一格的言诠方式而有了更加形象的展示：“人生天地间，如白驹之过隙，忽然而已。”[①] “天与地无穷，人死者有时。操有时之具而托于无穷之间，忽然无异骐骥之驰过隙也。”[②] 与“不在”的状态相比，个人之“在”的时间是那么短暂，只如白驹过隙，匆匆而去。可见，庄子言天地之大，宇宙之无穷，常用以和人的生命存在相比，用以说明生命的短暂和活着的珍贵。在有限的生命时间内，我们本应珍惜生命，爱惜生命与保养生命，本应努力让自己活得更加精彩，以便在生命的辩证法内觉解到一种活着的智慧。然而事实是，时间本就如此短暂，我们又在这有限的人生中糟蹋着我们的生命历程，做出种种戕害生命的行为，这怎能不让人忧心忡忡呢！渗透在老庄身体深处的这种根源性的生命忧患意识弥漫于整个生命历程中，通过生活中各个层面的内容体现出来，自然而然地延展、扩大为一种思想上的困惑和人类性

① 《南华真经副墨》外篇《知北游》，第 318 页。
② 《南华真经副墨》杂篇《盗跖》，第 443 页。

的焦虑意识。

这种人类性的焦虑建立于身体的通情性基础上，所以由身体而引发的一系列问题，都缩合为身体的有限性问题，成为人生价值实现中所必须解决的课题。源于生命自有的身体之患，投身于社会实践中时，进一步聚焦为人生的大问题，成为人生在世的必然状态，构成现实的人生困境。

二 源于“身体”的人生困境

正是基于这种与生俱来的焦虑意识，庄子说：“吾生也有涯，而知也无涯。以有涯随无涯，殆已！已而为知者，殆而已矣！”① “知”作为一种外向性的实践活动，意图在占有无限世界的过程中实现人生的价值，然而面对茫茫无垠的外部世界，“知”的力量及其所达到的效果总是显得那么的渺小，所以以有限的人生去谋取占据无限的世界，只会遭遇到“殆已”的人生困境。在庄子看来，以有限的生命做孜孜不倦的外求，企图离身而去占有整个外部世界，人生又怎么会不堕入这种“知”的困境之中而难以自拔呢？离开身体去追寻知识的错误，属于“一出发，就错了”的方向性、根本性的错误，在这种错误意识的支配下所形成的认识标准也必然极不可靠，甚至是荒谬不堪的。“天下皆知美之为美，斯恶已；皆知善之为善，斯不善已。”②“天下”之美丑、善恶的区分，是“天下”师心自用的结果，其导致的认识后果必然是“其出弥远，其知弥少”③。而其导致的实践后果也必然是暴殄天物，致使“宋人资章甫而适诸越，越人断发文身，无所用之”④ 的现象层出不穷。

离身求道，在庄子看来，无异于缘木求鱼，南辕北辙。因为唯有依身而在，世界才能真实于我地成为可能，同时人要认识世界和把握世界，也要先处理好缘自身体的问题。从宇宙存在论的视角

① 《南华真经副墨》内篇《养生主》，第 46 页。
② 《老子道德经注校释》第 2 章，第 6 页。
③ 《老子道德经注校释》第 47 章，第 126 页。
④ 《南华真经副墨》内篇《逍遥游》，第 9 页。

言，道统天下，道化万物，身体是宇宙大化之境的自然产物，自身本具道性，诚如老子所言："宇宙间有四大，人居其一焉"。人存身于宇宙之中，不仅禀赋万物之性，更别具人格之性，而物性人性，都缩聚于身，身体就是人之为人的全部所在。它不仅是人起居于世间的在者之象征，更是人的全部可能得以展开的载体和实践者。因而，人存在于世的根本价值，不言而喻地指向身体之在，涵养身体，以长生久视为目标，置身于社会实践，以此消解来自于人生各种问题的冲击和挑战，所以身体事实上成为人存在于世的元价值，制约着人的行为的一切方面。

如果说认识上的浑噩让人们处于"被蒙蔽"的状态，使智者不得不承受着精神上的忧虑和情绪上的煎熬的话，那么人们在实践中不当的生活方式和歪曲的价值追求则直接将生命推向了无底深渊、沦为人类错误行为的牺牲品。"夫天下之所尊者，富、贵、寿、善也；所乐者，身安、厚味、美服、好色、音声也；所下者，贫、贱、夭、恶也；所苦者，身不得安逸，口不得厚味，形不得美服，目不得好色，耳不得音声。若不得者，则大忧以惧，其为形也亦愚哉！"[①] 世人在生活中都渴望健康长寿，然而恰恰是他们追求感官享受、崇尚外物崇拜的错误生活方式损害了他们的身心健康，成为难以"寿善"的根本原因。"师之所处，荆棘生焉。大军过后，必有凶年。"[②]"天下多忌讳，而民弥贫；民多利器，国家滋昏；人多伎巧，奇物滋起；法令滋章，盗贼多有。"[③] 在政治生活中，统治者为了个人目的，争权谋利，频繁制定各种法律制度、管理政策等，不仅置自身于凶险的生存环境中，而且驱使民众处于艰辛的生存环境中。民乱则国危，国家治理因之而陷入群众革命的汪洋大海中，直至新一代政权产生。在战争和苛政、暴政的威胁下，民生维艰，生命如草芥，人们对"生"的呵护和对寿的期望，都是一种空想，永远难以实现，由此我们可以理解为什么老子将"平安"作为

① 《南华真经副墨》外篇《至乐》，第 254 页。

② 《老子道德经注校释》第 30 章，第 78 页。

③ 《老子道德经注校释》第 57 章，第 149 页。

社会价值建设的基本目标。因为，只有平安的社会环境，才能保证身体的安全，才能为生命价值实现提供有益的条件。

三　缘身而起的生命觉解之路

难能可贵的是，面对自然的大限，老庄道家并不是如常人那样，沉沦于生命的流波之海，随波起伏，而后在遗憾和悔恨中灭于命运的无常，也不是愤起而立，要以“人定胜天”的姿态藐天地之能而独大自我，而是从切身的工夫体验出发，在社会实践中开出了一条充满生命气息的身体实践智慧，在沉沦与独大中探寻到了一条相反相成的辩证智慧之路。

老子言：“人法地，地法天，天法道，道法自然。”[①] 自然，在老子的视域中有着别具一格的功能，不仅是人生存的条件，而且是人之为人的根据。然而，人又何以能够在“自然”中挺立起自我，使身性秉具道性？与西方“逻各斯”主义不同，老子开出了一条德性贯注，内求大道的形上之路。返回人身，不难发现答案即在于人自身。人，生于天地之间，长于世界之内，人即自然之人，人自身就是一“自然”，用马克思的二重性自然观论之，人的存在就是属人自然。在此意义上讲，老子言“自然”实质上是在言“人”，是在说明人何以为人的问题。此种“自然”，与西方主客关系视域下的“自然”，或是与后现代主义视域中的“自然”相比，有着明显的不同，老子视域中的“自然”是一种自然生成论意义上的自然，是一种人本自然观下的“自然”。也就是说，要理解老子的“自然”，就需要以有机整体论和辩证生成论的立场分析之。

在古希腊时期，探讨自然的问题是古希腊哲学的基源性问题，泰勒斯以“水”为万物的本原，阿那克西美尼认为“气”是万物的本原，赫拉克利特以永生的“火”作为万物的本原，恩培多克勒提出水、土、气、火四元素说。到了德谟克利特，他不再以具体的单一自然物作为世界之本原，而是提出了“原子”学说，希望以某

① 《老子道德经注校释》第 25 章，第 64 页。

种属性作为世界本原，这是自然本原论思维水平的提高。到了毕达哥拉斯学派，他们提出了“万物皆数”的著名命题，标志着西方自然主义的世界观告一段落。可见，在古希腊时期，人们热衷于对世界统一性问题的认识，以对世界万物共性的认知与把握为己任，他们视域中的“自然”，尚是异于人间，外于我在的客观自然。经过中世纪的洗礼，西方近代哲学在“思维和存在关系”的基本命题上，将自然作为认识的对象看待，人则为自然立法，是自然的主体。可以说，西方觉解自然的过程就是一个认识和把握规律世界的过程。

再看道家自然观中的“自然”。老子言：“人法地，地法天，天法道，道法自然。”① 自然，在老子的视域中有着别具一格的功能，不仅是人生存的条件，更是人之为人的根据。与西方“逻各斯”主义下的外求真理之路不同，老子言自然并非为认识行为树立认识之的，而是为人性之养成寻找生命之根，老子言自然不仅是在为人立法，而且是为人的价值生成探寻价值源泉。

道家的自然观不仅与西方的自然观有所区别，也与儒家的自然观存在着明显的差异。在回答如何成人的问题上，与儒家超越论的进取路径不同，道家认为，人一出场就置身于社会之中，仁义礼智、名利见闻等构成人的现实面向。人要经由此等面向进入“真人”之境，就需以一种还原论的方式回归于“自然”，以一种否定性的形式将自己“赤身”于大化之境。② 如此之人方为自由之人，道家的体悟与践行，内感与外通，求真与崇善，无不是此种“赤身”之人性的外现。自然性与社会性的双重宿命，回归真人，成为人类性的根本课题，也是致

---

① 《老子道德经注校释》第 1 章，第 64 页。

② 方英敏认为，“修身”与“赤身”构成了先秦儒道两家两种不同的人文价值取向，“共同反映了先秦中华民族主体意识觉醒过程中人们自我塑造、自我超越的热忱与创造性”。笔者认为，若循此理路进一步追问，“修身”与“赤身”观实质上体现了两种不同的哲学根据论，前者认为，社会性对自然性的超越是人之为人，文化之成为文化的形而上学根据，后者则反之。由此出发，自可透解“肯定”与“否定”两种不同的价值取向及与之相应的思维方法。参见方英敏《修身与赤身：两种不同的处“身”理想——先秦身体哲学的一个核心命题》，《贵州大学学报》（社会科学版）2011 年第 4 期。

向自由的终极使命，是自然性、自然法则和自然境界性。

庄子说："吾生也有涯，而知也无涯。"[①] 人生在世，生命的仓促、经验的虚幻、文化的狭隘、意义的空虚……悲欢离合、羁旅逆程，无时无刻不让我们感受到"生"的艰难，"在"的困惑，也无时无刻不在提醒我们，让我们在宇宙洪荒中努力"活"出精彩，而这一切都须取决于我们对待身体的态度。然而，身处"生"的困境，面对"在"的困惑，人如何"活"出精彩？人之所以有"生"的困境，有"在"的困惑，皆缘于人生的"有涯"，因而能否于"有涯"之人生中，创造出一种"无涯"之"世界"，即由有限之"我"生成无限之"人"，便成为"人世间"的永恒主题。围绕这一命题，从早期人道主义的道家，到黄老时期的身治道家，继而到东汉以来的宗教化道家进行了艰苦卓绝的实践探索，在人类思想史上留下了浓墨重彩的瑰丽画卷。

第二节　造端于"身患"意识的老庄哲学

周国平说："如果一切为了活着，活着就是一切，岂不和动物没有了区别？一旦死去，岂不一切落了空？这是生存本身不能作为意义源泉的两个重要理由。一切事物的意义须从高于他的事物那里取得，生命也是如此。"[②] 在人类文化发展史上，还从来没有哪一种文化能像道家这样，将生命问题看得如此迫切，对待生命的态度又如此真切。他们不满足于"活着"的现实，总是想从生命的存在中找到一条通衢大道，让人生因为生命的存在而充满意义，充满价值。于是，道家和后来的道教便带着这种期盼，进入人所能感受到的整个宇宙语境中，希冀在宇宙的大化之境中使生命得到安放。而激励他们不愿被动地老死于田牖之间的情感基础，则根源于人所与

---

① 《南华真经副墨》内篇《养生主》，（明）陆西星撰，蒋门马点校：《南华真经副墨》，中华书局2010年版，第46页。本书所引《庄子》皆以蒋门马本为据，以下所引只注篇章题名、页数。

② 周国平：《守望的距离》，湖南人民出版社2010年版，第110页。

生俱来的那种“身患”意识，而他们对于身体秘密的寻找和发现，也为解除“身患”找到了一条智慧途径。

一 “身患”的种种面向

每个人来到世间，都必然会存有这样或那样的忧患意识，但并非所有的忧患意识都能缔结生成哲学的智慧之果。只有在追问导致人生困境的根本原因的过程中，给予诸种问题一个终极性和统一性的回答，将之升华为人类性的理论问题，个体性忧患意识才能升华为人类性的哲学智慧，个体性的问题才能得到最终的解决。在老庄那里，根源于生命无常所产生的种种忧患意识成为激发他们探寻生命真谛的精神原动力，而他们对于这些问题的解决，又是置放于“宇宙”的视野下来解决的，因而自然而然地形成了一种“自然论”的终极之问。

在《天下》篇中，庄子这样描述了对生与死的认识：“寂漠无形，变化无常。死与生与，天地并与，神明往与！芒忽何适？万物毕罗，莫足以归。”① 生与死、天与地之间并不存在根本的差别，世间万物概莫能外，人的生命存在也必然会遵循这一自然法则，有生有死，“变化无常”。面对这一无常的人生，人们之所以会生出无穷的烦恼，甚至做出违背自然规律的行为，归根结底是因为人们执着于生死之一端而不识生命全体之景象。在《骈拇》中，庄子又指出：“自三代以下，天下莫不以物易其形矣。小人则以身殉利，士则以身殉名，大夫则以身殉家，圣人则以身殉天下。故此数子者，事业不同，名声异号，其于伤性以身为殉，一也。”② 小人、士、大夫、圣人都是儒家的人格类型，也是儒家衡量事业人生价值高低的一种裁量标准。在庄子看来，尽管他们所从事的事业各自不同，所承担的社会责任大小有别，但从本质上而言并没有什么根本的差别，都是对生命和天性的损伤，即“残生伤性均也”。这段话既是庄子对儒家价值取向的一种批判，也反映出庄子对于身体困境

① 《南华真经副墨》杂篇《天下》，第488页。

② 《南华真经副墨》外篇《骈拇》，第128页。

的透彻觉解。在社会生活中，之所以大量存在“以身相殉”的反常现象，归根结底是因为人们对错误价值目标的追求。庄子的这种殉身论思想直接渊源于老子，是对老子身体论思想的“祛蔽”。老子说：“名与身孰亲？身与货孰多？得与亡孰病？是故甚爱必大费，多藏必厚亡。知足不辱，知止不殆，可以长久。”① 在名和身、货和身、得与亡之间，不同的人可能会有不同的取舍态度，而对于道家来说，贵身而保身无疑是唯一正确的选择，或者说是解决人世间一切问题的总根源，是价值根据意义上化解人生诸问题，创造人间新盛景的根本抓手。而身体本身又蕴含着对此种问题之解决的一切可能性，这种可能性在道教那里被不同的道派展开为无限丰富的内容。毕竟，只有身体才是人生而为人的最后根据，也唯有身体才能为我们提供成为全人、神人的种种条件，更根本的是，身体本身就是一个不断创造着的过程。在实践中，儒家那种“以身殉礼”的价值取向和人生态度无疑会异化身体的神圣性，置身体于“宠辱若惊”的不安之地，甚至驱使身体归于“以身殉道”的悲惨境遇。

老庄的这种身体观思想，与西方后现代身体哲学对西方传统认识论的批判颇有异曲同工之妙。西方后现代身体哲学认为，自笛卡尔以来，西方传统认识论哲学最大的特点也是最大的错误在于，它以“以身殉理”的方式埋葬了身体本该具有的自本性、神圣性。在“逻各斯”至上主义思想的作祟下，身体和意识、理性和感性、主体和客体呈现为二元对立的关系，理性思维在哲学中的地位空前膨胀，肉体作为身体的代名词，成为理性在追求崇高，实现超越的过程中必须消解的对象。作为后现代身体哲学的努力方向，欲通过彻底恢复身体在认识活动中的应有地位，将身体从意识主体的异化状态中解救出来，化意识主宰下的虚假主体为充满生命能量的真实主体，从而建立起一种能够“面向生活世界”本身的有情哲学观。他们建构这种哲学观的主要努力方向，是通过唤醒身体在哲学中的地位来表征自身的这种思想诉求的。如学者所言：“回归身体，从身

① 《老子道德经注校释》第 44 章，第 121—122 页。

体的角度重新审视和评价一切，以人之生命和身体作为人类心中的太阳和行为实践的轴心，将历史、艺术和理性都作为身体弃取的动态产物，而不是僵死的概念的建构或理性的重建，将有着颠覆乾坤的价值。”[①] 老庄道家对儒家“以身殉礼”的批判，与西方后现代哲学对“以身殉理”认识论哲学的批判，尽管在理论内涵方面存在着根本差异，但对于身体的重视则是二者的共同点。

综合以上的分析可知，老庄道家认为，导致人们产生种种忧患意识的总体根源，是由于我们是作为身体而存在的存在者，无论我们以怎样的态度对身体，它都不离不弃地伴随着我们，成为我们存在的标志。就此而言，最根本的人性即在于我们自觉地意识到我们是作为身体的存在而存在于世的，对生死法则的担忧，对价值标准的错置，都根源于对身体认识的不足，都是因为身体被误解乃至被遗忘。对此，老子以当头棒喝的方式，将导致人生困境的答案揭橥而出：“宠辱若惊，贵大患若身。何谓宠辱若惊？宠为下，得之若惊，失之若惊，是谓宠辱若惊。何谓贵大患若身？吾所以有大患者，为吾有身；及吾无身，吾有何患？”[②] 确实，从最为直观的意义上讲，身体不在了，人也就“没”了，一切忧患便自然随风而逝，忧患也便成为别人的忧患，已与“我”无关。但老子之所以将“身患”作为大患，显然对“身患”的认识溢出了这种狭隘的个体生命之直观感受，而升华为一种人类性、人文性的“集体焦虑感”。

观之于老庄的“身体”之患，其含义随着“活着”的需求不同和“活动”对象的不同，有不同的转义。在自然性意义上，相对于天地之大、宇宙之远，个体生命却是如此之小，如此之直观，匆匆地来又匆匆地去，由此形成的“身患”是生命有限之患；在社会性的意义上，人生活于群体之中，教育问题、道德建设问题、国家政治治理问题都以一种“类”形式出现的，仿佛与个体之“我”存在着一个巨大的鸿沟，让“我”不得不去适应“社会需要”，以

① 张之沧：《后现代身体论》，《江海学刊》2006 年第 2 期。

② 《老子道德经注校释》第 13 章，第 29 页。

图生存，由此形成的“身患”则是一种个体无力于群体之患；在认识论意义上，人因为眼能观，耳能听，身能感，而将观什么，听什么，感什么等作为认识的对象，以这些经验对象的心理投影为真理，却不知能观，能听，能感的身体才是认识的目的，才是认识发生的根本力量，由此造成的“身患”则是一种身体的没落之患，导致离身求真，没落于感性的表象之中。

从叙事学的角度分析，老庄的这种“身患”之状，既是身体存在之多维性的必然结果，也揭示出老庄身体哲学思想的丰富意蕴。在老庄思想语境下根据不同的语言情境各有不同的所指，既可以在存在论的意义上指向个体生命存有的功能状态，又可以在认识论的意义上指向真理标准的一种厘定，也可以在价值论的意义上指向价值导向的主体选择，更可以从伦理观意义上将身患视作一种实践主体能力的建立。正因为“身患”的内容如此之多，涵盖着人生在世的方方面面，所以“身患”意识才须臾不可分离地伴随着我们的生活过程，让我们时时刻刻不至于因为留恋外部世界太久而忘记回归的路。同时，也正因为“身患”对于人生种种问题之产生及其解决，处于实践前提的地位，发挥着时间在先性的作用，“身患”才被老子作为“大患”来看待。透过老子的“大患”之忧，我们已经能够从中感受到老子的“身患”，客观上是生命之患、人性之患、认识之患和文化之患的情态凝结，难以排遣地作用于道家生活的各个方面。

总之，身患之“患”是一种直接关乎人类生命存在和精神家园之“患”，人要安身立命，人要建构自己的精神家园，就必须从消解身患做起。正因于此，老子说：“及吾无身，吾有何患？”

确实，无论从哪方面来分析，人生于世间遭遇了种种不测，种种烦恼，种种追求，可以说人有多少快乐就有多少痛苦，有多少追求就有多少失望。我们的身体只要还能够进入他者的视域，思考、追求、占有就成为生命存在的基本内容，好像不如此我们就会陷入另一种不安中，陷入一种存在的荒漠之中。要彻底克服这种不安，唯有随着身体的消解，我们从世界中退出，才能真正得到安息！然而，道家显然并非止步于自然的死亡，让“人”无所作为地听命于自然的选择，而无所事事地等待死亡的来临，道家所要做的，就是要直面这自然选择的大法则，从中逆势而起，以退为进地创造出一番生命景象，创造出一番精神天地，挺立起自己“真正强者”的姿态，这才是道家的真精神。道家素来主张“道法自然”，今人解“道法自然”者，常在客体性的意义上诠释之，殊不知这种诠释方式往往遗忘了“人”在“自然”中的地位，造成了“人”的空场。人与自然之间的关系及其人对自然的把握，都是以身体为中介来进行的，身体，既直观地将人的世界划分为内外两个部分，从而为主体和客体的对立与统一提供了现实的可能，同时又将内外两个世界统一于个体之中，为人格的养成奠定了基础。即此而言，身体将抽象的人展现为现实的人，从而将自然性和社会性融和为一体，构成了“意义世界”，即人的世界。在人性论意义上言“自然”，是指一种素朴、简单的人性观；在工夫论意义上言“自然”，是指一种不尚造作、依循本然的内修之诀；在价值论意义上言“自然”，是指道德实践中的一种善恶之准、道德之则。这种“自然”实践论原则落实于社会公德、国家治理层面，分别形成了切己而行、发身而用与挺身而起的道德自觉精神，这一自觉精神的内在充实，就是个体生命致向道德之境的生命创造过程。可知，从“道法自然”这一命题中，可以周转出一种主体精神和道德自觉境界，而此种精神肇端于老子，并在庄子的世界中得到充分发挥。

与儒家相比，早期道家的这种“自然”观所指，还涵摄着一种不同于儒家群己观的道德价值崇向。“儒学把群体看得至高无上，而群体又是一个十分模糊的抽象概念，它究竟指群体中所有个体的集合呢，还是在所有个体之外的另一个实体？这本身就是值得推敲的问题。我们认为，儒学所崇尚的群体显然不是前者。否则这就与西方个人主义无异了。看来，儒生心目中的群体是凌驾于一切个体之上的，这才是关键。”[①] 而进一步剖析儒家的这种群己观特征，

① 陶渝苏、徐圻：《人的解读与重塑——马克思学说与东西方文化》，重庆出版社2002年版，第106—107页。

不难发现，它所言及的群体，是一种以人训身、以天殉身的天道伦理观。在这种伦理观格局下，“我”的价值的实现是以“无我”的丧失为前提的，而此种“无我”不同于道家的“无我”，是一种“德无我”的价值观，而不是一种“气无我”的价值观。“我”存在的内在根据和道德意义，以“实体之我”趋附于“抽象之人”为旨归，就“我”而言，这种群己论的伦理观是真正的“蔽于天而不知人”，有其鲜明的政治伦理色彩。与儒家的伦理思想相比，道家的伦理观则呈现出鲜明的“就我”伦理特征，即人我、群己矛盾皆借助于“我”的力量的内在觉解和内在扩充来实现，“我”与“无我”之间，不是借助于“我”的生命气息的湮灭来满足的，而是借助于“我”的自然潜能的扩充来走向世界，致向天地之大我之境的，这样的境界是一种“就我”之境。

综上所述，老庄视域下的“身患”包括多种意蕴，但根本的是生死之身的自然之患，这是一种本体忧患。在这种本根性的忧患意识催生下，形成一种存在之患，也是道教的本体之患。对此，笔者在附录部分《论老庄的身道价值及其运思路径》一文中予以详论。

二　由“身患”而“贵身”的价值追求

那么，欲求解除“身患”，以“无身”待“有身”，当作何为呢？老庄提出了“贵身”的价值追求主张。

贵身，顾名思义即以身为贵。由“身患”和“身体”所指涉的含义的不同，“贵身”的价值主张也包含着多方面的内容。如老子所言：“贵以身为天下，若可寄天下；爱以身为天下，若可托天下。”对这句话，注者曰：“无物可以易其身，故曰贵也。”① “贵身”，是在与“物”做价值比较后做出的价值选择，与“物”相比，“身”为纲本，唯有自爱其身而不为“物”所移者，方堪托付国家治理重任。

进言之，相对于“天下”而言，“身”之为小，不言而明。从

① 《老子道德经注校释》第 14 章，第 30 页。

万物构成的规律看，“大”恰由“小”构成，无“小”不成“大”，因而从价值实现的次序上言，“小”反而优于“大”，故“小”反为“大”之根。基于这样的价值逻辑，老子提出“修身”是理家治国之本，不能以身载道，则必然不具有治理国家，实现国家长治久安的品德和能力。再从“小”“大”之间的转换关系视角分析，如老子所言“图难于其易，为大于其细，天下难事，必作于易；天下大事必作于细”[①]。任何一件宏伟的事业，都必然是朝日累计之功，修身之于治国的关系，亦是如此。参省老子智慧，与其说是老子的思想创造，不如说是一个智慧的老者对生活经验的体悟和洞彻。人们常说，“千里之堤毁于蚁穴”“万丈高楼平地起”，老子的身国智慧不就是对人们日常生活经验的哲学总结与升华么?

庄子言：“自三代以下者，天下莫不以物易其性矣！小人则以身循利，士则以身殉名，大夫则以身殉家，圣人则以身殉天下。故此数子者，事业不同，名声异号，其于伤性以身为殉，一也。”[②]庄子借助对儒家价值观的批判，表明其“贵身”的价值主张，与老子的“贵身”价值主张含义不同，在文中，庄子的“贵身”主张是从自然本性之身而言的，认为各种“事业”的选择，都不应以牺牲身体的价值为前提。老庄的“贵身”主张直接地体现为他对“贵身”价值的阐述中，更多地则隐匿于他的各种思想观点中，从不同侧面流露出“贵身”的价值观念。如老子言：“知常容，容乃公，公乃王，王乃天，天乃道，道乃久，没身不怠。”[③] 在文中，老子虽然没有直接表达出“贵身”的观念，但他将“常”“道”“身”并用，用以说明养身的根本途径，言意之中，流露出对身之价值的紧张与关切之情。

在老庄的精神语境中，既然人生中的种种问题皆因身体而起，则“身患”的消解也应从身体切入，将身体的问题通过身体来解决。庄子在剖析生命痛苦，人世艰辛的基础上，做出了他自己的选

---

① 李德范、林世忠编：《道教经典精华》，宗教文化出版社 1999 年版，第 15 页。

② 《南华真经副墨》外篇《骈拇》，第 126—127 页。

③ 《老子道德经注校释》第 16 章，第 36—37 页。

择。庄子言：“一受其成形，不亡以待尽，与物相刃相靡，其行尽如驰，而莫之能止，不亦悲乎！终身役役，而不见其成功，苶然疲役，而不知其所归，可不哀邪！人谓之不死，奚益！其形化，其心与之然，可不谓大哀乎。”① 庄子将生命痛苦和人世艰辛的根源，直接指向身体自身的限定性问题，即形、身、心问题，并从人性的高度透析了人所面临的尴尬状态——“一受其成形，不亡以待尽”，也就是说，不管“人”愿意与否，只要我们生而为“人”，来到这个世间，就必然会遭受人世间的痛苦，因为“人”有形、有身、有心。既然“人”有所“有”，并必然会有所“无”，不自由也便是基于生命辩证的根本规律作用下的必然结果了。与老子相比，庄子对“身患”的认识显然更加深刻，他从生命存在的基本要素和基本形式入手，全面地揭示出人生痛苦的根源。既然身体的痛苦是由身体造成的，那么其痛苦也必由身体来解决。庄子说：“不以心捐道，不以人助天。”② 人要获得自由，从痛苦中解放出来，就需要顺从自然，循道而为，“放下”执着，则自得解脱。

诚如著名佛教学者吴信如所言：“我们人的身体是地、火、水、风四大元素组成的，但这个身体里头也有宝藏，也有胜义的精华的东西。人的宝贵，在于人有身体，但出问题的地方也在于人有身体。”③ 尽管吴信如是从佛教修炼的视角来论及身体的，但其中所蕴含的身体思想对于道家而言，也不无启示作用。“人的宝贵，在于人有身体”，因而需要人们去尊重身体，发挥出身体的价值。而要发挥出身体的价值，就要从养生的、治国的各方面呵护身体，按照身体的运动规律和身体所处的社会与文化境遇去想问题，做事情。“出问题的地方也在于人有身体”，因而需要人们根据身体的发生规律去养护身体。由于在道家的思想视域中，身体不仅是自然之血气之身，还是一种具体而活泼的社会之身与文化之身，因而对

① 王先谦：《庄子集解》卷1《齐物论》，《诸子集成》第3册，中华书局2006年版，第8页。

② 同上书，第38页。

③ 吴信如：《地藏经法研究》，中医古籍出版社1998年版，第84页。

身体的养护必然关涉到各种复杂的“关系”问题。在身体的养护中所形成的养生体验，会凝聚为一种生活智慧，以经验常识的方式作用于道德实践的各个方面，从而凝结为一种养生智慧，通用于治身与治国的身体实践中。这样看来，在道教的视野中，“身体”既是生命存有的自然载体，还是价值实践的社会主体；既是由血肉之身构成的活生生的生命个体，又是由神气之身构成的充满无限创造力的审美有机体，这样的身体已经名副其实地作为一种形上之身而存现于世。

这样的哲学构架使身体不仅成为“活着”的标志，还成为“意义”的发起者，人的生命活动和现实的生存状态借助于身体而获得了完满的、多重的规定。文化哲学家勒布雷东说：“人通过自己的实体性，将世界转化为自身体验的衡量标尺。世界在人的手中，变成了一种神秘而紧密均一的组织体系。”① 在身体—世界的一体性中，道家将身体看作世界的缩影，以身体观察世界，又将身体置于世界中，以感通、知观、神会的方式化世界为“自身体验的衡量标尺”。与万物相比，人之所以为贵者，乃因为我们的身体所具有的与世界一体同在的整体之性质与全体之功能。

在身体的多元多维转义中，与“身患”相照应，老庄的“贵身”观也包含着极为丰富的内容，对这些内容进行梳理，既可以对道家的精神底蕴做一通透的理解，亦可以大致描绘出老庄身体形而上学的逻辑运演路径。

其一，贵身即爱身。

爱身，顾名思义即爱惜身体，尊重生命之义，同时爱身也是一种生命情感的流露，这种身体情感及由此情感凝聚而成的文化世界，成为道家感人生之变，察世界之真，悟道德之善的心理、身体造化之美的情感基础。

在老庄的思想语境中，处处流露出一种浓郁的惜生之情。《道

---

① ［法］大卫·勒布雷东：《人类身体史和现代性》，王园园译，上海译文出版社 2010 年版，第 4 页。

德经》云：“五色令人目盲；五音令人耳聋；五味令人口爽；驰骋田猎，令人心发狂；难得之货，令人行妨。”① 人的生命体现为眼、耳、鼻、舌、身、意等不同的功能，它们是生命存有的基本标志，而在实践中，由于错误行为而导致的“目盲”“耳聋”“口爽”“心狂”“行妨”等，都是伤害生命的行为，应当时刻予以警惕。《南华》云：“为善无近名，为恶无近刑，缘督以为经：可以保身，可以全生，可以养亲，可以尽年。”②“善”和“恶”对于生命本身而言，都不是可资以“全生”的方法，要达到“尽年”的实践效果，唯有抓住要害，做到“缘督以为经”，以超出于善恶之间，达至无善无恶的境地。老庄的养生智慧思想，在其文本中比比皆是。由此可见，亲近自然，爱惜生命是老庄精神世界中一种自然的情感流露，是他思考一切问题和处理一切问题的情感基础。

道教吸收早期道家贵身的思想，将其发展为“自爱”“自养”的养身观，是贵身而养身的必然选择。在早期道教经典《太平经》中，认为要将贵身的价值主张落到实处，就要“去凶而远害”，践行“自养”“自爱”的养生之道。《太平经》指出：“人欲去凶而远害，得长寿者，本当保知自爱自好自亲，以此自养，乃可无凶害也。身得长宝，饮食以时调之，不多不少，是其自爱自养也。而撞门户闭之，居内不与俗世，是自爱自养也。而读书无极，安贫乐贱，无忧而足，是其自爱自养也。”③“自爱”“自养”意在说明，贵身由己，唯有从身体的各个视角养护身体，才能将“贵身”的价值主张真正落到实处。

而“爱身”之情发散开去，又顺理成章地表现为对“身”之本原的探索。老子曰：“人法地，地法天，天法道，道法自然。”④“自然”之所以成为本原，是因为“自然”不仅是身体的存在场所，更是身体之根，是“身体”的“母亲”。道家和后来的道教，

① 《老子道德经注校释》第 12 章，第 27 页。

② 《南华真经副墨》内篇《养生主》，第 46 页。

③ 《太平经合校》卷 102，第 466 页。

④ 《老子道德经注校释》第 25 章，第 64 页。

都非常重视自然环境的建设质量，对自然界的花草树木、人物鸟兽都给予一种切己自反式的同情和爱惜，观天地万物如观己身，观身体而感通天地万物，宇宙和身体交感汇通，缩结为一种动态的生命图画，成复旺将这样的一种生命体悟和人生境界称为“就我之境”。他在《人：宇宙生命的自觉者》中说：“不是‘有我之境’，当然更非‘无我之境’，那么是什么？姑且取廖燕‘天地宇宙山川人物之大且繁，亦不得不默然恭听，退而就我之范围之义，叫做‘就我之境’吧。”[①] 当然，落实到道教的自然情境中这种“就我之境”实质上是一种“身我之境”，呈现为一种天人互感、以生生为本质的身体间性关系。

此种“身我之境”内收而外放地体现于身体内外两种同质同构的世界图景中，由二者之间的转换而自然地生发出一种形上与形下相互观照和相互支撑的世界观图景。它观照世界的方式，是通过对身体的收摄和身体神性的激发来实现的。早期道教经典《老子河上公章句·虚用第五》说：“天地之间空虚，和气流行，故万物之生。人能除情欲，节滋味，清五脏，则神明居之也。”[②] “神明”在道教中有独特的意指和独特的功能，往往用来指一种不着语言、不落言筌的认知状态，这种认知状态所对应的人格气象，则以庄子的“真人”人格为其代表。所谓“和气流行，万物之生”，既指天地的客观存在的一种状态，又是“神明”所指涉的认知本质，进入这样的一种身体之境，由于内在地泯灭了耳目之知等分别之象，自然也就以境界超越的方式瓦解了主客关系下的身体状态。

从中可以看出，在道教的思想视域中，道教对于主客关系等问题的认识，是在一种生命本原式的身体思维下做警惕性看待的。如庄子言：“知天之所为、知人之所为者，至矣！知天之所为者，天而生也；知人之所为者，以其知之所知以养其知之所不知，终其天年而不中道夭者，是知之盛也。虽然，有患。夫知有所待而后当，

① 成复旺：《人：宇宙生命的自觉者》，《走向自然生命——中国文化精神的再生》，中国人民大学出版社 2004 年版，第 143 页。

② 王卡点校：《老子道德经河上公章句》，中华书局 1993 年版，第 18 页。

其所伺者特未定也。庸讵知吾所谓天之非人乎，所谓人之非天乎？且有真人而后有真知。”① 在庄子看来，凡是“有待”的认识，其真理性必是相对的，即便由此中认识确实可以获得知识的无限增长，但却不足以用来安身立命，因为它并不能从根本上实现人格力量的增进，不能涵养“真人”之性。

那么如何涵养“真人”之性呢？庄子言：“古之真人，其寝不梦，其觉无忧。其食不甘，其息深深。真人之息以踵，众人之息以喉。屈服者，其嗌言若哇。其嗜欲深者，其天机浅。古之真人，不知说生，不知恶死。其出不䜣，其入不距。翛然而往，翛然而来而已矣。不忘其所始，不求其所终。受而喜之，忘而复之。是以不以心捐道，不以人助天。是之谓真人。”② 认知的根本目的，在于涵养真人之性，由此而彻底摆脱生命的拘囿，进入一种天地自由之境。在真人之性的涵养中，需要克服各种有限性之限制，以退入生命本原的方式趋进无限之境，在身体内部重新打造出一番新天地。在这一过程中，一切身体存有之方式，一切身体所处之关系，都会因生命意向不同，而兼具有限与无限之两种时空属性。

这里需要说明的是，在许多道教研究文献中，存在着“尊身”和“贵生”的不同表述，这两种不同的表述在思想内涵上并不存在根本的差异。因为在中国古代存在“生”“身”的思想传统，在具体的使用中哲学家们常用“生”来训“身”，“把身体看作身体主体之于身体客体的生成活动”③。身体和生命在道教身体哲学研究中都是极为重要的概念，在表达中存在着二者换用的情况。二者之间的差异在于，随着论证视角的转换而有所不同，强调“贵身”着重于人的实践主体性说明，强调“贵生”则着重于说明人的存在状态。

① 《南华真经副墨》内篇《大宗师第六》，第 88 页。

② 同上书，第 89 页。

③ 张再林：《作为身体哲学的中国古代哲学》，中国社会科学出版社 2008 年版，第 5 页。又：在古汉语中，“身”字往往同于“生”字或“性”字，如《庄子·骈拇》：“小人则以身殉利，士则以身殉名，大夫则以身殉家，圣人则以身殉天下。故此数子者，事业不同，名声异号，其于伤性以身为殉，一也。”

其二，贵身即尊身。

尊身是以身体价值为重的意思，指在发生价值冲突时，做出以身为本的价值选择。老子说：“名与身孰亲？身与货孰多？得与亡孰病？是故甚爱必大费，多藏必厚亡。知足不辱，知止不殆，可以长久。”① 世间人等，往往沉迷于名利之中，而遗忘了身体，殊不知，恰恰是我们的身体使得名和利的追求才具有了真切的意义，也就是说在诸重价值中，唯有身体才堪为价值根据。它不仅是价值本身，而且是价值的源泉。而世间人等往往忘身而逐利，戕生害命而迷不自知，以致沦入无常而不解永恒之真意。这种情绪和情感映射，是道家以“死”观“生”的情感投射。确实，站在“死”的端点，以“死”为端，审视“生”的价值，除了身体之外，还有什么值得留恋的呢？如果人们希冀过一种真正自由的生活，除了从身体出发外，还有其他的路子可供选择么？

从这种直观的价值感受出发，道家形成了一种身体理性的生活态度。他们认为，生死之间的转换，善恶美丑的判断，真假标准的甄别，名利得失的取舍，王道中“无为”“有为”关系的处理之类的多重矛盾关系是客观存在的，需要实践主体进行区分和选择，而进行这种区分和选择的基本标准，在道家看来是以身体为纲建立起来的。依照对待身体态度的不同和处理身体方式的不同，道家将世间价值分为善恶之分，凡是伤害身体者，都是恶的价值，都具有“不真”之性。老子曰：“天地不仁以万物为刍狗；圣人不仁以百姓为刍狗。”② “仁”是人心作用的结果，对于天地而言，哪里有什么“仁”与“不仁”之别呢？世间的人们为了所谓的“仁”，而孜孜于仁义礼智等道德秩序的建立，劳身伤神，惑人耳目，实不足道，实不可取。

考虑到先秦时期道家思想产生的具体的历史语境，道家的“尊身”思想还包含着另一重含义，即“尊身”有非“尊帝”义。在

① 《老子道德经注校释》第 44 章，第 121—122 页。

② 《老子道德经注校释》第 5 章，第 13 页。

先秦时期，天命思想十分流行，老庄也不免受到其影响。但他对待“天命”和“天意”的立场、态度及方法，与夏商周时代相比，显然已经发生了巨大的变化。《礼记·表记》对夏商周三代天命鬼神思想有一个高度的概括：“夏道尊命，事鬼敬神而远之，近人而忠焉，先禄而后威，先赏而后罚，亲而不尊……殷人尊神，率民以事神，先鬼而后礼，先罚而后赏，尊而不亲……周人尊礼尚施，事鬼敬神而远之，近人而忠焉，其赏罚用爵列，亲而不尊。”[①] 在三代中，虽然对待鬼神的具体方式有所差异，但都敬鬼尊神。《尚书》亦言：“皇天无亲，惟德是辅。民心无常，惟惠之怀。”[②] 这种观念虽然表现了对民众价值的肯定和道德价值的自觉，但天命神学的价值光环仍然得到了维护，“天”仍然是神格之天，它作为主宰者，以“德”化身的方式，对政权生成的根据给予“德”性的保障。

在老庄那里，虽然也言天道、天命，但其中所蕴含的价值意蕴却已经发生了巨大的变化，表现出尊身论的价值崇向。

> 老子所处的春秋末期，殷周以来的传统价值观还有很大影响，传统价值观中占主导地位的是对天命的崇拜。这种观念认为人世间的吉凶、祸福、休咎、存亡都是由天命决定的，因此人要想满足自己需要的一切价值……就必须迷信鬼神，崇拜天命，期待天命的恩赐。天命是一切价值之源，价值主宰。尊天、崇命则是实现价值的唯一途径。即使在孔子代表的儒家思想中，也还有“死生有命，富贵在天”的观念。在这种虚幻的天命价值观中，人的价值地位自然得不到充分的肯定。老子正是对于这种观念进行了重估。……“道在帝之先”和“人与道同大”这两个观点结合起来，成为老子实现价值重估和价值

---

① （汉）郑玄注，（唐）孔颖达正义：《十三经注疏·礼记正义》，上海古籍出版社 2007 年版，第 2079—2080 页。

② （汉）孔安国传，（唐）孔颖达正义：《十三经注疏·尚书正义》，上海古籍出版社 2007 年版，第 662 页。

翻转的基本原则，这在价值观念的变革中具有十分重要的意义。①

在老子的思想语境中，尽管也论天说帝，但无论天还是帝，都已经让位于“道”了，它们的至上性已经不复存在。在庄子那里，也常常论及天命鬼神问题，但他对待天命的态度，沿袭了老子的“贵身”主张。他说：“道”“神鬼神帝，生天生地”②。“道”的地位至上，作用巨大，能使上帝变成神灵。庄子言“道”，意在通过否定天命、上帝的地位，而彰显出人的价值，“贵身”的意味十分明朗。

对于道家而言，它观察身体的视角是站在一种宏大的宇宙论基础之上的，它认为身体从生成到养成都是在天地人构成的具体环境中进行的，无论养生还是大身都需要在这一前提下进行。否则，人就会陷入狭隘的形躯限制及私欲的情感拘囿中，而难以一窥全体之身，也就枉言天地之大身了。由于身体所本具的复杂性和身体之样态所呈现出的多样性特征，贵身、尊身的价值崇向必然随着身体“活动”中所面对的境遇的不同，而周转、衍生为不同的价值原则，散发为多元化的身体旨趣。如“贵身”论的主张落实于政治生活中，便表现为一种“身国同构”“以身为本”的政治治理原则。

以庄子的政治观为例，他崇尚的理想社会状态是一种“至德”之世。庄子说：“至德之世，不尚贤，不使能，上如标枝，民如野鹿。”③ 在“至德”之世中，人们生活得自由自在，宛若野鹿，不受名缰利锁的束缚，自然而天然地生活于天地之间。而在现实的社会生活中，为什么“至德”之世难以实现呢？在《让王》中，庄子描述了这样一幅情景：“韩魏相与争侵地，子华子见昭僖侯，昭僖侯有忧虑色。子华子曰：‘今使天下书铭于君之前，书之言曰：‘左手攫之则右手废，右手攫之则左手废，然而攫之者必有天下。’

① 赵馥洁：《中国传统哲学价值论》，人民出版社 2009 年版，第 377—378 页。

② 《南华真经副墨》内篇《大宗师》，第 95 页。

③ 《南华真经副墨》外篇《天地》，第 185 页。

君攫之乎？'"昭僖侯曰：'寡人不攫也。'子华子曰：'甚善！自是观之，两臂重于天下也，身亦重于两臂。韩之轻于天下亦远矣，今之所争者，其轻于韩又远。君固愁身伤生以忧戚不得也。'僖侯曰：'善哉！教寡人者众矣，未尝得闻此言也。'子华子可谓知轻重矣。"①通过子华子向僖侯喻事明理的情节描述，庄子表达出一种身为邦本、治国当先治身的价值主张。庄子言："道之真以治身，其绪余以为国家，其土苴以治天下。由此观之，帝王之功，圣人之余事也，非所以完身养生也。"②由以身观身到以身观人，以身观国，再进至于以身观天下，道家将养生的经验拓展为一种身体智慧，将当下实存之身内向虚化为气身、神身，外则拔升为伦理身、国家身，营造出了一种"执一统众"的理论效果。

可见，道家的尊身、重身思想圆融无碍地发散于个体生命的养护、生活世界的态度和王道政治的治理中，包含着自然论的认识基础、天道论的价值选择和身本论的道德规范等多层次内容。在这种多层次内容的缩和与置换中，道家的身体观已经不再局限于形躯之身的狭隘视野，而是以"天下之身"的精神情怀，将身体作为一种道德文化之身、规律规范之身来看待，此小大之身的实现可说是"道成肉身"。

其三，贵身即全身。

在实践中要真正做到"贵身"，自然需要对身体的构成特征和运动规律给予认识和把握，不然"贵身"主张就会落于空疏而无实际意义。在道家看来，身体由形体和精神（精、气、神）等多重要素构成，具有整体性的特征。在实践中要落实"贵身"的主张，就需要从形与神入手，对身体进行全面呵护。在《道德经》和《南华真经》中，尽管没有明确地表达出这种形神一体、形神同养的思想，但通过对老庄文本的分析，仍然不难分析出其中的意蕴。老子说："载营魄抱一，能无离乎？专气致柔，能婴儿乎？涤除玄览，

① 《南华真经副墨》外篇《天地》，第429—430页。

② 同上书，第430页。

能无雌乎？爱民治国，能无为乎？天门开合，能为雌乎？明白四达，能无为乎？”① “魄”“气”都是身体构成的基本要素，“抱一”“专气”等都是比较重要的养生方法。在这段话中，老子从不同方面说明了如何由养身进入“玄德”之境的修养方法，包含着对形（气）、神（魄）等要素的认识，说明在老子那里，整体的身体观思想已经形成。

庄子在《养生主》篇中论“心斋”时说：“若一志，无听之以耳，而听之以心，无听之以心，而听之以气。听之于耳，心止于符。气也者，虚而待物者也。唯道集虚，虚者，心斋也。”② 由“耳”至“心”再至于“气”，最终达到忘形忘物的“心斋”之境，反映了养身的过程中形神关系变化的历程。庄子的这段话，被后世道教修炼家和养生家奉为圭臬。

使用以上的养身方法，在实践中即能达到健康身心、长生久视的目的，但是这些养生方法至多能够延长生命的存世时间，但对于生死问题的解决而言，仍然毫无作用。那么，要怎么才能彻底解决“身患”呢？道家提出了养生的根本纲领——以身体道，与道合一。老子曰：“孔德之容，惟道是从。”③ 又说：“同于道者，道亦乐得之；同于德者，德亦乐得之；同于失者，失亦乐得之。”④ 世间最高的德是与道同体之德，只有与道合一，才能进入超越生死的大化之境。在《庄子》中，通过大量描述各种得道之人的神态面貌，不仅为我们全方位地展示了得道之人的各种情状，也以隐喻的方式揭示出了修道的途径和方法。对此，有兴趣者可以进入《庄子》的世界，具体体会之。

那么，为什么只有“与道合一”才能彻底解决“身患”问题呢？老子说：“域中有四大，而王居其一焉。人法地，地法天，天

① 《老子道德经注校释》第 10 章，第 22—23 页。
② 《南华真经副墨》内篇《人间世》，第 58—59 页。
③ 《老子道德经注校释》第 21 章，第 52 页。
④ 《老子道德经注校释》第 23 章，第 57 页。

法道，道法自然。”[①] 这句话包含着多重含义，基本上给出了上述问题的答案。其一，道是自然之道，以身体道的过程就是归于自然本原的过程。其二，人与道之间，存在着同质异构的关系，人与道之间能够进行信息和能量的交换，因而人自具修身体道的可行性。其三，人、天、地与道四者之间，是一种“法”天、“法”地的动态关系，四者之间相互为用，交互影响。其四，在“四大”中，人和天、地和道隔位相应，从四者的功能属性上讲，人和天主动，地和道贵柔主静，由“人”到“地”，由“地”到“天”，再由“天”到“道”，最后归于自然，这一逻辑关系安排意在说明，人法道的过程是一个由“动”至于“静”再由“静”经“动”入于“静”，最后归于不动不静的虚无之境的过程，各个逻辑环节之间存在着否定之否定的关系。

除此之外，还应该看到在域中“四大”中，人、天、地都有所指，是具体性的概念。而“道”却是一个抽象的概念，它蕴含着人、天、地的属性，但又与它们相区别。老子将四者并用，当别有深意。我们知道，天和地在《道德经》中除了指两种实然性的自然物之外，更多地表示一种象征意义。与万物之“微”相比，天地为空间之“大”者。与万物之“无常”相比，天地为时间之“长久”者。所谓“天长地久，天地之所以长久者，以其不自生，故能长生”[②]，即指时间意。在万物与天地之间的关系中，天地生万物，因而天地为万物之本原。在“四大”关系中，用“天”和“地”指涉“道”，意在说明“道”之“大”和“道”之“久”的时空属性，及其“道”之“本”的生成功能。因为有天地之性，所以“道”获得了周全的本体规定性。在“四大”中，“人”的含义最为复杂，指涉的内容也最为具体，有时指“生”有时指“身”，有时指“形体”有时指“心性”，有时指“民”有时指“王”，有时指“意识”有时指“价值”，呈现出多维多元的复杂性特征。然

① 《老子道德经注校释》第 25 章，第 64 页。

② 《老子道德经注校释》第 7 章，第 19 页。

而，复杂之“人”并非无根之物，其来源于天地，根于自然，养成于“道”。“道”以抽象的形式统摄着“人”的本质规定，也引领着人的行动方向。当然，这是从“道”言“人”的视角讲的，若反过来从“人”言“道”的视角讲，则蕴含着这样的思想内涵：人作为“四大”之一，是现实性和理想性的统一体，从现实性意义上讲，人就是由多重构成的存在者；但从理想性上言，人又具有超越性。一言以蔽之，人具有自本自根性。

综合以上分析，道家对人的构成和运动规律的认识与利用，不仅形成了一种整体论的身体观，而且在“整体论”的基础上进一步赋予人“全身”论的形上规定。人的养身实践从个体层面而言，涉及形、气、神（心）各个层面的内容，展示出一种整体论的思想主张；从类的层面而言，养身实践又广泛涉及身体关系各个层面的内容，呈现出以“养身”为主轴贯通身天关系的身体哲学特征。

三 由“贵身”而“根身”的本体营建

贵身的思想体现在认识活动中，凝结成为道家根身论的身体智慧。所谓根身论，即从身体出发，以身体作为参照尺度来观察和认识世界，并按照养身的基本原则来处理社会实践中的一切事物。具体而言，按照身体所指涉的不同的身体情境，根身论思想包含着丰富而具体的内容，包括身体范式论、身体价值根据论和身体境界论与身体审美论等多元化的内容。在道的层面，根身论体现为身道合一的道身论，在实践层面，则构成具体身体论，即具身论。

在认识活动中，老子提出“不出户，知天下，不窥牖见天道”，认为“其出弥远，其知弥少”[①]。这是一种“以身为真”的真理观思想，其思想价值即便在今天仍然具有重要的参考价值。在回答如何判别道德价值的真伪和如何把握国家治理的规律问题时，老子说：“修之于身，其德乃真；修之于家，其德乃余；修之于乡，其德乃长；修之于国，其德乃丰；修之于天下，其德乃普。故以身观

① 《老子道德经注校释》第 47 章，第 126 页。

身，以家观家，以乡观乡，以国观国，以天下观天下。吾何以知天下然哉？以此。”[①] 以老子之见，能否获得真切的身体感，使得身体得到现实的保全，能否遵循养身的原则来治理国家，是判断道德价值真伪和国家治理好坏的根本标准。

根身论的思想体现于道德实践和国家政治生活中，则表现为“以身为贵”的价值取向和“以身为本”的治国之道。对此，前文已有详论。

老庄的这种根身论思想既有其文化传承渊源，又对后世道家和道教文化产生了深远的影响。对此，这里简论以说明之。

据张再林考论，在中国古代汉语中“身”即人称代词“我”的别称（《尔雅·释言》：“身，我也”），古人言身即指一种本己的存在。《尚书》最早且大量记载了关于身体观的资料，诸如“我生不由命在天”（《尚书·西伯戡黎》）、“天之历数在汝躬”（《尚书·大禹谟》）、“修厥身”（《尚书·太甲中》）、“慎厥身”（《尚书·皋陶谟》）、“祗厥身”（《尚书·伊训》），等等，从不同层面揭示了身体在中国古代的复合性含义，“标志着中国古代身体性神学的真正奠定和形成”。作为中国哲学滥觞的古老的《易经》，它提出“生生之谓易”（《系辞传上》），“近取诸身，远取诸物”（《系辞传下》）。凡此种种都说明“在中国古人心目中，在世界万事万物中，身体乃一种人最直接地把握的对象，身体乃一种前理论的、前客体的物体，身体乃是一种最为亲切体己的东西，就此而言，身体即为‘亲在’”，即为“哲学本体论意义上之身体，而非常知常识意义上自然对象的身体”[②]。古代传统文化的身体基因，必然会影响到作为曾任周王朝“守藏室之史”的老子，[③] 对其哲学思想产生了巨大影响。从前所论及的老子“身患”及其“贵身”主张，已可以将两者之间的身体气脉贯通起来，做溯源性的把握，

---

① 《老子道德经注校释》第 54 章，第 144 页。

② 参见张再林《作为身体哲学的中国古代哲学》（中国社会科学出版社 2008 年版）第六章、第四章内容。

③ 《史记》卷 63《老庄申韩列传》，中华书局 1959 年版，第 2139 页。

具体的内容不待具论。至于庄子的身体思想，其与老子的思想是一种一脉相连的关系，只是由于二者之间观察身体的角度不同而形成了不同的身体景观。

老庄的身体思想既有其文化渊源，也有其历史走向，这种历史走向表现于老庄对黄老道家的身体观的影响方面。

黄老道家的身体观流溢于老庄道家之后，在更为具体的层面上获得了其规定性。其中，老庄的治身理国一体论的思想被黄老道家所继承与发挥，形成了较为完善的身国同构思想。

稷下道家的代表性作品《管子·心术上》开篇即指明了主题要义，曰：“心之在体，君之位也。九窍之有职，官之分也。心处其道，九窍循理。……动则失位，静乃自得。”① 它将修身与治国之道结合在一起，对二者之间的内在关联性进行了细致的论述，并根据修身之要在于“虚静”而提出了“静乃自得”的治国原则，并以此作为统摄社会道德的基本价值规范，表现出融和儒法以入道的思想倾向。秦汉黄老道家的代表作《吕氏春秋》《淮南子》更为系统地阐发了身国同构同治的哲学思想。《吕氏春秋》载：“能以一治其身者，免于灾，终其寿，全其天。能以一治其国者，奸邪去，贤者至，成大化，能以一治天下者，寒暑适，风雨时，为圣人。”② “一”作为“道”的价值表征，是修养、治国中所共同遵循的纲领性原则，相同的形上根据，使得修身和治国之间可以相互辉映，在经验的融和、汇通中彼此借鉴，进行思想的交流和转化。

《淮南子》是黄老道家中论身国同构思想的最有代表性者，它说：“欲成霸王之业者，必能胜者也。能得胜者，必强者也。能强者，必用人之力者也。能用人之力者，必得人心者也。能得人心者，必自得者也。故心者，身之本也；身者，国之本也。……故为治之本，务在宁民；宁民之本，在于足用；足用之本，在于勿夺时；勿夺时之本，在于省事；省事之本，在于节用；节用之本，在

① 黎翔凤：《管子校注》中册，中华书局2004年版，第759页。

② 陈奇猷：《吕氏春秋校释》上册，学林出版社1984年版，第256页。

于反性……故自养得其节，则养民得其心矣。”[①]《淮南子》将国家治理之道落实于心性的修炼之中，并认为君主自身的修养境界高低对于国家治乱而言，具有决定性的作用，不仅细致地揭示出了身国之间的逻辑关系链条，而且明确了修身乃治国之本的思想主张。《老子道德经河上公章句》在继承秦汉时期道家身国同构思想的基础上，指明了治国与治身互为表里的关系。它说：“常道当以无为养神，无事安民，含光藏晖，灭迹匿端，不可称道。”又说：“圣人虽治大国，犹以为小，简约不奢泰。民虽众，犹若寡少，不敢劳之也。”[②] 照此，君王只有按照修养的原则，践行节欲寡奢之道，国家才能成为长治久安的“王道”乐土。

这里需要我们做进一步思考的问题是，黄老道家的身国逻辑能够确立的本体论根据是什么？循着他们的思想逻辑，如何能确保国家必然达到长治久安之境，而不是仅仅作为一种政治空想主义？甚至，如果有可能，我们还应该进一步追问，这种身国同构的政治哲学思想，与西方现代政治哲学思想相比，有何异同？在现代国家治理中，以黄老道家为代表的传统政治哲学思想如何在现代政治治理中发挥价值作用？

就第一个问题而言，上文业已分析说明，道家之所以视修身之则为治国之理的当然根据，是因为他们认为，从天道运行的有机统一性上看，治国为“大”，修身为“小”，但“大”恰由“小”构成，无“小”不成“大”，因而从价值实现的次序上言，“小”反而优于“大”，故“小”反为“大”之本，是“大”之所以为“大”者的内在根据。基于这样的价值逻辑，老子提出“修身”是理家治国之本，不能以身载道，则必然不具有治理国家，实现国家长治久安的品德和能力。继而从“小”“大”之间的转换关系视角分析，修身和治国之间存在着一种“易”和“难”的转换关系，倘若“易”者都做不好，何况难者乎？故老子说：“图难于其易，

---

① 刘文典：《淮南鸿烈集解》中册，中华书局 1989 年版，第 685—686 页。

② 王卡点校：《老子道德经河上公章句》，中华书局 1993 年版，第 1、303 页。

为大于其细，天下难事，必作于易；天下大事必作于细。”①

就第二个问题而言，不能不涉及对道教医世思想的介绍。对于道教身国同构的本体论根据问题，二者之间的运思问题，我们皆已论述之，而对于道教的医世思想，尚需要稍作分析，不然对身国同构的动态机制难以做出准确把握。人生在世，威胁生命安全的因素来自各个方面，其中疾病是最为常见也最难避免的危险因子。以长生久视为己任的道教，格外重视医学的发展，在长期的疾病治疗实践中，涌现出了一大批精通医学的高真大德，他们在医学方面所取得的影响和成就，甚至远远大于他们在道教领域的影响。如华佗、扁鹊、孙思邈等，都是名载史册的医林高道。

他们在天人一体的有机宇宙论和完整身体观的理论基础上，创立、形成了以阴阳五行、七邪六淫、八纲辩证、六部九候及其八法治疗的诊断和治疗体系，构成了道教文化的重要组成部分。其中，“病”及其疾病的治疗观在道教医学中处于核心地位，具有针对性的临床实证价值。因为对于疾病的治疗而言，只有治好与治不好两种结果，注重实效性，而且因为事关生命安全，更要注重科学性。在疾病治疗上所取得的经验思想，自然而然地被道教用来分析国家政治的治理问题。

如前所论，在道教的视域中，身体并不是一个纯粹的物质性的客观自然物，它与宇宙和社会一样，都是“道”的展现和载体，因而在道教看来，人的身体是一个有机的系统和整体，宇宙和社会也是如此。在他们的视域中，身体各要素之间遵循五行生克制化的关系，宇宙与社会有机体的存在，也同样是阴阳五行生克制化的关系性存在。既然身体与社会、与国家之间本质上无二，都遵循着同样的原理，那么，在组织结构方面，国家官僚机构建设中的权力制衡体系，自然也就可以按照身体的生理机制，根据身体器官的功能不同，建立有机的官僚制衡机制。在这样的思维逻辑下，政治治理中的问题，本质上是各器官之间制衡机制被打破的结果，所以恢复各

① 李德范、林世忠编：《道教经典精华》，宗教文化出版社 1999 年版，第 15 页。

组织之间的制衡机制，使之遵循中道而行之，也就成为治理国家难题的根本大法。当然，按照疾病治疗的原理，国家的问题也要辩证诊治，君心不明则需要清心火，佐木壮火；邦本不固，则需要滋阴壮水，周辅全身。

道教的政治哲学思想是一个独立的理论体系，中国社会历史实践业已证明，用之国家治理，则国家兴盛。在新时期，我们完全可以从中发掘出有益的思想，为建设现代社会主义民主中国贡献智慧。

综上所论，黄老道家为身体政治提供了一条养身论的政治纲领和身体政治学，在身国之间，不是政治规训身体而是身体规训政治，身体作为政治的缩影，既为政权的合理性提供理论基础，又是评判政治得失的价值准则。在黄老道家之后，追求长生成仙的道教全面地承继了它的思想资源，并从宇宙论、伦理观等方面赋予身体以更为丰富的思想意蕴。

四　由“根身”而“美身”“反身”的路径选择

美身是以身自美、身以自足、身致自由的意思。体道合一的另一重意思，即身道合一。如前文所论，从道家的理论视角来看，西方心智哲学是“以身殉道”的哲学，儒家则是“以身殉礼”的哲学，是以“以身体道”为其究竟境界的。对于身体，道家不仅毫无嫌弃之，而且对其充满敬畏之情。庄子说：“天地有大美而不言，四时有明法而不议，万物有成理而不说。圣人者，原天地之美而达万物之理。”① 天地生万物之实而不以为功，谓之大美。万物因天地之理而各有所本，各有所用，秉具天地之德而不以为恃，此为天地之大美。就此而言，身体是造化之所生，是“命”之所然，养身、贵身则是循自然命理，合天地之美。因此之故，才有圣人之德。身之美，除了因循天地之理而有“自美”之性外，还有因德之

① 《南华真经副墨》外篇《知北游》，第312页。

修养而所具的“修美”。庄子言：“德将为汝美，道将为汝居。”[①] 一个人不断提高其道德修养水平，就会进于“天和”之境，与道合一。

那么，为什么“德”能够美“人”呢？“德”美之人情状如何？从哲学原理上讲，“美”是一种生命力的创造，也是一种人性的涵养，其发用于外，必然成为群体关系之维护，天人关系之贯通的实存之根据，不然仅仅从个体身心之感受上言，“美”只是一种个体性的身心感受和生命领悟，而不是一种哲学之“美”，与“道”美无关。在“贵身”的整体价值导向下，由此种情感之投射和生命与生活之需求，必然会形成“美身”的自由之人生，生活实践也必因此超脱于生存之层面而超拔、提升出一种生活的意义。康德言：“在一个判断里面一定的诸表象可能是从经验得来的（因此也是审美的），但是因此而下的那个判断若在判断时只是联系于客体，那么这个判断就是逻辑方面的了。与此相反，如果这些一定的表象尽管是属于纯理性的，而在一个判断里却只是联系于主体（它的情感），那么它们就只因此在任何时候都是审美的了。”[②] 依照康德之言，一项活动能否被称为审美活动，其首要的条件就是看审美主体是否具有一个审美的心境。道教“德”美之美，即在于“德”美以主体审美心境的改造和生命气象的提升为根本，是一种内在美统摄外在美的过程之美。在此情况下，原来基于社会性评价体系中的认识和评价，都可以因为身体的德性充实而哗然翻转为另一种景象，至此景象，外在的差异已经完全为内在力量所感染，并被决定性地纳入主体的创造活动中去，成为美身的表诠和展示。

故在道家看来，“德”美之美，是生活辩证法的枢纽，决定着辩证法发展、变化的方向，也是修道的关键，决定着证道的层次。善恶美丑的变化，价值评价之高低，人我关系之实质，皆由此而变。且看《庄子》是如何喻“德”美之理的：

---

① 《南华真经副墨》外篇《知北游》，第 314 页。

② 康德：《判断力批判》，宗白华译，商务印书馆 1964 年版，第 40 页。

> 鲁哀公问于仲尼曰：“卫有恶人焉，曰哀骀它。丈夫与之处者，思而不能去也。妇人见之，请于父母曰‘与为人妻，宁为夫子妾’者，十数而未止也。未尝有闻其唱者也，常和人而已矣。无君人之位以济乎人之死，无聚禄以望人之腹。又以恶骇天下，和而不唱，知不出乎四域，且而雌雄合乎前，是必有异乎人者也。寡人招而视之，果以恶骇天下。与寡人处，不至以数月，而寡人有意乎其为人也；不至于期年，而寡人信之。国无宰，寡人传国焉。闷然而后应，泛而若辞。寡人丑乎，卒授之国。无几何也，去寡人而行。寡人恤焉若有亡也？”①

在《庄子》中，尽管没有具体描述哀骀它有何德何能可以转换“恶”形“恶”名，让“寡人”为之许国，让妇人为之委身，甚至让“丈夫”为之钟情！国家乃名利富贵之大重者也，委身为妾乃妇人之大不甘也，丈夫相惜乃人性之违和也，然而，这些天下人的标准都因哀骀它而翻转，甚至人性的作用力在哀骀它身上也无发用着落处，哀骀它具有了一种润洁而神性的魅力，让人世间的一切都因之而受到滋润，人性之限制，人心的美丑之辨，名利的得失取舍，都因哀骀它而消融退化，世间的道德秩序因哀骀它而完全“颠倒”了，只不过这种“颠倒”却是一个惹人遐思、令人着迷的“颠倒”。

如《德充符》所言，哀骀它的“美”是一种“德性充实”之美，此“美”力量之磅礴，足以堪当重建人世间价值秩序的责任，而让人心悦诚服地皈依大道，回归自然，用笔者的话来概括之，就是让人进入一种真正的无限之境，形成“就我之境”的新天新地新人生。这样的新人生乃是一种真正的“道—美”人生：

> “道”既可以“修之家国，施之天人”，达到“无适不可”

① 《南华真经副墨》内篇《德充符第五》，第82—83页。

> 的功利目的，又是“与天地并行而不悖”，合乎宇宙运行之规律的。如此说来，“道”就不仅仅是具有“无目的的合目的性”的“美”的对象，而且也是合乎客观目的需要的“善”的对象了，同时，它还是合乎客观世界规律的“真”的对象。也就是说，“道”作为道教美学的最高范畴，在“真、善、美”这三个方面达到了高度的统一，从而成为无可挑剔的至真、至善、至美。①

集“至真”“至善”“至美”之美者，除了道之外，谁还有这种品格堪具此种圆善之性呢？

综上所述，由“贵身”“根身”而生发出的“美身”，不仅是一种价值情感的寻求，养生方法的自觉，而且是一种审美境界的旨归。因为此身即贵，此身为根，此身至美，所以宝身、惜生，尊道贵生，修道长生，乃至反身体道，都是情理之中的事情，也是修道的必然之举。

道家的这种美身观与西方后现代身体美学相比，在精神底蕴上既有相通之处，又有所区别。西方后现代身体哲学家舒斯特曼对身体美学研究提出的任务是：“充满灵性的身体是我们感性欣赏（感觉）和创造性自我提升的场所，身体美学关注这种意义上的身体，批判性地研究我们体验身体的方式，探讨如何改良和培养我们的身体。”② 他将身体视为“充满灵性”的有机体，说其是审美活动和审美创造的“场所”，并以优化这一场所为美学研究的基本使命。道家则在“生生之德”中看待身体，将身体视为不断生成和不断创造的过程，就此而言，西方身体美学和道家美身观存有一致之处。

① 杨普春等：《张宇初美学思想研究》，四川大学出版社 2016 年版，第 32 页。又：“道—美”作为道教美学的核心范畴，其合理性早在 1997 年已由潘显一在其《大美不言——道教美学思想范畴论》（四川人民出版社 1997 年版）一书中做出了充分的理论论证，笔者此处直接借用，有意做进一步研究者可参考之。

② ［美］理查德·舒斯特曼：《身体意识与身体美学》，程相占译，商务印书馆 2011 年版，第 1 页。

它们都反对将身体意识形态化，都认为身体自身“充满灵性”，蕴含着无限的生机和潜能，寄居于身体之中，人们不仅可以感受到磅礴的生命力之美，而且可以由之欣赏到波澜壮阔的人生之美。因而，进行身体的审美创造，既是一个改造自我生命的过程，也是一个创造人类世界的过程。

但从二者之间的区别来看，它们关于审美创造的过程机理及其所指涉的身体境界显然有别，且道家的美身观也自然而然地排斥了西方后现代美身理论所可能包含的巨大理论风险。

方东美在《中国人生哲学》中这样评价中国的艺术之美：“中国艺术美所表现的理想美，其内在深意均在尽情宣畅生命劲气，不但真力贯注，而且弥漫天地。”[①] 这种“生命劲气”和“尽情宣畅”的精神气度落实于道家中，则以感官互通、感觉互感、感觉与感情互相烘托的方式宣泄而出。“若一志，无听之以耳而听之以心；无听之以心而听之以气。听止于耳，心止于符。气也者，虚而待物者也。唯道集虚。虚者，心斋也。”[②] 身处于“心斋”之中，形体感官之觉，感官通感之觉，小我个体与宇宙万物之觉神奇地汇于一体，此种身体主体所创造的审美体验充塞于天地之间，怡情忘物，无我无待，美妙难言！

西方后现代身体美学，尽管其目的为“使身体变得更加敏感和美丽”，但其采取的方式却是力图通过“有意识的控制和严格的训练”，来改变身体的行为惯性，使之成为符号特定的训练目标。“身体美学的目的，不是增加无限丰富和新异的身体经验，而是通过有意识的控制和严格的训练，使身体变得更加敏感和美丽。”[③] 这种“训身”性的审美创造方式，迎合了消费社会中大众化的审美趣味，但同时也容易导致“虚假需求”的社会后果。

---

① 方东美：《中国人生哲学》，台湾黎明文化事业股份有限公司1985年版，第225页。

② 《南华真经副墨》内篇《人间世》，第58—59页。

③ 彭锋：《身体美学的理论进展》，《中州学刊》2005年第3期。

> 身体美学肯定大众文化有其合理性，但在发达资本主义时代的后现代社会，大众文化、日常生活的审美化却可能助长一种新的控制形式。因为基于身体欲望的消费既以审美的形式出现，人们的消费行为便不再是仅仅为了衣食饱暖而更重要的是为了标位身份，为了获得一种符号身份。然而这种符号身份的需求本质上却如马尔库塞所说是一种“虚假需求”。因为这种需求是“在个人的压抑中由特殊的社会利益强加给个人的需求”。①

此种“训身”审美创造的过程及其所导致的后果，都与道家“大美”思想格格不入，有着本质的差异。老子云：“道可道，非常道；名可名，非常名。无名天地之始，有名万物之母。故常无，欲以观其妙；常有，用以观其徼。”② 又云：“道冲而用之或不盈。渊兮似万物之宗。挫其锐，解其纷，和其光，同其尘。湛兮，似或存。”③“妙”“徼”之情状，“湛兮，似或存”的状态，既是一种身体的审美体验，又是一种主体境界，它们都是在消融感官感受彼此分离的过程中所呈现出的一种身体境界，又都是生命自我创造过程中所达到的一种主体能力。

可知，道教美身观具有“以美摄真”的特征，美不单是一种生理意义上的审美愉悦感，更是一种德性之美和生生之美，此种美的创造过程既是体天地之性的境界超越过程，又是体道践德的社会实践过程。故此，道家之美才是一种“大美”之美！生活于此种美境之内的身体，与万物之间存在着一种相通而不相同的否定性的主体间性关系，所以身体与身体之间，生命与生命之间，人与我之间，都存在着一种以身相观而不是以身相许的感通性的关系特征。

---

① 杨春时、张海涛：《生存美学：超越意识美学与身体美学》，《贵州社会科学》2010 年第 4 期。

② 《老子道德经注校释》第 1 章，第 1 页。

③ 《老子道德经注校释》第 4 章，第 10 页。

道家的“贵身”主张，除了上述所及的内容外，还可以做更为细致的梳理和划分，但其大要无外乎上述几个方面。尽管贵身论包含着丰富的思想内涵，但其价值导向却是一致的，都表达了对身体价值的尊重和爱护。而且从贵身论所具有的不同含义中也可以看出，贵身的真正目的是修身、养身，贵身与养身思想相联系，成为贯通老庄思想世界的一个基本线索，体现出“以身为本”的理论特征。

当然，需要稍加说明的一个前提性问题是，提到“以身为本”，往往会想到“以人为本”，二者之间的差别在于，“以人为本”在东西方哲学的历史语境中，是相对于“以神为本”而言的，意在挺立起人的价值主体地位，意图在人的存在中探寻出人之为人的内在根据，并以此为理论前提探寻人的价值关怀之路，在实现“以人为本”的路径上，有抽象的人本论、马克思实践的人本论和后现代人本论等不同的哲学观。其中，马克思实践的人本论主张从现实的人出发，在人类性、历史的实践活动中创造属人的世界。我们所提出的“以身为本”是在对西方传统认识论中“以理为本”思想的对比、反思中建立起来的，意在强调身体之于真理及其人性养成的本体地位，意在凸显关于知识来源、真理标准等问题，是身体自身的自我创造过程，身体塑造人而不是理性塑造人。相对于“以人为本”，“以身为本”包含着以身为价值之本的本原义和以身为真理之本的本原义这二重义。它所要表达的基本主张，意在说明人之为人的根据在于人是依身而在的人。

从哲学观确立的视角来讲，确立“以身为本”哲学观的关键问题在于，如何依身而起，打通身体贯通形下世界与形上世界的隔阂，从而形成一个身体的人文世界。

第三节 缘起于“身患”的超越之路

如前所论，道家的“身患”不是一时之患，而是生命存在论意义上的根本之患，它决定着人生在世的价值有无和意义大小的问题，直接与能否成人这一根本性问题紧密联系。所以，要解决这一宇宙本原性的根本之患，就要在天地间找到一条为人而设的天堑通途。

一 追求“真人”的人格崇向

孙正聿在论及哲学的智慧特征时说：“任何一种哲学所代表的思维方式，都凝聚着哲学家所捕捉到的该时代人类对人与世界相互关系的自我意识，都贯穿着哲学家用以说明人与世界相互关系的独特的解释原则和概念框架，都熔铸着哲学家用以观照人与世界相互关系的价值观念和审美意识。”[①] 如前文所述，道家哲学是一种身本论的哲学观，独特的生命意识、根身的认识原则和贵身、美身的价值观念共同构成了道家身体哲学的思维方式。这种思维方式为我们展示出不同于西方二元论哲学观视域下具有独特理论魅力的身体智慧。

在西方二元论哲学视域下，身体作为非理性的代名词，作为理性追求真理的障碍，获得真理的过程就是将身体驱离于意识世界的过程。而全部的身体价值仅在于身体作为“活的附件”，可以为“人”的生产和生活活动提供一种工具性的支持，至于它自身，则毫无神圣性可言。“笛卡尔为社会生活许多领域中身体的工具化提供了身体保证。他苦心经营形而上学，而泰勒（Taylor）和福特（Ford）是工业世界中这一学说的最佳执行者。事实上是他们完成了笛卡尔的宣言。被类比为机器的身体与其他生产机器混为一谈，不享受任何特殊照顾。身体是‘机器的活的附件’，它化身而成的人既多余，又必要，又令人感到为难拘束。”[②] 处于这种遭遇下的哲学，陷入了一种源于自身思想狭隘性的悖论之中，它力图挺立起作为主体的人的地位，但是，由于它完全无视身体在这一过程中的处境，又不得不在论述身体时忽略掉人的存在。“身体与机器之间

---

① 孙正聿：《孙正聿哲学讲演录》，长春出版社 2011 年版，第 302 页。

② ［法］大卫·勒布雷东：《人类身体史和现代性》，王园园译，上海译文出版社 2010 年版，第 92 页。

的同化与人这一残余物狭路相逢。为了保证同化的有效性，人必须被忽略。与符号象征层面相关的人之境遇搬起石头砸自己的脚，其极端的复杂性对其自身也是一种束缚。"① 二元论哲学理论自身的背反性，最终导致身心走向分裂，非理性哲学因应而生。

与这种二元论哲学对待身体的态度截然相反，道家则赋道性于身体，给予身体以神性的地位，二元论哲学中的身心关系在道家的语境中，以形神关系问题而出现，但二者之间的关系从总体上而言是彼此相依、相互转化的。

基于对东西方哲学之间这种差异的认识，汤浅近雄指出："在东方传统形而上学中，形而上学的空间和肉身的空间之间没有严格的界限。它们是连续体中相互渗透的区域。修行是灵魂从身体空间向形而上学的空间挺进的过程。在西方宗教中，这二者是分离的。"② 在早期道家的思想视域中，身体作为一个整体的存在，是由各种不同要素组成的有机整体，任何一种要素对于生命的延续而言都不可或缺，对身体的这种体认直接影响了道家哲学思想的各个方面。

不仅与西方传统认识论哲学旨趣迥异，道家身体观又与西方后现代主义身体观存在着异隔性。西方后现代主义哲学在解救身体的同时，又从一个极端陷入另一个极端。一方面，它们将身体从逻各斯专制主义的阴霾笼罩下解救出来，但另一方面，它们又将身体置于"无何有之乡"的困境里，将哲学带入"肉体化"的迷区。

> 哲学的肉体化是"是一种矫枉过正的哲学文化思潮"。它对理性、基础、中心、进化的彻底否定，它所运用的"逆向思维"的方法，又使它以偏概全地从一个极端走向另一个极端，

---

① ［法］大卫·勒布雷东：《人类身体史和现代性》，王园园译，上海译文出版社2010年版，第94页。

② 汤浅近雄：《灵与肉——神秘的东方身心观》，马超编译，中国友谊出版公司1990年版，第192页。

> 其“深刻的片面”方式是一种典型的“要么全部，要么全不”的法国式思想模式的体现。①

分析“哲学的肉体化”的思维特点，不难发现游荡于其中的非理性主义幽魂，已经渗透于身体哲学和身体文化的各个方面。“一切都可”“全民娱乐主义”“色情感受”“消费主义”等这些后现代文化的关键词都是对这种肉身化哲学的形象描述。它对人们思想所造成的危害，一点都不比逻各斯主义哲学的影响低。

而道家哲学在汲取后现代身体哲学的有机养分的同时，恰恰克服了其彻底“肉身化”所带来的缺点，以一种身—神一体性的哲学观，力图通过剖析人的内在感知和体验法则，彻底消除肉身主义的诟病。汤浅近雄在长期关注东方哲学特别是中国传统哲学的基础上，获得了这样的体验：“从生理学上来说，呼吸只是空气的吐纳，但在东方哲学中，它确是具有哲学意识的一种活动，即与不可见的形而上的生命力相关。”他得出了如此的认识结论：“依我之见，肉身观不仅仅有关在哲学上研究身心关系，而且涉及一系列其他问题。什么是肉身？身心间有何关系？这与研究人的存在是相关的。可以说，探讨肉身观使我们陷入形而上学，涉入更广阔的哲学领域。”② 从汤浅近雄的论述中可以看出，他已经认识到了东方身心哲学中所存在的与西方身心哲学的不同之处，认识到“肉身观不仅仅有关在哲学上研究身心关系，而且还涉及一系列其他问题”，认识到东方身心关系研究“与研究人的存在是相关的”，但“一系列问题”中包括哪些问题？东方身心观与“人的存在”问题的研究如何具体相关？对此类问题，汤氏并未予以详论，需要我们在身心关系研究中，做更为具体和更为深入的论述。

就道家而言，它对身体的认识有一个基本的理论参照背景，即道家论身是将身安置于自然、宇宙的大背景下进行的，是一种生成

① 胡塞尔：《现象学的观念》，倪梁康译，上海译文出版社1986年版，第36页。
② 汤浅近雄：《灵肉探微——神秘的东方身心观》，马超等译，第109、9页。

论的身体论，身体来源于自然，秉性于宇宙，与自然宇宙之间并不存在交通的鸿沟。《黄帝内经》云："春三月，此谓发陈。天地俱生，万物以荣。夜卧早起，广步于庭。被发缓形，以使志生。生而勿杀，予而勿夺，赏而勿罚。此春气之应，养生之道也。逆之则伤肝，夏为寒变。奉长者少。"① 春夏秋冬，乃宇宙循行之理，循此之理而行，就是与规律和合之道，就是养生之道。可见，在道家养生家看来，宇宙可本可用，因此恢复遵循自然之道，恢复宇宙之性，就可以养生全年。不仅如此，在道家看来，养生之道就是成人之道，对寿命的追求实质上是人的自我禀赋和主体能力的创造过程，即他们认为遵循自然之理是涵养人性、幸福人生的成人成己之道！《黄帝内经》云："皇帝曰：'余闻上古有真人者，提契天地，把握阴阳。呼吸精气，独立守神，肌肉若一。故能寿敝天地，无有终时。此其道生。'"② "寿敝天地，无有终时"已经超越了生死的大限，是与道同生共体的形上之境，此种身体实践之路，即回归自然、天人合一之路，就是道家以逆修的方式，循否定之理（否定人文）回归自然，以成就人性之道。

前文论述业已阐明，围绕着消除"身患"以解决生死问题这一修道的主题，道家树立起了一种"贵身"主义的价值崇向，形成了一种"根身"性的思维方式。在根身思维方式的作用下，道家哲学的理论品格也朗现而出：以"养身"为纬线贯通身天关系的各个层面；以"身体"为枢纽生成上通下达的实践智慧。在道家身体哲学视域中，生死问题的解决与其说是对生命的保全工作，不如说是一个生命的创造过程，即在生活中重塑生命形态的过程。庄子说："且有真人而后有真知。"③ 那么何为"真人"呢？陆西星解释说："真人者，知天之所为而顺其自然者也。"④ 陆西星的这种解释完全符合道家自然人性论的基本思想主张，但问题是，人如何才能做到

---

① 钱超尘主编，姚春鹏评注：《黄帝内经》，中华书局 2011 年版，第 32 页。

② 同上书，第 28 页。

③ 《南华真经副墨》内篇《大宗师》，第 88 页。

④ 同上。

“知天之所为”呢？

从逻辑层面上分析，“真人”是相对于“伪人”或“假人”而言的，但无论“伪人”还是“假人”，其成立的前提条件都须是“人”。即“真人”的养成须经历一个自我否定之否定的过程：人—伪人（假人）—真人。真人是经过长期修养而具足一种全新的生命魅力的人，由懵懂无知的人开始，经过社会化的熏陶形成为真人，这样一个过程如果不是重塑生命形态的过程，那么又是什么呢？

依照“真人”生成过程的逻辑环节之不同，道家身体哲学的理论维向可以概括为：首先是身心关系问题，这是与生死最为切近的问题；其次是人我关系问题，进而至于身国关系和身天关系问题。如胡孚琛所言：“由人天同源、身国同构、道统为一的基本认识出发，在对于自然现象和社会现象的观察中特别是自身修炼的实际体验中，老子认识到自然无为是‘道’所具有的本质特征，‘无不为’则是推进‘道’的必然结果。”① 根身、贵身、大身，以及由之自然形成的“养身”崇向，内在相关地构成了道家的身体价值论；反身、省身、化身、体身，将价值实现之路始终定位于对内在真理的理解和把握上，其“远取诸物”“近取诸身”的认识特征，旗帜鲜明地表明道家的认识论是一种体身论的认识论；今人道德哲学中的人性论问题、群体与个体关系问题、道德规范与道德行为的统一问题，语言哲学中的语义与语用关系问题，历史哲学中的常变问题，审美哲学中的主体与客体问题等可知的现代哲学问题，从道家身体哲学出发，都可以揭橥出其思想之秘。

二 建立“身道”论的实践智慧

身体作为元价值发挥作用，奠定了道家哲学运思的基本特征。

作为中华本土文化智慧园林中的一朵思想奇葩，道家哲学自然

---

① 胡孚琛：《道学通论》，社会科学文献出版社2004年版，第122页。

地流露出一种“面向生活世界”的“思乡”情节，这使道家思想无论在先秦时期还是在其后历史演变的各个阶段，都投射出开放、自信、隐显自如的精神品格。“玄思”式的“纯粹知识”性的思辨生活，从来不是道学生命活动的重心，在生活世界中直面各种矛盾，在身体的打磨中得以内在提升，在身体的变革中实现社会的价值，从而营建出这样一种生命景观：生活即修行，修行自然充满着生命气息，是充满着生活意义的自在之旅。

因此，道家的身体世界与道家的生活世界相互辉映，相得益彰，或隐或现，或游或止，“浑浑然不可分矣”！

在宇宙论的视域下，道家的修身思想已经不能被狭隘地理解为“养生成仙”，而是借修身以完成个体生命气质的涵养，在修身中充实道德品质，提升人格境界，因此道家的修身之道同时也是道家的成人之道，道家的养生哲学事实上就是道家建立身道价值的哲学。

在道家的思想视域中，人并非生而成人的，尽管如《吕氏春秋》所言：“性者，万物之本也，不可长，不可短，因其固然而然之，此天地之数也。”① 然此种禀赋宇宙造化的人性，是从存在论意义上突出人的生命实存的根本大限，为道家修行指明了所依持的根据和前进的方向，但要归于此种大化之境，也就是要实现“生道合一”，则必须克服种种反自然甚至歪曲自然的错误倾向，将那种不正确的生命状态拉回到契合“道”的路上来，恢复到健康、自然的状态中来。如《悟真篇》云：“不求大道出迷途，纵负贤才岂丈夫。百岁光阴石火烁，一生身世水泡浮。只贪利禄求荣显，不顾形容暗瘁枯。试问金山等山岳，无常买得不得无。”② 人生光阴苦短，生命如白驹过隙，转瞬即过，那种一心于名利的行为，除了劳费心神，戕害性命，扭曲人性外，一无是处。这种由直观生命所形成的生命焦虑意识成为道家最直观但也是最深层的生死情结，支配着道

---

① 《诸子集成》卷6《吕氏春秋·不苟论》，上海书店出版社1986年版，第315页。

② 王沐：《悟真篇浅解》，中华书局1991年版，第11页。

家对其他一切问题的理解。

在常人的世界里，物质、名利构成了全部的生活内容，用物质财富的多寡、社会地位的贵贱来充实生命的过程，来衡量人生的价值，导致人整日处于患得患失之中，身体被遗忘，道性被遮蔽，因此修身的首要工作便是出离于物质、名利的束缚，以“少思寡欲”的方式适度降低身体对物质的依赖性，确保将人生更宝贵的精力投放于更为根本的价值追求中去。早期道家的这种精神在制度化的道教那里，被进一步改造为“无思无虑”的信仰追求，形躯身的存在主义对有形物质的依赖，在道教那里被彻底超越，神仙就是这样一个不食人间烟火的理想状态。

道家认为，人的存在不可能是单个生命个体的独存，人是社会生活的人，人格的养成依托社会道德实践，要在社会生活中实现。在社会道德生活中，必然会遭遇种种矛盾，恰当地处理这些矛盾考验着修身的功夫境地，也是致向真人之境中必须完成的人生课题，否则，就难以养成真正的理想人格。在这一问题上，道家认为，在社会道德实践中，只要能够处理好两个方面的问题，就能贴切地处理社会道德实践中的各种矛盾。其一，践履真善，远离伪善，即不为追名逐利而行善为善。庄子云：“为善无近名，为恶无尽刑，缘督以为经，可以保身，可以全生，可以养亲，可以尽年。”[①] 善不是人们有意追求的东西，而是根据生命的运化之道，去做自己能做可为的事情。其二，在社会道德实践中，当遇到与他人的冲突、矛盾时，道家主张挺身而起，以正己为解决矛盾的根本法门，通过对自身的行为进行修正和调整，达到“幸能正生，以正众生”的效果。[②] 正生就是按照生命的循行之道，契合天道地想问题，做事情，如果自己能够做到这一点，就会影响其他人，为人与人之间的和谐交往打下基础。老子曰：“修之于身，其德乃真；修之于家，其德乃余；修之于乡，其德乃长；修之于国，其德乃丰；修之于天下，

---

① 曹础基：《庄子浅注》，中华书局 2007 年版，第 35 页。

② 同上书，第 60 页。

其德乃普。"① 可见，通过修身达到顺其自然而生存，保持生命的活力不断涌动，保证本真之心不被扭曲。继此而往，将修身的法则拓展于家庭、社会和国家，三者皆能贯彻天地"生生之德"，彼此无害。如此一来，家庭自然和睦，社会自然平安，国家必然长治久安，人类的"命运共同体"一定能够建立。

① 《老子道德经注校释》，中华书局 2008 年版，第 144 页。

第二章 汉魏南北朝道教对老庄身体哲学思想的继承与发挥

先秦道家的“身患”情结和“养生”智慧及其所蕴含的身体哲学思想，在汉魏南北朝道教时期得到了充分的继承和发挥。经过两汉时期儒家天道本体论思想的洗礼，沿着早期道教哲学奠定的轨迹，汉魏南北朝时期的道教身体哲学在身天关系的不同层面延展、触伸，走出了一条既具宗教信仰特色，但又植根于身体之上的非同寻常的超越之路！这条超越路径循着身体的寻找与回归的修行旨趣而展开，展示出一个风格独特，意蕴深厚，智慧明澈的生命运化历程。在这一历程中，自然与人生、理性与灵性、个体与群体、理想与现实等多重矛盾关系皆融于以“长生”为根本价值，以“神仙”为精神愿景的生命过程中，呈现出反身成道、内在超越的理论个性，基于这种身体与自然本为一体、身体自足个性、自我展开的理论特征。

第一节 综论道教之身与老庄之身的异同

老庄之后，道家呈现出兼容并包和高度分化的特征，这既是道家自身思维方式的延续，也是知识生成、演变规律使然。按照黑格尔辩证法的基本精神，概念的运动是一个不断的由抽象走向具体的过程，概念的规定性越多，概念的内容就越具体。黑格尔的概念辩证法同时就是黑格尔的历史观。先前的文化总是以思想萌芽的形式蕴藏着后代文化思想的基因，影响着后代文化的走向。“根据黑格尔的观点，历史可以被看作这样一条反思之链，其中各个不同的先验预设受到彻底验证和批判（即在现实的生活世界中先前的哲学思想、文化观念被重新审视。——笔者注），从而人类精神朝向越来越具有真理性的立场前进。"① 在先秦时期，基本上建立起了道家哲学的整体景观，但许多概念、范畴及其相关的哲学命题还处于思想"萌芽"的状态，有待于展开。因此之故，人们常常将以老子为代表的道家时期称作"原始道家"，而将庄子学派称作"早期道家"，先秦时期的道家总体上包含着"原始道家"和"早期道家"两个历史阶段。

老庄之后，道家哲学思想由"约"至"博"，与不同时期的哲学观念相结合，呈现出不同的思想走向。如"道"和"气"相结合，演变出道家的宇宙论思想；"无为"学说被应用于政治，则发展出后世的黄老之学；而早期道家的养生思想则为后世道教所继承，发展出"道""术"一体的道教养生观。甚至唐后形成的道教内丹养生思想也出于老子，是对老庄养生思想的继承和发挥。胡孚琛这样论述了老庄和内丹道的关系：

> 先秦时期的《老子》和《庄子》是为内丹学的理论和功法奠定基础的著作。老庄学派的思想体系和"道"、"虚"、"静"、"无"等范畴，精气神等概念不仅为内丹学所沿用，而且其中"致虚极，守静笃"，凝神、守一、坐忘、心斋等修持工夫也被汲取为内丹法诀；老庄倡导的圣人、仙人境界更是成了内丹家遵循的行为模式和理想目标。《老子》、《庄子》不仅有理性思维的哲学境界，还有直觉思维、回归自然的艺术境界，而且有清静无为、与道合一的功夫境界。②

胡孚琛对老庄和内丹学关系的论证，从一个侧面说明先秦道家哲学思想在顺应历史演变的过程中，根据时代发展需要进行自我调整，逐渐完备了自身的理论形态，在更高的层面上发挥了道家哲学

---

① ［挪威］G. 希尔贝尔、N. 伊耶：《西方哲学史——从古希腊到二十世纪》，童世骏等译，上海译文出版社 2004 年版，第 412 页。

② 胡孚琛：《道学通论》，社会科学文献出版社 2004 年版，第 531 页。

所应具备的思想价值和理论功能。

汉魏南北朝时期，道教综合吸收方仙道、黄老道及其流传于不同地域文化中的养生与巫筮方术，形成了兼容并包的道教文化体系。其中，对早期道家哲学思想的学习、改造以及促进道教文化体系的形成起到了决定性作用。对此，现当代道学家们已有明论，他们都视老庄哲学为道教哲学的“精义”和“主干”所在。老一辈文化研究学者蒙文通指出，老庄哲学“为道教哲学的精义所在”[①]；胡孚琛也指出，老庄哲学在道教哲学中所处的“主干”地位不容质疑。他在不同时期的论著中都明确地提出了这一思想主张：“道家的宗教哲学主要由老庄思想为主干的道论组成”；[②]“中国先秦的道家学派、汉末以后的道教、以神仙家为宗在道教中孕育出来的丹道，皆以老子的《道德经》作为自己的理论支柱和基本经典”[③]。

以“道”这一基本范畴为线索对汉魏南北朝时期的道教哲学做总体考察，便能够看出，尽管在汉魏南北朝时期引入了“气”范畴，以“气”释“道”，并在“神道设教”的整体格局下对老庄哲学精神进行了一系列的改造，但老庄哲学所蕴含的惜生情感，以生死为核心的问题意识，贵身论的价值导向，根身论的思维方式和否定生成论的身体形上逻辑都为其所继承，在道教中有着充分的体现。可以说，汉魏南北朝道教身体哲学思想是在继承老庄身体哲学的基础上，改造发展出的一种新的身体哲学形态。

在这一哲学形态里，“道”在身体的视域内获得了全方位的展示，身体因“道”而获得了全面的规定，二者之间存在着一种相互诠释的关系。因为身体有形躯义、主体义、认识义、践行义、规范义等，“道”也展示出不同的理论面向，有自然义、境界义、真理义、规律义和规范义等丰富的哲学内涵。身体与“道”相关联，在具化形上之道的同时，也因为“道”所指涉的不同理论维度而开出身天、人我、身国及其身体美学等不同的理论视域。在这样的身体

① 蒙文通：《古学甄别》，巴蜀书社 1987 年版，第 317 页。
② 牟钟鉴、胡孚琛、王葆玹：《道学通论》，齐鲁书社 1991 年版，第 720 页。
③ 胡孚琛：《道学通论》，社会科学文献出版社 2004 年版，第 3 页。

视域内，真理永远处于“在路上”的状态，所谓的认识的本质并不借助于实践对象的划分和对这种对象的占有为内在规定，而是随着身体所处的具体语境的转换而有所不同。这一哲学特征在道教中通过宇宙论、认识论、伦理观、审美论等都有切时应机的体现。

当然，还应该明确指出，汉魏道教继承和改造老庄思想的基本形式，除了通过大量的造经形式对老庄思想做借题发挥式的改造外，还对老庄做神学化的诠释，将之直接转化为道教的基本经典也是非常重要的形式。《太极真人敷灵宝斋戒威仪诸经要诀》说：“唯《道德五千文》至尊无上，真正之大经也。大无不包，细无不入，道德之大宗矣。历观夫已得道真人，莫不学《五千文》者也，尹喜、松羡之徒是也。所谓大乘之经也。”① 将《老子》作为道门修真必诵习经典，并以道门戒律的方式给予强制性的规定，由此可见道教对《老子》的重视。

综上所述，汉魏南北朝道教与老庄哲学之间存在着异常紧密的关系，要准确把握道教哲学和道教文化的精神意蕴，就不能不认识道家与道教之间的渊源。下文即对二者之间的关系再做具体而简略的介绍和说明。

第二节 对老庄养生思想的继承与发挥

《老子》和《庄子》蕴含着丰富的养生思想，由养生而获得的悟道体验也成为以老庄为代表的早期道家哲人们观察事物，认识世界与治理国家的思想根基。对《庄子》中的养生思想今人着墨较多，成果也颇为丰富。然对《老子》中的养生思想，今人多未给予重视，甚至有人认为《老子》就是“君王南面之术”。其实，恰是老子奠定了道家养生的思想基础。在《道学通论》一书中，作者这样概括老子其人说：

> 《老子》的作者姓李名耳，又名老聃……一方面，他继承

① 《道藏》第9册，第870页。

了中国古代巫史文化特别是继承发展《易经》、《尚书》等古代典籍之思想，并吸收各地文化传统；另一方面，又有着丰富的人体修炼的实践理论经验及理论，在对于自然、社会进行观察思考和对于人体自身进行反观内照的基础上，它建立了以“道”为核心的，包括宇宙论、本体论、认识论、辩证法在内的哲学思想体系，并涉及政治、军事、伦理、美学、文学、养生等多方面，这些思想保存在《老子》中。[①]

这种概括直接指明了老子作为一个养生家所应具有的历史地位。潘雨庭在《道教史论丛》中，亦间接地说明了老庄作为养生家而存在的历史事实。他说：

有仙人“千岁厌世，去而上仙，乘彼白云，至于帝乡，三患莫至，身常无殃。”（《天地》）然而憧憬仙境仙人还不可贵，中国文化的特色，在于此一憧憬和修炼的具体实践相结合，而且和医药养生的具体实践相结合，不绝其地天通，乃中国文化至为可贵之处。中国远古文化以来，一直有修炼长生者，老庄孔孟之教皆重养生，老庄更能深入。[②]

不仅今人胡孚琛、宇克承、潘雨庭将《老子》视为养生之书，[③] 早在东晋，葛洪《抱朴子内篇·遐览》中，即录有《节解经》一书名。今人研究，此《节解经》即《老子节解》。此书完全

① 胡孚琛：《道学通论》，社会科学文献出版社 2004 年版，第 119 页。

② 潘雨庭：《道教史论丛》，复旦大学出版社 2012 年版，第 60 页。

③ 宇克承在其《易解道德经》一书中，以易理释“道”理，融易道之理于养生道功之中。作者按照道教内丹炼养的次第顺序，对《道德经》各章节进行了重新编排，别开生面地揭示了《老子》中的养生思想。如作者对“孔德之容，惟道是从。道之唯物，惟恍惟惚。恍惚中有物，恍惚中有象。”（该章合通行本《道德经》第 21、22 章为一体，在宇本中作为第 13 章内容）作者注释曰：“此言道功第一阶段……在初习之时，虽然不能见到其恍惚之物，却能感觉到，确实是有其物之存在。”（《易解道德经》，青气巨书局 1999 年版，第 80—81 页）

以养生思想注解《老子》。如其解《老子》第69章"祸莫大于轻敌"说："谓自恣交接者，则有丧祸之灾。"① 由此可见，将《老子》一书作为养生之著者，渊源有自。事实上，将《老子》作为养生书根本不是什么秘密，在道教炼养和内丹修炼中，将《老子》作为枕中之宝者，历代有人，此不赘述。

汉魏南北朝道教身体哲学思想全面继承了早期道家学派的养身思想，从养身经验和养生方法方面加以继承、总结与发展，构建出以"长生成仙"为目标的道教养生观。对这方面学界关注得较早，已经形成了数量众多的研究成果，这里不再对该时期具体的养生思想做过多的分析，仅从身体哲学的角度略做两点概括性说明。

一 贵生、尊生

《庄子》借助于对道的价值的认识，表达出了"治身"的重要性。庄子说："道之真以治身，其绪余以为国家，其土苴以治天下。"② 庄子认为，治理国家与治身相比，是不足为道的事情，治身要比治国更加复杂，也更为艰难。而且，治理国家必须遵循治身的原则，治身是治国的认识论条件，这反映出治身的重要性。到了汉魏南北朝时期，道教对治身重要性的认识达到了前所未有的高度，甚至认为养生是成人之道。

道教养生思想之集大成者葛洪就将养生与长生成仙思想等同起来，认为只有通过养生才能实现长生成仙的效果。他说："仙之可学致，如黍米之可播种得，甚炳然耳。然未有不耕而获嘉禾，未有不勤而获长生度世也。"③ 南朝齐梁时的陶弘景在《养性延命录序》中说："夫禀气含灵，唯人为贵。人所贵者，盖贵于生。生者神之

① 朱越利主编：《道藏说略》上卷，北京燕山出版社2009年版，第163—164页。

② 《南华真经副墨》杂篇《让王》，第430页。

③ 《抱朴子内篇》卷14《勤求》，王明撰：《抱朴子内篇校释》（增订本），中华书局1985年版，第240页。本书引《抱朴子内篇》皆以王明本为据，下引只注卷数、页码。

本，形者神之具。"[①]"生"是人之为人的根本，又是"养神"的根本目的，要养护生命，唯有从形和神入手，形神双修。古人常将"生"和"身"互训，用"生"代身时常用以说明身体作为动态的发生机制，内所隐含的运动机理及其对于人道的意义。而在用身时，则随着不同的思想语境而有不同的指示。葛洪从"人所贵者，盖贵于生"的角度论"生"和"人"的关系，意在说明"生命"的重要性，其所表达出的意义，和"贵身"论思想无有不同。

二 道养、神养

道教对老庄养生思想的继承，是以服务于神仙道教修行为其旨趣的。因而，它在继承老庄养生思想的过程中，同时对老庄的养生思想做了具身化、神身化的改造，确立了身神一体的养生模式。所谓具身化，[②] 即结合宇宙论等思想，对身体器官赋予功能的属性，使它们在整全之身构成的环境中相互发生作用，各自独立，又各自影响，构成了生机勃勃的内景世界。《黄庭内景经》言："六腑五脏神体精，皆在心内运天经，昼夜存之自长生。"[③] 依照《黄庭内景经》道教将存思养生思想给予了神身化的改造，进行了淋漓尽致的发挥，它认为，人的脑部、心中、脾中，都各有神灵居住，并各自发挥着不同的功能，通过存思这些身神可以激发出它们的灵性力量，为修道服务。《黄庭内景经》存思五脏六腑八景二十四真的思想，对道教养生和修道实践产生了深远的影响。

---

① 《养性延命录序》，（梁）陶弘景集，王家葵校注：《养性延命录校注》，中华书局2014年版，第1页。

② 劳伦斯·夏皮罗指出，具身性包括三个主题：概念化——一个有机体身体的属性限制或约束了一个有机体习得的概念；替代——一个与环境进行交互作用的有机体的身体取代了被认为是认知核心的表征过程；构成——在认知加工中，身体或世界扮演了一个构成的而非仅仅是因果作用的角色（根据"构成"主张，身体或世界是认知的一个构成成分，而不仅仅是一个认知的因果作用的影响）。在道教的身体视域中，由功能不同的身体部分构成，各个部分之间相互影响，由它们相互作用构造出的身体成为一个不断与内外环境进行信息与能量交流的身体，不再是传统心性论中的心性主体之身（［美］劳伦斯·夏皮罗：《具身认知》，李恒威译，华夏出版社2014年版）。

③ 《云笈七签》卷11《上清黄庭内景经·心神章第七》，《道藏》第22册，第70页。

所谓神身化，即通过赋予身体以神性，化形躯身为神性身。当然，通常而言，神身化也可以通过多种途径来实现，譬如中国巫史文化时期的“巫”。在一些宗教仪式尤其是早期宗教仪式中，借助于一些特殊的仪式手段以沟通与神灵的关系，借以向神灵表达其诉求，以满足某方面的愿望。执行此种与神灵沟通任务的人须将自己的身体转化为神灵的身体，充当神灵在世间的媒介，以身体的姿态、符号化语言等方式向人们传达神的旨意。许地山在《早期道教史》中对“巫”的职能做了概说：“一、降神　神附在巫底身体上，如今南中国底跳神师公、跳神师婆、童子，和北亚洲底跳神师（Shaman）一样，即《楚语》所谓‘明神降之’底意思。僖公十年《左传》记太子申腐生于新城之巫，是降神底事例。《周礼·春官》司巫底职掌也主降巫之礼。”[①] 可以看出，巫神之身是一种“神附”之身，就如今人常说的“神仙（或者鬼魂）附体”之身一样，一种外在的灵异力量“进入”（而不是生成，须要明确区分）身体，寄居在身体中，借助于人身来展示其灵异功能，可知“附体”之身，神性能量来自于外，并非身体之身的功能。

道教的神身，与“附体”之身存有根本的差别，尽管他们对于神性身的认识也吸收了巫史文化时期关于“巫”的相关知识，但他们对于神身的认识显然是一种“生成性”的神身之身而不是“附加性”的神身——神本内具，神性的塑造乃由身体的修炼而得。道教的这种神身观，是身天一体的本体论思想成立的前提条件。道教神身化通常采用的方式，一者如《黄庭内景经》那样，将身体存思的对象根据各自功能的不同，划分为不同的部分，然后给予一种神性的情景描述和环境构建，从而化肉身性为道身性；二者则是通过发挥道家养生思想，将其中的一些修道思想给予神格化的改造，以达到将道家专精凝灌到宗教实践中的目的。

经由具身化、神身化的改造，道教逐渐确立了神身一体的养生模式。随着道教泛神论思想的扩张，这种神身一体论的养生模式也

---

① 许地山：《道教史》，中国画报出版社 2013 年版，第 127 页。

自然地被赋予了更为丰富的内容，神身关系也越来越具有更多的思想规定。但万变不离其宗，无论对神身关系的处理方式如何不同，都意在改变身体的气质和结构，以不断趋近于“长生久视”的神仙境界。“宗教不是本能的自我驱动的升华，而是使宗教传统的特殊形式（如坐禅的姿势）内在化，从而使人达到一种创造性的表达境界。”① 在这种“表达境界”中，身体伴随着不同的修炼境地从内到外都呈现出不同的气象，且伴随着这种境地的转变，人的身体状态及其看待世界的方式不断地发生着变化，身体的自由之路就此而展开。“境域层次的扩展、拔升，绝非抽空了身之实存情状，干瘪为精神的空洞载体；相反正是顺着身的实存情状而展现，经验性内容亦非被剔除而是被转化。”② 神净化了身，身也具象着神，神身相互渗透，构成了一个有性有情的生命世界。

三 “藉众术以共长生”

在早期道家那里，只是对一些基本的养生原则给予了宏阔的说明，对于养身的具体方法、养生的基本内容及养生与道的关系则缺乏细致的论述。而在汉魏南北朝时期，道教在广泛吸收早期道家养生思想的基础上，综合当时的神仙方术、易学医学思想等，形成了系统的养生思想。

一者，在《周易参同契》中，融和、汇通了易学、身体哲学和外丹理论，首创了养生理论体系，奠定了道教炼养学中“万古丹经王”的地位。

彭晓释《周易参同契》之书名含义曰：“《参同契》者，参，杂也；同，通也；契，合也。谓与诸丹经理通而契合也。”③ 在书中，魏伯阳发挥了天人合一的思想，在汲取各家修炼思想的基础上，将修

① 汤浅近雄：《灵肉探微——神秘的东方身心观》，马超译，上海译文出版社 1990 年版，第 22 页。

② 周与沉：《身体：思想与修行——以中国经典为中心的跨文化观照》，中国社会科学出版社 2005 年版，第 300 页。

③ 彭晓：《周易参同契鼎器歌明镜图》，《道藏》第 20 册，第 131 页。

炼中内景变化的不同阶段以易数的方式演示而出，不仅生动形象地展示了“道”在身体内的运动轨迹，而且指出了随着练功境界和工夫层次的不同所应遵循的基本的炼养原则。《周易参同契》第 20 章曰：“内以养己，安静虚无。原本隐明，内照形躯。闭塞其兑，筑固灵珠。三光陆沉，温养子珠。视之不见，近而易求。”[①] “安静虚无”“内照”等都是道教修炼的基本方法，“三光”“子珠”是修炼的身体内景。在炼养中，“安静”为火候之用，也是工夫心法；“子珠”为工夫之象，也可以“药物”称之。“安静”“内照”，指积累到一定的工夫层次，即会显“光”产“珠”，二者之间存在因果关系。作者对道教炼养的分析和认识，为道教养生奠定了坚实的思想根基。

二者，《太平经》阐发了精、气、神一体的养生思想。

《太平经》阐发了精、气、神一体的养生思想，透显出作为整体的道教身体观。经曰：“三气共一，为神根也。一为精，一为神，一为气。此三者，共一位也，本天地人之气，神者受之于天，精者受之于地，气者受之于中和，相与共为一道。故神者乘气而行，精者居其中也，三者相助为治。人欲寿者，乃当爱气尊神重精也。”[②] 胡孚琛指出：“道家和道教将人体看作由形、气、神三个相互联系的层次构成的三重结构的思想，其实是把人的生命当作形、气、神三者的统一。”[③] 人作为一个抽象的概念是以形、气、神的统一为条件的，人性、人的实现包括人的生命等问题，都是形、气、神的统一。认识活动、社会实践活动等，从本体层面上言都是身体自我规训，因而真理、价值等也都成为身体的功能体现。正所谓：“凡人之生也，天出其精，地当其形，合此以为人。”[④] 从道教关于精、气、神的关系论述中可知，人之为人，不是因形而为人，也不是因神而为人，而是因形神一体性而为人，也就是说，人是“一体”性

① 彭晓：《周易参同契鼎器歌明镜图》，《道藏》第 20 册，第 137 页。

② 《太平经合校》卷 154—170《令人寿治平法》，第 728 页。

③ 胡孚琛：《道家和道教形、气、神三重结构的人体观》，杨儒宾主编：《中国古代思想中的气论及身体观》，台北巨流图书出版社 2009 年版，第 172 页。

④ 《管子·内业篇》，李山译注：《管子》，中华书局 2009 年版，第 271 页。

的存在者，是以其存在的整体性而呈现在“世界”之中的。如此之人性，显然不是有形塑得，也不是因神而成，乃是依照“阴阳和合”之理而成的。这种人性论的根据乃是蕴于身体之中，依身而显的，故从身体出发透解人性，然后在身体中涵养人格，并自人格的养成中聚合、凝结为人文，乃成为必然之理。

三者，葛洪对道教养生思想进行了批判性的总结。

在汇总前代养生方术，研判这些养生思想的基础上，葛洪提出了“藉众术以供长生”的养生主张，说：“凡欲养生者，欲令多闻而体要，博见而善择。偏修一事，不足必赖也。”① 葛洪的养生思想无论对道教专门炼养者而言，还是对一般的养生者来说，都能够从中获得有益启示。身体由多重要素构成，要达到最佳的养生效果，理应采用系统综合的方法进行，不可执着于一法一术。人的个体体质不同，炼养亦应突出重点使用的方法，不可均衡用力，浪费光阴。但是无论采用怎样的炼养方法，都不可离身而求道，都不可背德而修仙，这是养生的大忌，不可不时时遵循，刻刻自律。

汉魏南北朝时期，伴随着道教养生思想的日益仿佛，道教的养生思想逐渐浸润、生成为一种养生文化。“凭借着社会建设者、变革者和享用者的身份，人们有意识或者无意识地实践着生存智慧，这种生存智慧的‘发酵’和延伸，就形成了一种适合本村落、本区域至本民族的独特养生文化。”② 在汉魏南北朝时期，在道教内部形成了各具特色的炼养法门，养生理论也日益系统化，炼养已经成为实践仙道信仰的必需手段。道教的养生思想也必然经由道士们的积极推广而传播向社会，对社会大众形成持久的影响。

在《抱朴子内篇·微旨》中，葛洪严厉批判了当时世间修道者所持有的错误养生思想，他说：“又患好事之徒，各仗其所长：知玄素之术者，则曰唯房中之术，可以度世矣。明吐纳之道者，则曰唯行气可以延年矣。知屈伸之法者，则曰唯导引可以难老矣。知草

① 《抱朴子内篇》卷6《微旨》，第124页。

② 詹石窗主撰：《道教与中国养生智慧·导论》，东方出版社2007年版，第2页。

木之术者，则曰唯药饵可以无穷矣。学道之不成就，由乎偏枯之若此也。”① 从葛洪对当时修道乱象的批判中，我们不难推测出当时社会对道教养生的热情和追逐。这种社会性的养生热，既是根于人们对于健康和长寿的内在需求，也与道教的推广存有极大的关系。但不管怎样，随着这种养生思想影响的扩展，人们的文化生活必然被打上养生的烙印，并对人们的生产和生活造成影响。

今天，随着物质生产能力的巨大进步，人们在享有这些物质财富的同时，也越来越清醒地认识到，物质财富的增长与生命安全的实现并非呈正比例增长的关系，甚至过度的物质享受反而成为泯灭身体神性，扼杀生命性灵的杀手，因而在新的时代背景下思考养生之道，仍然是一个具有重要现实意义的时代性课题。而如何在多元文化的语境中树立一种真正符合道教养生精神的养生智慧，对于道教学者而言，应该成为一种本己的责任要务。

第三节　对老庄认识论思想的继承与发挥

在道教的思想语境中，由于所指涉的一切事物和事项都是从身体的角度来谈论的，对其中的概念、范畴就不能用纯粹知识论的观点来看待，否则就背离了道教哲学的真实精神。当然，这并非说在道教思想中没有认识论的内容。从人与世界关系层面而言，人对认识对象的划分与界定是人认识世界，把握规律的前提条件。只不过由于研究目的、价值取向和研究方式与文化传统的不同，不同文化语境中的认识论有着各自不同的特点。就道教而言，服务于“长生久视”的根本价值目标是道教认识论的究竟使命，而且认识的过程与价值判断的过程又是互相融通的，这就更加使道教认识论呈现出一种反身论的特征。这种反身论的认识过程与养生、修身的实践活动紧密结合，形成了伦理观和认识论相互缠绕、相互影响的总体特征。

① 《抱朴子内篇》卷6《微旨》，第124页。

一 “有真人而后有真知”

庄子说：“且有真人而后有真知。”① 又说：“形若槁骸，心若死灰，真其实知，不以故自持。”② 无论是“真知”还是“实知”，都表明了道德主体的一种心灵状态，这种心灵状态既是成为真人的必备条件，具有方法论的意义；又是真人现实的心理景况。由此可知，庄子的“真知”有双重意义：既指与真人之目标相符合的修养方法，又指真人所体味到的一种心智状态。下面再对《老子》中的“知”概念进行分析，以对早期道家关于认识的基本态度及其所要表达的基本思想做一大致的理解与把握。在《道德经》第23章中多处出现了“知”。如“知人者智，自知者明”；“不出户，知天下，不窥牖，见天道”；“使我介然有知，行于大道，唯施是畏”③。其中，“知”都用作动词讲，指对“道”的理解和把握。而这种理解和把握“道”的过程，是为保全身体，养护生命而服务的，具有反身性、内契性的理论特征。

道教进一步丰富了早期道家的认识论思想，尤其是将内契性的理论特征发展到了极致。其主要体现于《周易参同契》和《黄庭内景经》这两部经典名著中，而尤以《黄庭内景经》的思想特点最为突出。《黄庭内景经》大量描述了身内诸神的位置、性状与功能，它将存神和内视这两种基本的养生方法有机地结合在一起，向我们展示出一幅有情有义、生动活泼的身内世界图景。如《黄庭内景玉经》卷上梁丘子注云：“黄者，中央之色也。庭者，四方之中也。外指事，即天中人中地中，内指事，即脑中心中脾中，故曰黄庭。内者，心也。景者，象也。外象谕日月星辰云霞之象，内象谕即血肉筋骨脏腑之象也。心居身内，存想一体之象也，故曰内景也。”④ 根据不同的修炼体验，以精、气、神为基本要素，以“神”

① 《南华真经副墨》内篇《大宗师》，第88页。

② 《南华真经副墨》外篇《知北游》，第314页。

③ 《老子道德经注校释》第33章，第84页。

④ 《黄庭内景玉经》卷上《梁丘子注》，胡道静等编：《道藏要辑选刊》第1册，上海古籍出版社1989年版，第67页。下引《道藏要辑选刊》只注册数、页码。

为统领，将身体的变化以内在证悟的方式展示而出，其表达的修道思想对于道教炼养和道教信仰建设都产生了重要的启迪作用。

二 静观自得的真理观

道教继承老子关于静观万物、“归根曰静”的思想，以“身神一体”“身天相通”的方式，对老子的真理观思想做了宗教性的改造，这是道教建设的内在要求。对这一问题，笔者在“汉魏南北朝道教反身体道认识论思想”一章中已做详论，此处不再展开论述。

第四节 对老庄伦理观思想的继承与发挥

道家哲学的精神旨趣、价值崇向决定了伦理观在道家哲学思想体系中处于极为重要的地位。汉魏南北朝时期道教一方面秉承早期道家修心与修道一体、立德为修道之本的伦理思想，另一方面又适应神仙信仰建设和宫观制度建设的需要，对早期道家伦理思想进行了全面的改造。这种改造广泛涉及道德本体、道德人格和道德养成等诸层面的内容。

一 创立以“道”为核心的教理思想

早期道教经典著作《老子想尔注》继承了《老子》的思想，明确提出“道”为“天下万物之本”的观点。[①] 但与此同时，《老子想尔注》又赋予“道”以人格神的意义。可见其强调“道为天下万物之本”的目的在于为论证人格神的至上性服务。书中指出：“一者道也。……一散形为气，聚形为太上老君，常治昆仑。或言虚无，或言自然，或言无名，皆同一耳。”[②] 对“道”进行人格化的改造，为神道设教奠定了坚实的本体论基础，具有重要的思想价值。“道教将老子及《道德经》加以宗教性阐释，将老子之‘道’

① 饶宗颐：《老子想尔注校正》，上海古籍出版社 1991 年版，第 17 页。

② 同上书，第 12 页。

改造为聚形可成的太上老君，从而将神仙观与宇宙论结合起来，为整个宗教哲学体系奠定了基础。”① 因为道教哲学体系的建立必以本体的厘定为理论前提，“太上老君”就是神道信仰的本位神。在最高神确立之后，道教就可以根据需要不断扩充神仙家族成员，逐渐建立起道教特色的神仙信仰谱系了。

当然，应当说明的是，不同的道教教派所尊奉的最高神并不完全相同。如上清派尊奉的最高主神为“上清道祖元始虚皇天尊”。此神全称为“上清道祖大洞至尊元始天王上皇天帝紫霞虚皇天尊”，除此最高主神外，上清派尊奉的主神还有太上玉辰元始大道君、紫宸太微天帝大道君等。② 而天师道和早期灵宝派则都奉“太上老君”为最高神。随着道教内部教派关系的变化，道教最高神信仰也处于不断更新过程中，并最终随着教派的合流而逐渐形成了现在常见的三清尊神信仰体系。

二 形成“道”“德”“术”三位一体的教理体系

在老庄那里，其“贵身”崇向常借助于对儒家礼仪、仁义道德价值取向的批判来彰显。在汉魏南北朝时期，这种道德观思想发生了重大反转。礼仪、仁义道德被纳入道功的层面，成为修道证道必需的功课。在道学文化③中，“德”既是价值根据，又具有价值主体义和价值规范义与人格境界义等多重义。与“道”并用，“道是

① 张小平：《道教哲学的思想资源及其现代价值》，《第十二届国际中国哲学大会论文集》之二《中国传统哲学的现代诠释》，商务印书馆 2003 年版，第 429 页。

② 参见刘大彬《茅山志》卷 10《上清品·上清经箓圣师七传真系之谱》，《道藏》第 5 册，第 596 页。

③ 胡孚琛认为，道学文化专指道家与道教文化组成的学说，无论道家还是道教，都是道学文化的有机组成部分。他在甄别考论中国文化史上真假道学的基础上指出：“我们将道学的概念定义为以老子的道的学说为理论支柱的整个文化系统，其中包括道家的哲学文化、道教的宗教文化，还有丹道的生命科学文化。”又指明：“关于道家与道教的关系，道家是以春秋时老子著《道德经》为代表创立的以道为理论基础的学派；道教则是汉末张陵首先创立的以道为信仰的宗教。二者皆以老子的道为根基，道家是道教的哲学支柱，道教是道家的宗教形式。”（《道学通论》，社会科学文献出版社 2004 年版，第 7 页）本书沿用其说，用来指包括道家和道教在内的全部思想学说。

原则，德则是道的践履”[①]，常用以指按照修“道”原则去修道及其“体道”的境界，兼具心性论和工夫论的维度。“道”和“德”的分用直至“道德”并用，反映了中国古人天人观的转换。老子云：“道生之，德蓄之，物形之，势成之。是以万物莫不尊道而贵德。道之尊，德之贵，夫莫之命而常自然。故道生之，德蓄之，长之，育之，亭之，毒之，养之，覆之。生而不有，为而不恃，长而不宰，是谓玄德。”[②] 老子将“万物”“道”和“德”并用，指出万物之所以能够生长发育，皆是因为“尊道”“贵德”。“德”显然已被老子作为“道”在实践层面的发用，是“人”遵循天道、与道合一的必需条件，也是必由路径，“德”是“道”的生成性下贯于人身，作为人性的内充和外用。内充而为人之境界性，外用而为群体之中社会规范确立的伦理纲本。“道”和“德”的关系实质上说明了形上之道与人的实践是如何连接在一起，成为人性养成之根据的。后世道教发显道家的这一形上旨趣，援礼入教，强调“为道者当先立功德”，是从内在涵养与伦理规范之确立这一双重意义上来讲的。

葛洪认为，“为道者当先立功德”，他在引用《玉钤经》中的思想对其进行解释时说：“按《玉钤经》中篇云，立功为上，除过次之。为道者以救人危使免祸，护人疾病，令不枉死，为上功也。欲求仙者，要当以忠孝和顺仁信为本。”[③] 葛洪将忠孝、仁义等儒家伦理道德思想纳入修道的体系中，将成仙和立德结合起来，其圆融道儒的思想非常明晰。

另外，葛洪不仅强调了伦理道德在修道中的重要性，而且对修德进于道的过程做了量化的处理，呈现出道德工夫论的趋向。葛洪道：“人欲地仙，当立三百善；欲天仙，立千二百善。若有千一百九十九善，而忽复中行一恶，则尽失前善，乃当复更起善数耳。”[④]

---

① 王月清等编著：《中国哲学关键词》，南京大学出版社 2011 年版，第 12 页。

② 《老子道德经注校释》第 51 章，第 136—137 页。

③ 《抱朴子内篇校释》卷 3《对俗》，第 53 页。

④ 同上。

在道德实践中，通过这种量化的处理，能够顺应普通民众的心理需要，使他们在生活中时时刻刻保持向上修行的心态，将修德积善看作道教修行的首要任务。

三 援“礼”入教，完善了道教伦理建设的思想内容

与老庄对待儒家礼制的态度截然不同，魏晋南北朝道教改革的方向之一，就是逐步引入“礼”，以礼制规范教门。这种援“礼”入教的教门实践改革，既整顿和规范了道教宗派组织，又调和了道教与社会之间的关系，促进了道教的发展。其中，寇谦之对道教的改造，最具有援“礼”入教的理论特色。据《释老志》载，寇谦之对于北方天师道的改造，主要内容就是“废除三张伪法”，以建立“专以礼度为首”的道教为己任。① 这种援“礼”入教的教门改革，适应了当时社会发展的需要，推动了道教的社会化进程。在魏晋南北朝时期，道教为了自身的生存，客观上需要根据统治阶级的需要，加快自身世俗化的建设步伐，援“礼”入教就成为促进道教与社会生活相适应的必然途径。当然，道教对“礼”制的吸收也并非盲目引进，而是根据自身的发展特点进行了一系列的改造。

第五节 汉魏南北朝道教身体哲学的确立

一种哲学观的确立，在理论层面上取决于两个因素：一者，此种哲学观的核心范畴所具备的理论属性；二者，此种理论硬核在人与世界关系问题上的地位、功能及所使用的思维方式。如高清海所说：

> 任何一种哲学模式所代表的理论思维方式，都凝聚着哲学家所捕捉到的该时代人类对人与世界相互关系的自我意识，都

① 《释老志》，（北齐）魏收撰：《魏书》卷114第8册，中华书局1974年版，第3051页。

> 贯穿着哲学家用以观察和说明人与世界相互关系的基本立足点和出发点，都体现着哲学家用来解决全部哲学问题，建构哲学范畴体系的独特的解释原则和方法论。哲学家的这种基本立足点和出发点……是建构各种哲学模式的统一性原理，我们称之为哲学模式的“理论硬核”。①

作为思想出发点和理论原点的哲学理论硬核，它自身需具足赖以自立的理论规定，并蕴含着走向世界与致向超越的思想内涵。此种理论硬核的内容又必然在人与世界关系的哲学基本命题中获得更为丰富的规定性，以思想统一性的方式对人与世界关系中的诸重理论维向给予统一性的说明和解释，展示出这种哲学观点的全部理论景观，发挥出解释世界的基本功能。

如本章第一节所论，身体哲学之于早期道家而言，因其对身患问题的解决而萌发，沿着“贵身”的价值导向，形成了“身道合一”的身体论、根身的解释原则和养身的实践论，从而形成了道家身体观的基本理论面貌。以老庄哲学作为主干精神的道教哲学，在继承道家哲学的基本精神的同时，也根据道教建设的需要对其进行了一系列的理论改造，体现出鲜明的神道特色，因而对于道教身体哲学的确立而言，仍需做简要的说明。

为了与前面的论证角度保持距离，此处在论证身体哲学确立的条件问题时，更多地运用了“元哲学”的思维方式，在剖析一般哲学观确立的前提条件下具体探究汉魏南北朝道教身体哲学确立的思想条件。

一　道教身体哲学确立的前提条件

（一）涉身而在的人

人作为人，或者说人成其为人的根本原因，在不同的哲学观中，或可有不同的答案。但在中国哲学传统中，人依身体而在，因

---

① 高清海：《哲学的创新》，吉林人民出版社 1997 年版，第 152 页。

身体而成其为人，并在身体中蕴藏人性，养成人格。如前文所言的古书《尚书》中关于“修厥身”“慎厥身”“天命在汝躬”等内容的记载，《周易》中关于“近取诸身，远取诸物”的方法论思想，以及中国古代汉语中关于“身”的训诂等，都将身体看作存在于具体语境里而不断自我生成的本体事物。中国传统哲学中关于身体的规定，与后现代哲学中彻底的经验主义视域下的涉身性身体观思想[①]，在理论旨趣上不谋而合，但在思想境界上则更高于彻底经验主义身体的趣味追求，它将身道合一作为其终极的致思取向。

崇尚“贵身”价值的道家哲学及以“长生久视”为终极旨趣的道教哲学，将身体视为整全之身，尤其是道教哲学更是不遗余力地赋予身体以神性，以身神合一的方式表达出对身体的尊重之情。被道教奉为早期经典的《淮南子》从养生的视角论述了身体构成的三要素：“形者，生之舍也；气者，生之充也；神者，生之制也，一失位则三者伤矣。”[②] 三者在生命的运动中各自具有不同的功能，但各自的功能又是相对的，相互之间是可以互相影响乃至互相转化的。

而且在道教的视域中，身体不仅作为整体之身而具体地存在于世，还因“气贯形身”而具有“形—气—身”互通的特征。在此互通性的身体语境中，身的变化必然投射到心中，影响心灵的气质，而心灵上的起意转念又会影响人的身体，而身与心这种互相影响的关系则以气为中介而发生作用，在身体的实行中呈现出“气不离身，即气即身；气也不离心，即气即心”的理论特征。[③] 在“形

① 涉身自我是后现代身体哲学的一个基本概念，它认为，人的存在即是一种身体性的存在，身体构成了人的世界的全部内容。涉身自我包含三个方面的含义：其一，涉身自我强调自我与躯体的不可分性，认为主体的形成依赖于身体；其二，涉身自我强调身体的含混性和可变性，认为身体存在于具体的、开放的环境中，不断地进行着自我生成和自我创造，即身体通过“栖居”于世表达了身体在世界之中的概念；其三，涉身自我是在具体的伦理道德实践中实现自我的，即“只要我们根据寄居或者时空的在世来理解人类存在，涉身和伦理学就是密不可分的”。参见周丽昀的《身体伦理学：生命伦理学的后现代视域》（《学术月刊》2009 年第 6 期）一文。

② 刘文典：《淮南子鸿烈集解》（《原道训篇》），中华书局 1989 年版，第 39 页。

③ 杨儒宾：《儒家身体观》，中研院中国文哲研究所筹备处，1996 年，第 224 页。

一气一身”的交流汇通中，身体流淌出一种奔腾不息的生命气息，并与世界中万物构成一种对话与交流的亲情关系。

道教“形—气—身”相互贯通的理论特征，在《太平经》中有很好地体现。《天平经》从养生长寿与精、气、神的关系论之：“三气共一，为神根也。一为精，一为神，一为气。此三者共一位也……故人欲寿者，乃当爱气、尊神、重精也。”① 这就是说，人的身体是由精、气、神三者结合构成的，三者相互作用的过程就是生命的运动过程，要想长寿以保持长久的生命活力，就需要从精气神入手，做到“爱气、尊神、重精”。

可见，《淮南子》和《太平经》都将精、气、神作为身体构成的基本要素，难能可贵者，它们又不仅仅从身体构成的视角阐释这一主张，而是从三者的功能属性乃至与“道”的关系层面来论及。这种有机整体论的身体观思想显然已经把身体置于天地之中来看待了，身体内蕴着自本和自为的因子。由于身“入”于天地之中而不是“寄托”于天地之中，则天地之性自然为身体所具足，人性本于天性，人所贵者在于人之天性中所蕴含的“自然”因子，具有结群成类的思想根据。《太平经》云：“人生皆具阴阳，日月满乃开胞而出户，视天地当复长，共传其先人统，助天生物也，助地养形也。”② 身体与天地、与道的这种“入乎其中”的关系，使得身体之身不假外物就可以扩展出一种致向无限之身的内在因子。对身体的这种属性，吴光明给予了精辟的概括：“我们的身体是相当动态而有弹性的，它的弹性动态产生了可扩己、可虚己的‘泛身性’。‘扩己’使得身体观点可以扩大，由于‘虚己’，使得身体思维可以容纳事物，甚至让每个事物都可自证、自现，不分贵贱即普遍思维。”③

对身体的这种“虚己”性的论述，实质上是对身体之所本有的

---

① 《太平经合校》卷154—170，第728页。

② 《太平经合校》卷35，第36—37页。

③ 吴光明：《庄子的身体思维》，蔡丽玲译，杨儒宾主编：《中国古代思想中的气论及身体观》，台北巨流图书公司2009年版，第393—415页。

无限的证明。在道教的思想视域内，身体之所以具有致向无限境界的能力这一问题，是基于身体与人之为人的关系问题的处理而展开的。在道教的视域中，很少直接谈及人的本质论、人的认知论、人的价值论和人的历史观等问题，事实上，对这些问题的思考和讨论都蕴含于对身体的认知过程中。以人的本质论问题为例，道教在万物一体、万物同构的前提下论述之，实际上说明了身体的宇宙性与万物交互作用的可能性，因为在道教看来，人之所以能够存在于世，并且能够返还自然，在无限的自然中得到彻底的解放，就是因为自然—万物乃一生生不息的永恒所在。唯有归于此，人才能超越时间和空间的限制，进入宇宙的大化之境。

然而，仅仅说明人与宇宙的同构性在理论上并未能有效地揭示出人之为人的根据，这就涉及道教所本有的否定性思维在人本质论上的发用问题。在道教看来，人来到这个世间，并不是自然而然地进入与道一体的“真人”之境的，而是被抛入纷繁的社会中，首先具有了一种社会的规定性，包括礼教、儒家的仁义及其他种种的诱惑，它们都是常人世界所好所求者。人要真正地挺立于世界，不是仅仅过着这样的社会生活即可，而是要觉照到这种社会生活对身体的压抑和对生命的遏制，所以人只有循着“反者，道之动”的路径，返还到宇宙的大化之境中，才能真正地做真人，才能真正地挺立于世间。而要完成这一神圣使命，非经修身而不可达及。

而身体之身恰恰为这种体道的生活提供了必要的要素条件，提供了无限可能。充分利用这些要素，通过艰苦的修身努力，就能够实现生命的解放，就能够实现人性的自我解救，达到修身成人和身化世界的道德境界。可见，在理论环节上，人的自我解放和人的价值的实现乃至人的自由问题，在道教的视域内，本质上都是身体的问题，最终都要通过身体的问题来解决，身体就是打开道教形上之路的“芝麻之门”！

（二）人人自有神性

“身体”要确立其“本体”地位，不仅要具备向上的超越性，还需具备普遍性的理论品格。只有具备超越性和普遍性这一双重条件，身体观才能获得坚实的理论支持。对此，《太平经》中有很精要的分析，足以说明人人自有神性的道理。《太平经》言：“故天地之道，据精神自然而行。故凡是大小，皆有精神，巨者有巨精神，小者有小精神，各自保养精神，故能长存。精神减则老，精神亡则死，此自然之分也。”① 人人都有“精神”，这是“天地之道”使然，任何一个人只要能做到“保养精神”，即能“长存”，且由于“长存”是神仙的基本标志，能长存就是能成神为仙。

南朝齐梁时著名高道陶弘景更是从精、气、神与人的关系的高度，指出了人之为人的内在根据：“凡质象所法，不过形神。形神合时，则是人是物；形神若离，则是灵是鬼。”② 形神相合则为人，相离则为物，形神之分与合成为人与非人的判别标准，深刻地揭示出人的生命运动的本质。

道教对身体的这种厘定，使得认识身体与认识自己合二为一，哲学的基本使命之一“认识你自己”也由此得到最为简洁的回答。“我们不仅应当提高身体的直觉敏锐性，使它能够提供更加丰盈的满足；而且，我们应当重申哲学的核心使命——‘认识你自己’——这一使命是苏格拉底从特尔斐的阿波罗神庙领受的，他的哲学探索和灵感由此发端。”③ 作为形而上学概念的“自己”，以其所本具的“属性”而自以为“己”，为“己”者又须以为人为前提，故“自己”这一概念，唯在与“他者”的相区分中方能成立。自然性的前提、人性的根据、个性的养成对于“自己”的确立而言，成为其必不可少的三个要素。故要做到“自己”——我自知我自己——是一件艰难的事情，需要经过长期的训练才能养成“自性”，在众人、天地间成就“就我之境”，方为“自己”之完成。至于此一完成的路径选择，可循心性论的路子而入于道德形而上学

① 《太平经合校》卷120—136，第699页。

② 陶弘景：《华阳陶隐居集》卷上《答朝士访仙佛两法体相书》，《道藏》第23册，第646页。

③ ［美］理查德·舒斯特曼：《身体意识与身体美学》，程相占译，商务印书馆2011年版，第13页。

的“天地境界”[①]，可循工夫论的路子而入于“真人”“至人”之境界，当然，西方黑格尔之“绝对精神”亦是缜密、高度理论自觉的“自己”之实现。总之，不同的哲学观就是不同的“自己”观，“自己”中包含着哲学的一切奥秘。

道教对于“自己”的思考，是通过“道生万物”与“形神一体”双重命题来展开的。对此一问题的探讨涉及对当下流行的一种形神关系论的批判，故这里稍加展开说明。

老子曰：“道生一，一生二，二生三，三生万物。万物负阴而抱阳，充气以为和。”[②] 从“道”的角度看，万物都由“道”生出，“道”为生命之始源，万物之根本，人作为万物之一者，自然也因“道”而生，循“道”而成。故就“道”而言人，人生而为人，并非学而为人，因而人人本来都平等，本来自具成人的根据和价值实现的人性基础。强调学而为人者，是从道德论或工夫论而言之，已经落于后天之中言人，此中因解析视角的转换而形成的观点差异不可不知。那么，“道”如何生人呢?《道德经》只是以“道生万物”的方式给予人以本原性的宏阔说明，将人与万物做类的境界论限定，然后通过“道生万物”的逻辑间接地说明“道生人”的基本原理，但对于“道”如何生人，由“道”所生之人与万物之间有何差异并没有做更进一步的说明。老子论“道”，意在明“德”，意在以“道”明“德”，为“德”确立身体的根据与自然价值的崇向，与庄子从道德主体本体论“德”尚存在根本的差异。老子论“道”说“德”而言人，虽未直言人的内在规定，但却以价值反思的方式揭示出人性养成与人生实践境界的答案，更多地从“人类”的层面揭示出人类本性的同质性，这也是老庄哲学旨趣之大不同之处。

---

① 在论述中国哲学之“境界”时，冯友兰将人分为“自然境界、功利境界、道德境界与天地境界”四层次。其中冯先生论“天地境界”曰：“我们所谓天地境界，用道家的话，应称为道德境界。”详参刘梦溪主编《中国现代学术经典·冯友兰卷》，胡伟希编校，河北教育出版社1996年版，第526—532页。

② 《老子道德经注校释》第42章，第117页。

《管子·内业》篇方直接言明了人的宇宙源头：“凡人之生也，天出其精，地出其形，合此以为人。和乃生，不和不生。”① 天地和合而生人，其将精和形相对而用，虽未言明精即形神关系之“神”，但在事实上确实将精视为“神”来看待的。《管子·内业》认为，形体中所包含的精气越多，人的生命力及其智慧力就越强劲。它说：“精存自生，其外安荣，内藏以为泉源，浩然和平，以为气渊。渊之不涸，四体乃固。泉之不涸，九窍遂通。”② 从其叙述里可以分析出，“精”存于身体之内，是生命力之源泉，也是养生的根本落脚点，这种思想已经流露出形神关系论的理论特色了。对此种理论特色，有学者业已有了明确的认识：“以《内业》为代表的稷下道家对于生命现象的思考，深化了关于人的认识。它提出的精形理论，第一次涉及形神关系问题，虽然具有形神二元论的倾向，但仍然有很大的意义。”③ 循着《管子·内业》的理论模式，以形神关系论人，以形神关系论修道工夫逐渐成为道教的一种主流性的思维模式。

不仅如此，《管子·内业》还包含着融养生与伦理于一体的想法，为我们探讨道教伦理观的身体基础提供了伦理支持，也为我们进一步探讨道教如何打造其身体伦理观问题提供了早期的文献支撑。《管子·内业》言：“止怒莫若诗，节乐莫若礼，守礼莫若敬，守敬莫若静。”④ “诗”“礼”“敬”都是表示伦理道德修养的词语，它将“诗”“礼”“敬”等外在的身体姿态和身体感受与身体的感官情绪、修养境界结合在一起来论述，并以一一对应的关系说明伦理道德修养和修道之间的必然联系。身体与伦理之间的这种内在关联性与西方“意向性”哲学相比，对于“主体”问题的处理更为彻底或者说天然地呈现出一种彻底的经验性哲学的特征。“意向性不是属于‘自我’、‘主体’，‘自我’、‘主体’作为一个固定点，

① 石一参：《管子今诠》，中国书店 1988 年影印本，第 141 页。
② 同上书，第 149 页。
③ 李中华主编：《中国人学思想史》，北京出版社 2005 年版，第 133 页。
④ 石一参：《管子今诠》，中国书店 1988 年影印本，第 149 页。

总是与世界有一道鸿沟。而意向性恰是在缘在的生活之中让人与世界交融无间。自我、主体是实际生活之中的生存者，而'缘在'（Dassin）一词正是要揭示人在实际生活之中与'存在'的关联。"① 道教将养生作为立德与修身之本，将内在的身心自我天地与外在的自然与伦理生活世界浑然贯通，并内外交加、相互影响地作用于身体的方方面面，如此一来，包括形神关系在内的构成向度都彻底超出了经验主义认识论的范畴，而呈现出以身为本、体知真理的彻底的经验主义特征。

因此，如果对道教的形神关系做主客二分的分析，尽管也可能较为融洽甚至别开生面地形成对这一问题的诠释，但却未必符合道教自身关于此一问题的主旨观念。为了对这一哲学研究中的"老问题"做新的理解，我们尝试从身体哲学的视角对这一问题略加说明。

有学者认为："形神相守是道教的主流观点之一，身体是躯体和精神的合一，身心不是处于相互对待之中，而是难分彼此地协同作用。道教的形神相守把身心统一起来，将感性和理性活动合而为一。它认识到心的理性思维能力能提升身体感官的具体活动和感性知识，使生命活动既具有理性、精神化的层面，又具有感性、肉身化的内容。身体不仅是主客的统一体，也是主客互动的过程，身心之间是一个互相发现的过程，它永远处于开放状态。"② 以"主客模式"论道教的形神关系颇具代表性，尽管这种诠释也能在理论层面开出一种指向无限之境的理论前景，但显然它对于主客关系模式所包含的理论风险缺乏充分的认识，也不符合道教形神关系论的本旨。

首先，形神关系论是一个工夫论命题而非认识论命题，主客关系论是一个认识论命题而非工夫论命题。工夫论命题以身心和谐为旨趣，认识论命题以知性统一为己任。以主客关系诠释形神关系，

---

① 林丹：《日用即道——王阳明哲学的现象学阐释》，光明日报出版社 2012 年版，第 30 页。

② 何立芳：《形神相守——道教身心和谐关系论》，《天府新论》2008 年第 8 期。

是将形神关系作为认识论命题来看待，将身体内部及其身体与外界关系撕裂为两个对立的前提，然后再寻求二者的统一。而在道教看来，形神关系缩结为一体，构成了完整的“身—人”观，形神之间在本体意义上是浑然一体、不可分割的，之所以要修炼，要实现二者的统一，乃因为身体被抛入世间后在外界的作用下生出情欲，导致形神分离，故需要修道悟真，以恢复本来面目。胡孚琛在《丹道法诀十二讲》中指出：“‘万物负阴而抱阳，中气以为和。’这是讲宇宙中万物无阴阳不生，无阴阳不化，一阴一阳之谓道，阴阳平衡之谓德，世界上万事万物都有在不断震荡的运动中最终靠向中和态的趋势，中和态即阴平阳秘的稳定态。这就是道的‘生化原理’和德的‘中和原理’。”① 在阴阳大道的作用下，万物、身体自身都依阴阳之理而运行，道之阴阳关系体现于身体，则以形神关系为其理论示现，生命的生成与人性的涵养是通过形神之间的互体、互化来实现的，借助于形神关系，身体生发出无限之境域，形成了以“身体”为重心的意义聚合体。

《黄庭内景经》谓：“六腑五藏神体清，皆在心内运天经，昼夜存之自长生。”② 在这种神—身合一的模式中，形神之间的转化方向与主客关系的发展模式截然不同。在形神关系中，二者以身内运演的方式摄外归内，在体知中觉悟道的实存性，证悟道的功能。主客关系以感性和理性的分离为前提，以理性训感性的方式统一感性经验于理性超验体系之中，是一种去身性的思维模式。西方后现代哲学反对自笛卡尔以来的理性哲学，其思想动因即根于此。从体道合一的本体论高度审视主客关系论的认识模式，无论感性和理性，对于完整之身而言，都是一种缺陷性的认识行为，都不能达到对“道”之真性的体悟与把握，甚至理性相对于感性而言，更容易背离“道”的旨趣，与养身的价值追求格格不入。因此老子所云“反者道之动”③，内在地包含着这种反思理性，瓦解理性的运思旨趣。

---

① 胡孚琛：《丹道法诀十二讲》上卷，社会科学文献出版社 2009 年版，第 128 页。

② 陶弘景：《真诰》卷 5《甄命授第一》，《道藏》第 20 册，第 520 页。

③ 《老子道德经注校释》第 40 章，第 110 页。

主客关系和形神论之间的显著不同还在于，二者视域中关于“身”的含义各自不同，且其价值意蕴更是存有天壤之别。《无上秘要》言：“夫得道之士而暂游太阴者，太一守尸，三魂营骨，七魄为肉，胎灵录气，非不欲揜恶人之心性，闭凶愚之耳目也。”① 身作为一个整体性的概念，包含着“魂”“魄”“肉”“骨”等不同的内容，在形神关系中需要给予反思的“情欲”等也仅是身体异化于外时的一种异常表现，是对身体常态的一种偏离。就身体本身而言，身体，当然包括由形躯组成的血肉之身，是一个由精气神等多重要素组成的聚合体，不能仅以其中之一代替之。在整体之身中，神作为身体的一个要素，在身体炼养中发挥着独特的作用，是提携身体致向大道，践履道德的内在动因。《洞玄灵宝斋说光烛戒罚灯祝愿仪》中释“灵宝”词义说：“灵者，神也。微妙之功出于思议之表，变化无穷，故谓之灵也。宝者，一也。是三才所得而清宁贞也。既不可失，故谓之宝。”② 它将神视为“灵”的代称，形象地揭示了道教关于“神”的基本观点。在主客关系因为其所涉的具体维度不同时，“心”可在与“物”的对待关系中指“意识”，也可在与“身”的对待中指“心”，尽管有不同的表示，但在主客关系的整体理论语境中，“心”都指一种“主观能动性”的精神状态，与道教的“神”存有本质的区别。当然对二者之间的异同还可以做更为细致的梳理，甚至可以此为主线形成两种不同的哲学景观的专题性研究，笔者仅择其大要，略加论证和说明。

可见，围绕着“认识你自己”这一哲学命题，形神关系论和主客关系论形成了两种不同的哲学与人文景观。道教以“自知者明”为修行的目标之一，因此，在道教看来，“认识你自己”就是对身心关系的综合体认。

（三）人人皆应修道悟真

人人皆依身而在，因身而成，借身而生，当下而在，这是天地

① 《听心斋客问（及其他二种）》卷中《无上秘要》，中华书局 1985 年集成本，第 8 页。

② 《道藏》第 9 册，第 821 页。

之实理；人人皆有生老病死，恩怨祸福，这是物性、人命之本然；人人皆具仁义礼智信，皆富善恶之感受，族类、家国之愿景，这是人性之自然。《黄帝内经·生天通气论》云：“黄帝曰：‘夫自古通天者，生之本，本于阴阳。天地之间，六合之内，其气九州、九窍、五藏、十二节，皆通乎天气。其气五，其气三。数犯此者，则邪气伤人。此寿命之本也。’”① 天气的变化，阴阳的反转，既是自然规律，又是身体运动机理，此天地之理浸于人身，乃成为天道，天道之要，在于遵道而行，不然，则寿命受损，人生多艰，其人必困。因而，修行对于人而言，是天道的必然要求，也就是说，人应该修道，这是人生在世，获得幸福，解脱困境的必然选择。而且，若循此而为，在现实性上，也能达到自己的目的。

从元哲学层面而言，一种哲学观能否成立的思想前提，在于此种哲学观能否科学、合理地处理绝对与相对、一般与个别、必然与应然的关系问题，此三对关系问题反映了作为哲学形上学基础的本体的确立问题。人是涉身而在的人，故人需要从身体出发挺立起主体地位，以昂扬于天地之间，以神道合一之自信养成大性，成就大人；身体自具神性，人人自具神性，故修道养生不假外求，自身行道即可，且在“道法自然”的本体之则的约束下，人人之身，天下人之身，皆本于自然，因而我身即人身，己身即人身，今身、过去身、明日身，皆尊一理，无分内外、彼此，故身体的普遍性与修道的个别性浑然一体，毫无理论上的隔离性。

天地有阴阳变化，四时有冷暖之异，故身有大小，理有真假，性有善恶，行有好坏，要转化不利，就需修道悟真，化情欲的辩证法为整全的辩证智慧，而此种情感体验与人生追求，此种价值崇向与人生欲设，有其必然，亦具实现之可能。《黄帝内经》在言生命运化之道时，对常人生命运化之理进行了阐述：

丈夫八岁，肾气实，发长齿更。二八，肾气盛，天癸至，

① 钱超尘主编，姚春鹏评注：《黄帝内经》，中华书局2011年版，第56页。

> 精气溢泄，阴阳和，故能有子。三八，肾气平均，筋骨劲强，故真牙生而长极。四八，筋骨隆盛，肌肉壮满。五八，肾气衰，发槁齿坠。……今五脏皆衰，筋骨解堕，天癸尽矣，故发鬓白，身体重，行步不正，而无字耳。①

人生于世，首先面对的就是此一天道之理，生老病死，难以规避。若能循此理而生老于自然之中，确也是生有其时，死得其所。然所不能者，在于人身自有“耳”“目”之“窍”，“窍”通内外而身生情欲之惑，故神受其扰，身不得安。这是“人”“被抛入”这个社会的必然宿命！身患，就是此一宿命的自然之果。所以，人只有精勤于修道，以至于悟真体道，与道合一，才能臻于寿境，彻底摆脱这一本原之患。《黄帝内经》云：

> 夫上古圣人之教也，下皆为之。虚邪贼风，避之有时，恬淡虚无，真气从之，精神内守，病安从来？是以志闲而少欲，心安而不惧，形劳而不倦。气从以顺，各从其欲，皆得所愿。故美其食，任其服，乐其俗，高下不相慕，其民故自朴。是以嗜欲不能劳其目，淫邪不能惑其心。愚智贤不肖，不惧于物，故合于道。所以能年皆度百岁而动作不衰者，以其德全不危故也。②

上古圣人是与道合一之人，其人“年皆度百岁而动作不衰”，俨然已大异于常人，上古之人何以能臻于此种全身之境，如《黄帝内经》言，乃“德全不危”故也。“德全”即不令外界迷惑其心，不心生嗜欲，而能精神内守。可知，“德全”之人因精神内守而不动摇于外，禀此种工夫气质发用于社会生活中，人生又因有所旨归而卓然不群，身体亦因有所本，而在道德实践中必有所安，有所安乃有所止，进而入于“静”的澄明之境，达到不养身而身自养的实践效

① 钱超尘主编，姚春鹏评注：《黄帝内经·上古天真论》，中华书局2011年版，第22—23页。

② 同上书，第15页。

果。如《道德经》所言，“吾独异于人，而贵食于母”，“德全”之人，因将一己之身置于大道之中，遂与道一体，在体道合真中化小身而为道身、大身。在“以身观身”的道家身体思维中，“嗜欲不能劳其目，淫邪不能惑其心”之人，即谓道家之“真人”。可见，身体的感官体验，因置身情景使然，身体体验的过程中，蕴含着对一系列社会道德问题的思考和处理，包括生命的态度、价值的立场、人生的意义等等问题，都内在地绾结为效用之身的自我修复与处理问题，使道教形而上学呈现出鲜明地身道形而上学特征。当然，从身体的感官出发，也可以推衍出知识论形而上学的路径。如亚里士多德在《形而上学》中所说：

> 求知是人类的本性。我们乐于使用我们的感觉就是一个说明：即使并无实用，人们总爱好感觉，而在诸感觉中，尤重视觉。无论我们将有所作为，或竟是无所作为，较之其他感觉，我们都特爱观看。理由是：能使我们识知事物，并显明事物之间的许多差别，此于五官之中，以得于视觉者为多。……除了人类，动物凭借现象与记忆而生活着，很少有相关联的经验；但人类还凭技术与理智而生活。①

依照亚氏之见，依赖于身体感觉而形成的经验世界是人的基本存在方式，而在诸种感觉中视觉之所以尤为重要，是因为由视觉所观而形成的道理技术与理智世界恰是人与动物的根本区别，用哲学语言来说，由视觉而砥砺出的知识人文世界是人的类本性之呈现。

可见，无论西方哲学还是东方哲学，理应都存在着一个基本的事实，即以身体作为哲学发生的潜在的“始基”，所不同者在于，它们从身体出发形成了不同的超越路径，从而形成了不同的哲学景观。

尽管人生在世有修道的客观必然性，然并非人人都能修道，也并非人人都能掌握修道的方法，因此之故才有诸多的烦恼和无奈，

① ［古希腊］亚里士多德：《形而上学》，吴寿彭译，商务印书馆 1997 年版，第 1 页。

才有种种人世的悲伤和生死的忧虑。

二 道教身体哲学确立的理论基础

在哲学研究中，本体论是迄今为止争议最大的一个问题，但又是从事哲学研究不可回避的问题，正如余治平所言：“对于哲学家来说，本体的问题是一个不可回避的问题。没有本体论的哲学一定不是好的哲学，不关注本体的哲学家也一定不是真正的哲学家。”[①]对于本体论问题的研究，之所以争议不断，难以达成一致意见，根本是因为不同的哲学家对哲学的理解不同，领悟不同，也就是对“何为哲学”这一问题的回答不同。不同的哲学家有着各自的“人生困境”，有着各自的“问题意识”，甚至各自具有不同的“终极情结”，这必然会影响他们对于本体论问题的认识，本体论研究理应呈现出多元化的态势。

然而，国内哲学界对于本体论问题的认识，长期以来一直受西方知识论哲学的影响，往往将本体论问题看作对“世界本原”的研究，而本体也就是世界的最后的“实体”或者是最终的“共相”，而人对“实体”和“共相”的哲学把握，则需以理性的思维方式来进行。

伴随着后现代哲学的兴起，人们对于本体和本体论问题也有了越来越宽容的看法，本体论研究开始呈现出多元多维的致思取向，对于本体的认识形成了多元化的理论成果，这标志着哲学思维方式的重大变革。从人们日常使用本体的含义看，本体具有存在、本质、绝对、共相等多种含义，与此相应，本体论的研究对象也各自不同。“由于语境的区别，‘本体’和‘本体论’是千变万化的，并不局限于一种含义：相对于‘认识’，‘本体’是存在，本体论就是关于存在的理论；相对于‘现象’，‘本体’是本质，‘本体论’就是关于本质的理论……相对于‘派生’，‘本体’是本原，‘本体论’是关于本原的理论，等等。”[②] 本体论研究的开放性视

① 余治平：《哲学的锁钥》，四川人民出版社2002年版，第3页。

② 谢维营：《本体论批判》，人民出版社2009年版，第25页。

域，为道教身体哲学研究提供了方法论启示。人们越来越深刻地认识到，东西方哲学，无论是知识论的形而上学，还是道德论的形而上学，都无一例外地根源于人自身本自内具的那种终极情结，在表象性、多样性的变化世界中，如何找到一条致向不变、绝对之镜的通途，是哲学的天然使命，也是哲学存在的合理性根基。至于选择怎样的方式，具体走怎样的道路，由于对“道”的认识不同，东西方哲学自然呈现出各自不同的理论特征。比如，道家哲学的本体论是一种本体宇宙论的本体论，在宇宙与万物的关系上，认为存在一种源头与生成的关系，道与万物之间是“母”“子”关系。而以“逻各斯主义”为中心的哲学观，则以先验实体作为本体论，并以认识这一先验实体为真理之路。而无论是本体宇宙论的哲学观，还是逻各斯中心主义的哲学观，都是人追求超越、安身立命的精神活动产物。因此，就此哲学共性而言，本体论的问题归根结底是哲学对自我解释原则的理解和建构问题。

理清了对本体问题的认识思路，对汉魏南北朝时期道教身体哲学所确立的理论根据问题的认识也就比较好把握了。作为精、气、神的统一体，身体具有自我设定和自我养成的属性与功能，但要确立身体“在”的世界并能以身体的原则解释和改造世界，则需要为身体提供进一步的理论支持，以使身体具足本体的内在规定。“道”是道家和道教用以表示本体的一个重要范畴，从方法论层面而言，要确立身体在道教哲学中的本体地位，客观上需要梳理身体与“道”的关系，如果“道”能够作为身体的内在规定而存在，那么，身体的本体地位自然就可以确立。循此理路，笔者尝试对身体本体的思想意蕴、理路根据做一种提纲式的论证和说明。

（一）“道”本论与“身本论”的异同

如前文所论，“道”本体和“身”本体之间并非截然对立的两种哲学观，而是在不同的时代背景下所做出的一种理论回应。言“道”本体者，主大道之本原，崇天地之无上，贵纲常之确立，在哲学形态上，往往表现出一种朴素宇宙论的思维方式；言“身”本体者，贵以人观天，崇人生之觉解，主价值之实现，因此是从身体与世界的关系视角考察人的价值的辩证思维方式。而且，伴随着对“道”和“身”的不同理解，哲学的提问方式也发生着根本性的转换。在“道”本体下，“世界是什么”“世界是怎么样的”“人当如何做”等成为哲学基本的问题意识，追问世界的本原问题以及理清世界的内在结构与运动规律成为哲学的根本任务。《淮南子·原道训》曰：“夫道者，覆天载地，廓四方，柝八极，高不可际，深不可测，包裹天地，禀受无形。”① 它将“道”视为世界的本原，天地万物都自“道”出，由“道”而生。既然“道”是最高的本体，则按照“道”的运化规律从事养生修炼及其国家治理等工作也就是必然之举。正如司马谈《论六家要旨》所言：“道家使人精神专一，动合无形，赡足万物。其为术也，因阴阳之大顺，采儒墨之善，撮名法之要，与时迁移，应物变化，立俗施事，无所不宜，指约而易操，事少而功多。”② “阴阳”及其“五行”是“道”的运动规律，按照阴阳运化、五行生克之理就能与道合一，臻于化境。遵循这一原则，也是提高道德操守，修道悟真的根本方法。

从哲学史上看，对“世界是什么”这一问题的追问，是早期哲学的基本问题意识，随着人类思维水平的不断提高，“世界是什么”的问题以其自身所包含的巨大理论困难而逐渐被涵融于各种时代哲学问题视域中，被赋予了新的思想意境。③ 其中，从人出发，以人自身为中介思考世界与人的关系问题作为世界观研究的一个思想前提，越来

---

① 刘文典：《淮南鸿烈集解》，中华书局 1989 年版，第 1 页。

② 《史记》第 10 册卷 130《太史公自叙》，中华书局 1959 年版，第 3289 页。

③ 孙正聿在《哲学导论》（中国人民大学出版社 2000 年版，第 10 页）中对此种理论困难进行了深刻的说明，他说：“‘世界观’并不是人站在世界之外去‘观世界’，并从而形成关于‘整个世界’的知识。……如果这样理解作为‘世界观’理论的哲学，就会混淆哲学和科学这两种方式之间的相互关系，就会把哲学视为一种具有最高的普遍性和最大的普适性的‘科学’，乃至总是把哲学当成凌驾于科学之上的‘科学的科学’。”又说：“‘世界观’是人对自己与世界的关系的理解，‘世界观理论’是理解和协调人与世界之间关系的理论。……它不是为人们提供关于世界的知识，而是为人们提供理解和协调人与自然、人与社会、人与历史、人与他人、人与自我‘相互关系’的‘大智慧’和‘大聪明’。”孙正聿对于世界观理论的理解，对于我们理解身本论哲学所确立的理论基础，具有思想前提的作用。

越取代了那种“世界是什么”的世界观理论。“人是什么”“人生的价值和意义究竟何在”等以“意义”为中心的哲学问题意识开始作为哲学的基本问题意识而被关注。同时，伴随着哲学问题意识的转变，哲学的思维方式也经历了由朴素哲学的思维方式向辩证思维方式转换。这一转换在西方是以“思维和存在的关系问题”作为哲学的基本问题而体现的。在中国，则是以马克思本体论的理论性质的探讨为契机，并伴随着国人本体论哲学的研究而逐渐深入推进的。这种研究思路及其形成的理论成果，既富有中国特色，又在一定程度上体现出学习西方，诠释西方的性质。当然，无论哪一种哲学观点的转换，都是建基于前代哲学观因遭遇巨大理论难题而逐渐被新的哲学观所代替之上的，所谓哲学的转向实质上是，在面对哲学所遭遇的巨大理论难题的过程中以新的解释原则形成的新哲学观，在这一过程中，哲学的反思性、至上性、超越性等理论品格不会因为哲学的转向而消失，只会因为每一次新哲学观的产生而重新焕发出生机。

从“意义”的视角看待世界，世界是属于人的世界。离开人的存在，世界对于人而言无非就是一个“无”，要“无”中生有，需进入一种生命的意境之中，给世界增加一种“创造”动力，然后，意义世界才能获得坚实的思想根基。而意义理论的核心是关于人的存在和人的本质及其发展问题。因而，从人的视角看待世界，“世界是什么”的问题只是作为思考和探寻“人是什么”或“意义为何”等问题的一个理论规定，因而得到思想上的尊重，它是在思考以“意义”为中介的过程中所涵融的一个理论环节，但已经不是新哲学观所关注的核心问题。从“意义”的角度审视“道”本体，就会发现“道”之为道，并非悬置于经验世界之外的孤立的先验本体之道，而是与身一体的价值之道，是服从和服务于修道实践这一总体目标的。《太平经·以乐却灾法》云：

> 夫人神乃生内，返游于外，游不以时，还为身害，即能追之以还，自治不败也。追之如何？使空室内傍无人，画像随其藏色，与四时气相应，悬之窗光之中而思之。上有藏象，下有十

乡，卧即念，以近悬象，思之不止，五藏神能报二十四时气，五行神且来救助之。万疾皆愈。男思男，女思女，皆以一尺为法，随四时转移。春，青童子十；夏，赤童子十；秋，白童子十；冬，黑童子十；四季，黄童子十二。二十五神人真人共是道德，正行法，阳变于阴，阴变于阳，阴阳相得，道乃可行。[①]

《太平经》认为，要宝身自爱，关键是不使“人神”外游，而需按照春夏秋冬、阴阳变化之道行存思之术，以安人神于内，如此，才能实现“合阴阳”之道的养生目的。

综上所论，在道教的视域中发显出一种身道价值论的哲学观，既是基于以上的考量而做出的理论努力，也是基于道教自身的内在发展逻辑和价值意蕴而做出的一种时代性的哲学建构。从身体出发，在探索人性根据问题中形成对人与世界关系问题的诠释和理论建构，遂成为身体哲学自觉的理论建设方向。

那么，人因何而在？如何成其为人？属人的世界如何创造了人自身？

（二）“我是身体”

张再林在论述中西方身体观时，将二者概括为“我有一个身体”和“我是身体”这样的观念差别。他说：

西方与中国传统的身体观可分别用“我有一个身体”“我是身体”加以概括。如果说前者以其科学意义上的物体论的身体的主张，为我们指向了西方传统的身体观的话，那么，后者则以其哲学意义上的本体论的身体的强调，为我们指向了中国传统的身体观。进而言之，如果说前者的身体是一种非自足的身体、个体性的身体和“形神二分”的身体的话，那么，后者的身体则为一种自足的身体、互体性的身体和“形神一体”的身体。这两种身体观不仅体现了中西文化对身体的不同理解，

① 《太平经合校》卷18—34《以乐却灾法》，第13—14页。

也以一种“近取诸身”的方式，使中西哲学各自的不同特质和图式和盘托出。①

沿着张再林论中国身体观的思路继续追问，则可以顺理成章地导出如下问题：“我”为“我”，必以为“人”为前提，则“身体”作为“我”的同位词，必蕴含着人的“类”属性，即包含着“人是身体”的理论层面；“我”作为“类”之个体，是以其所内具的人格性为根据的，这一人格养成的价值根据何在？既然“我”是“身体”，由于“我”所指涉的普遍性，则“我”与“他人”之间的关系，“我”与天地万物之间的关系及身体间性的关系，维系身体间性的内在根据为何？诸如此类的问题表现出作为本体的身体所融涵的多层次的理论内容。

沿着上述问题继续探究，其实“我是身体”命题所蕴含的问题是：我的全部问题都根源于身体问题，都需要在身体中来完成。对此一层面问题的思考，本章第一节已经所论甚详，并得出如下的结论：道家哲学缘起于“身患”意识，以生死问题的解决为己任，围绕生死问题形成了缘起于“身患”的身体智慧；身体作为价值的原发点，上通下达地贯通形上与形下两个世界层面，并根据涉身的不同指向，形成了形神关系、身国关系、身天关系等不同层面的内容。

（三）“道”为身根

人是何物？何以为人？对这一问题的思考已经涉及哲学人性论的问题。老子云：“道大，天大，地大，人亦大。域中有四大而人居其一焉。人法地，地法天，天法道，道法自然。”② 张岱年诠释该章说：“人为四大之一，与天地同为一大，而非与物同等，实高出于物之上。”③ 显然，张岱年认为，《老子》第 25 章将人、天、

① 张再林：《“我有一个身体”与“我是身体”——中西身体观之比较》，《哲学研究》2015 年第 6 期。

② 陈鼓应：《老子今注今译》，中华书局 1984 年版，第 163 页。

③ 张岱年：《中国哲学大纲》，《张岱年全集》（第 2 卷），河北人民出版社 1996 年版，第 197 页。

地、道等同用，实是突出了人的价值地位，人与天、地、道一样，都效法自然，本根自然。无论老子还是张岱年尽管都流露出人的自本性特征，但对于人何以为人的内在根据都未能明示。《管子·内业》对于人生成的内在根据及其发生机理给予了说明："凡人之生也，天出其精，地出其形，合此以为人。和乃生，不和不生。"①人由精和形和合而成，前文已经指出，《管子·内业》中的"精"和"形"实质上是"神"和"形"关系的早期理论形态，它认为人是精和形的统一体，二者合和而不假于外即生成为人，可知《管子·内业》已经明确了人生为人的自为性特征。

庄子云："道行之而成，物谓之而然。"② 在庄子看来，"道"显然不是一个待定的实体，而是一个体道的过程集合。在"体道"的过程中，身体自身以自我呈显、自创意义的方式趋向于无限之境，形躯、认知乃至"关系"等一切可以言说者，都随着身体境况的转换而变换着自身在身体世界中的地位和作用。那么，在"体道"的过程中"道"与身体之间是何种关系呢？身体能够与道合一，其内在根据为何呢？《庄子》曰："泰初有无，无有无名；一之所起，有一而为形。物得以生，谓之德；未形者有分，且然无间谓之命；留动而生物，物成生理，谓之形；形体保神，各有仪则，谓之性。性修反德，德至同于初。"③ 在道家的视域中，"一"常用以指"道"，是"道"的代名词，庄子认为，万物的形体中保存着精神，万物因此种精神而各有其性，也就是说，性是万物之本。人作为万物之一，有其精神，秉有自性，此中自性乃身体本有，修道悟真就是保全此一道性。可见，身体自身本具道性，身体价值之实现，即是身体创造的无限可能的过程。就此而言，人的无限性实质上是身体发用的过程。

由于"道"在道教的语境中被改造，被置换为"神"，道的功能让渡给了以太上老君为主神的诸神，对身体观理论的研究也就自然而然地转换为对"身神关系"的研究。老子是最早被神化的道教

① 石一参：《管子今诠》，中国书店 1988 年影印本，第 141 页。

② 《南华真经副墨》内篇《齐物论》，第 26 页。

③ 陈鼓应：《庄子今注今译》，中华书局 1983 年版，第 309 页。

神，明、章之际（58—88）益州太守王阜所作的《老子圣母碑》记载：“老子者，道也。乃生于无形之先，起于太初之前，行于太素之元，浮游六虚，出入幽冥，观混合之未别，窥清浊之未分。”① 在其中，老子被直接等同于“道”，具有“道”的一切属性与功能。那么如何求“道”证“道”呢？循着“道—神”同用的思路，汉魏南北朝道教创造了大量的道教神，并在陶弘景那里达到了高峰，编纂了道教神仙谱系。现代道教学者在考证、论证陶弘景《真灵位业图》时说：“经过一番历史追索之后，我们认为，陶弘景在继承以往道教理论的同时颇有创意地提出了关于‘神仙位阶’的构想，从而为修道者提供了阶梯式的长生成仙理想和路径。”② 与葛洪、陆修静等人不同，陶弘景将修道的理论演化为“神仙位阶”思想，突出了修仙之途的直观性，一步一步地指明了修真的阶次和注意事项。在陶弘景的观念中，“道”与修道的工夫、证道的层次密不可分，“道”是通过修道工夫中身心层次的不同变化过程而具体体现出来的。

对道教中的“神”进行分析，可以看出，道教的“神”除了具备至上性、超越性等特征外，大都具有鲜明的人格性特征，即大都是经过修炼而具备特殊功能的人。如葛洪认为，所谓神仙就是精通养生之道并坚持修行而取得成效的人。他说：“欲求神仙，唯当得其至要，至要者在于宝精行炁，服一大药便足，亦不多用也。”③ 按照一定的养生方法下功夫，时至功成，即为神仙。神仙和人之间毫无隔阂，只要坚持修行，就可进于神仙之列。至于修行的要素，又人人具足，无非就是从精、气、神入手，通过不断改造体质，转变气质，逐渐养成“神”性，这是“道行之而成”思想的直接体现。

（四）气为理则

身体经由怎样的过程而上通下达地开出自身的形上与形下境遇呢？既然作为原发性的身体在实然层面具有“道”性，在应然层面

---

① 严可均校辑：《全上古三代秦汉三国六朝文》第1册，中华书局1985年影印本，第652页。

② 卿希泰主编：《中国道教思想史》第1卷，人民出版社2009年版，第470页。

③ 《抱朴子内篇校释》卷8《释滞》，第149页。

蕴含着无限生机和可能，那么身体自身的本性也必然会驱使它不断致向生命的无限之境，并在终极意义上觉解生命存在的本质，并最终超越生死的限制而获得一种绝对意义上的自由。承担这一哲学使命的，在道教里是通过论“气”来实现的。

《太平经》云：“夫道乃洞，无上无下，无表无里，守其和气，名为神；子近求则大得，远求则失矣，故古者君王善为政者，以腹中始起，真能用道，治自动矣。动不失其法度数，万物自理，近在胸中，三满四海。古者圣人名为要道。”① 在道学视域中，“气”既是一个形上的范畴，又是一个形下的范畴，既在工夫论层面使用，也在道德修养论层面使用。《太平经》认为，“气”充实于身体之中，以“气”为中介，可以经由修道的工夫而化形躯之身为道身。而循“气”体道的关键，首先要守身不离；其次要“闭其门户”。

《太平经》云：“语真人一大要者，上古得道，能平其治者，但工自养，守其本也。中古下失之者，但小忽自养，失其本。下古自不详，失其身，谓可再得，故大失之而乱其治。”② 又云：“故古者大圣教人深思熟虑，闭其九户，体其四肢，使其混沌，比若环无端如胞中之子而无职事也，乃能得其理。吾之道悉以是为大要。故还使务各守其根也。”③ 由《太平经》所论可知，循身体出发，方能不失修真之本；而闭门守中，即能体道合一。

修道悟真总要有一个入手点，而且这一入手点需要兼具工夫论和认识论及其价值论的属性，即由此入手可以贯通形上与形下两个层面，可以经此而进于与道合一之真人境界，以了脱生死问题。从直观的意义上而言，由形躯、血肉之身构成的身体世界总是处于生老病死之中，要克服生死问题的大限，仅仅止步于形躯的保养工作是难以获得究竟的解脱的。而循心性的路子，经由心性的彻悟尽管也可以克服对生死问题的困惑，但由于纯粹心性超越的路子对于血肉形躯身体的安置，并未能给予足够的尊重，因而未能揭示出血肉

① 《太平经合校》卷 68《戒六子诀第一百四》，第 258 页。
② 《太平经合校》卷 37，第 61 页。
③ 《太平经合校》卷 68《戒六子诀第一百四》，第 259 页。

之身在变化气质中的具体作用，其理法为道家敬而远之。

那么，是什么样一种东西，既能渗透于血肉之躯中，又能进入意识界，既能在当下的直观中被把握，又能扩而用之发散于天地之间呢？循近取诸身的思维方式，道家选择了以"气"养身，以气全真的路子。当然，"气"并非为道家所独用，儒家亦用之以指圣人之性，但在道家那里，"气"指的是一种生命之气，是生命存有的标志，也是保养生命的入手点，身心变化的全体过程都可以循着"气"的变化而展开，"气"成为养身和体道的内在逻辑。气作为构成生命的要素，随着身体在人世间的出场而化为道德实践的价值根据，又随着修养境界的提高而化为天地生成的本体之气，这样，经由血肉之气到道德境界之气，最后入于天地生成之气，层层扩充，层层递进，最终度化有限生命为无限生命，真人之功遂得以成全。

三　道教身体哲学确立的逻辑路径

由于道教以"长生不老"为根本的价值诉求，道教身体哲学的确立过程实质上就是修道成仙的过程。鉴于修道成仙的养生实践不仅仅与个体气质与恒力有关，更与社会道德实践存有紧密的联系，广泛涉及人与自然、人我、人神等多层面的内容，这就使得修道成仙的过程实质上成为改造自我和改造社会相统一的实践创造过程。"人既然是一个小宇宙，而道是支配宇宙万物的大理，与人之神有相应关系。那么养神应当体道，就是顺理成章的了。很明显，认识道，践行道，已经超出了单纯养生的范围，然而又与养生合在一起。把养神提到体道的高度，其结果是将养生与做人，益寿与修德结合起来。"[①] 人的身体这个小宇宙，通过养生而成己成人，再经由修德而悟道等环节，打通了"小宇宙"和"大宇宙"之间的关系，终臻于"大化"之境。

这一臻于大化之境的过程，是道教为解决生死问题而进行的形而上学设计。在这一过程中，经由修身复道的工夫，身体经由静观、忘身、虚己的工夫层次，一步步趋向"化境"，这是身内情境

① 胡奂湘：《淮南子的人生观和养生思想》，《孔子研究》1992 年第 2 期。

的变化。与此同时，臻于大道的过程，也是个体走向社会，在社会中完善和完成自我的过程。如老子所说，这一过程是在“为学日益，为道日损。损之又损，以至于无为”① 的否定式辩证过程中完成的。按照张艳艳的理解，这种“损”的过程是“损”人性为“自然之性”的过程。她说：“在否定中层层剥落经验世界的诸种，通过人文否定人文化成的‘学’，去体悟本原。为学与为道的途径是截然相反的，经验世界的‘学’可以通过感觉认知的积累获得并日益丰富，而本体世界的道则只有否定损却‘学’之诸种才有可能复归本根。”② 随着“损”的程度的递进，生死问题的纠结也逐渐因为身心执着的消解而渐趋消失，而终获“悬解”的工夫效果。

在“损之又损”的过程中，身体以退入的方式回归生命本原，回向本体之境，而从身体的视角看待修道所具有的社会化意义，则表现为身体化人文的过程。此处，就形成了以“生死”问题为枢纽而分判的两种身体景观：在形上层面积淀出“玄”道的精神气象，在形下层面则砥砺出“实”行的人生操守，将形上的“虚”与形下的“实”归结于生活之中，完整地展示出身道合一的运思路径。按照具体形而上学的观点，③ 体道合一的本体论思想，按照身体演变的内在条件及其涉身对象的不同，会以具体本体论的姿态呈现于各不相同的哲学关切中，形成各有其本的理论有机体。

---

① 《老子道德经注校释》第 48 章，第 127—128 页。

② 张艳艳：《先秦儒道身体观与其美学意义考察》，上海古籍出版社 2007 年版，第 76 页。

③ 作为当代元哲学研究的重要思想成果，具体形而上学乃由杨国荣最初发显而出的，他所关切的基本为：“如何扬弃‘道术之裂’，再现存在本身的统一性并沟通哲学的不同领域或分支？”他认为：“作为对存在的一般看法，形而上学本身又可以区分为抽象的形态和具体的形态。”基于此种考量的具体形而上学的基本特征是：“概略而言，以历史考察与哲学沉思的交融为前提，‘具体的形而上学’既基于中国哲学的历史发展，又以世界哲学背景下的多重哲学智慧为其理论之源，其内在的旨趣在于从本体论、道德哲学、意义理论等层面阐释人与人的世界。与抽象形态的形而上学或‘后形而上学’的进路不同，‘具体的形而上学’以存在问题的本源性、道德的形上向度、成己与成物的历史过程为指向，通过考察存在之维在真、善、美以及认识、价值、道德、自由等诸种哲学问题中的多样体现，以敞开与呈明人的存在与世界之在。”（杨国荣：《具体的形上学（一）道论·引言》，北京大学出版社 2011 年版，第 2、5 页）

从元哲学层面而言，一种哲学观的确立是由多种因缘和合作用的结果。它所提供的本体安全及其进抵这种本体之境的路径，是否可靠，是否稳妥，是否能够对人们的时代性的困惑给予周全的呵护与释疑，是否能够对前代哲学思想做透彻的理解与真切的继承，都影响和制约着这一哲学观的思想效力和理论魅力。道家对于本体性问题的处理方式，是一种历史还原性的方式，他们认为，只有回到生命的本原才能接近真理之境，包括养生实践和认识活动在内，包括道德践行和历史文化的建构等人类性的各种活动在内，都需借助于一种历史理性的方式，对当下的行为给予一种审慎的反思和拷问，从而在当下存在与事物本原之间形成一种思维间距，为实践活动保持了必要的思想张力。诚如学者所言：“人具有自身的历史，如果我们要寻找起源，首先必须面对自身的历史，从它开始向上追寻。然而，我们却发现事物似乎在不断地、永无止境地向后引退，同时人也永远是当下的。起源在哪里？哲学家们的答案也各不相同……”①对于道家而言，它将起源问题和生命问题紧密联系在一起，认为生命的起源即是自身的历史本质，由之形成了一种切身利生的哲学思想。

在这种身体历史思维的作用下，作为本体的“道”所本具的绝对性、周全性、本原性与至善性等属性，作用于工夫修养、道德实践和认识活动中，则体现为对人之有限性的克服过程。道教的神仙论在改造道家“道”论的基础上，从生活实践出发，按照生活需求对象的不同，创造出了形形色色的道教神，形成了一种独具理论特色的神仙道学景观。

在这一理论景观中，借助于身道合一的方式而确立的身体宇宙论为道教身体哲学的确立建立了坚实的本体论基础，为自我生命界限的跨越提供了无限可能和必要的条件。身道价值论是道教身体哲学的核心和理论枢纽，缘道而生的身体，以生成论和价值论相统一

---

① 贾江鸿：《作为灵魂和身体的统一体的人——笛卡尔哲学研究》，中国社会科学出版社2013年版，第167页。

的形式，道贯于身地凝结为哲学元价值，成为道教观察、思考世界万物及其人生问题的思想“始基”。由此，从身体出发思考世界的一切问题，便成为道教哲学思维的惯性特征，并凝结为道学的文化基因，沉淀于道家思想的生命体中，传承不绝，影响深远。

围绕如何实现长生久视这一基源性的问题，道教将人与世界关系的各个层面问题都纳入这一基源性问题中进行考察，从常世的困厄、常识的偏见、常德的短暂、常人的迷幻等一系列问题出发，看出了寻常生命所遭遇的严酷环境，同时也抓住了大本大源的问题，为生命的问题给出了道教的答案，那就是回到自然中去，在自然中恢复身体的完整地位，让身体自由自在地存活于世。这样一种过程同时也就是人的自我价值得以实现，人生真善美得到统一的过程。

“身体”原理篇

“以身体道”“身天一体”的道家哲学观经过两汉时期早期道教理论学家的改造，“以身体道”的身道本体论被揭示为身神一体的道教本体论理论，其思想内容在不同层面得以展开。服务于“神道设教”的目的，“身天关系问题”中的“身”是形化之身与身神化之身的统一体，“天”则不仅是自然之“天”，而且是神格之天，具有至上神的特征。如此之“身”和如此之“天”相互感应，绾结一体，构成了神仙道教身体哲学的整体特征。依身天关系的不同面向，构成以身体道的不同层面的内容，宇宙论、认识论和伦理观分别构成了身体的和自然的、个体的和社会的不同指向。

在道教的思想语境中，宇宙和社会之于它们之所以成为可能，乃是因为宇宙和社会的根身性，而人对世界的认识也由对自我的认识来完成。这就使道教的宇宙论成为一种根身的宇宙论，伦理观是一种修身观，认识论是一种认“身”论。根身的宇宙论，修身的伦理观，认“身”的认识论构成了以身体道、内在超越的重要思想环节，它们各自的内部又有着深邃的思想意蕴，从更为具体的层面揭示出生命——身体的动态展示——的具体内容。根身的宇宙论更为细致地体现在身体和自然、身体和天地之间的对话之中，身体主体和自然主体相互辉映，身体赋予自然以人格，自然赋予身体以神格，人格和神格在以情为体的感应对话中保持着一种相互作用的关系，构成了生生不息的运动图景。在以身体道的诸环节中，伦理观所揭示的身体的社会指向是必不可少的重要构成部分，“德”者，“得”也，离开了德的约束和德性的养成，修道养生就变成了虚妄不真的假修行。因此，道教伦理思想所涵盖的“德”的价值指向既是体道的内容，又是证道的途径和方法。在此视野下，道德规范与道德义务融通于身体之中，道德理想——修真成仙——便植于生活的现实之中，如此一来所形成的世界图景与生活图景便合二为一，个体修行与生活伦理、神仙世界与生活世界相互交融，小身与大身、道之体与术之用借由此而水乳交融地汇合在一起。在道教的视域中，面向世界即面向生活，身体理性的至上境界就是生活理性，即便在艰苦的生活中也能超拔而出的一种“养生”理性。道教的认识论是切己自反的认识论，认识的指向在于身体自身，认识的目的在于证悟修行的真谛即“修真”，认识的内容契合于以身体道的个体知觉和个体感受，从总体上表现出内契性、体知性、关系性和践履性的特征。

在道教哲学的思想体系中，宇宙、认识、伦理都与“身体”相缠绕，是身体走向世界的内在环节、必要条件。自然之天、认识之真理、伦理之规范，都因进入“以身体道”的身体场景而获得了真切的存在意义，并因身体展开的不同指向而呈现出各自不同的“身体”特征。从“身体与世界的关系”角度看，道教的宇宙论、认识论与伦理观既从不同的理论侧面揭示出以身体道的理论维度，又内在地统一于身体这个形而上学的原点之上。对它们之间的具体关系特征，陈霞做出了精辟的评价：“个人、社会与自然三者在身体上存在着同构关系，存在着一致的哲学基础与修炼呵护原则。从个人的身体再延伸到他人的社会身体，最后拓展到自然宇宙身体。对个人而言，身体是生命的原点和终点；在社会领域，道教追求身国同构；在自然领域，道教提倡‘天地大人身，人身小天地’。总之，道教以身体为中心引申出多重含义，如作为小宇宙的身体是精神修养的场所；身体用来作为政治叙述主体而具有政治性；身体也作为社会领域的展现场所而具有社会性。”① 那么，道教的这种身体形而上学的理论面貌，具体包含着哪些理论环节和理论思想呢？本篇内容即围绕这一根本问题探讨之。

---

① 陈霞主编：《道教生态思想研究》，巴蜀书社2010年版，第129页。

第三章　汉魏南北朝道教“身天一体”的宇宙论思想

在神仙丹道家们的视域中，自然与宇宙往往被相提并论，无论自然还是宇宙，对于神仙修行而言，都绝非仅仅是形体之物——外在于人的或者说是一种知识论视域下的存在者。宇宙存在之于修行的价值，不是单纯的、线性的、以主体和客体之间相互作用为理论特征的客观世界，不是与修行者相对立的“他者”，而是与“我”同在的生命有机体，“他”与“我”之间是一种交感汇通的关系。“天地，万物之盗；万物，人之盗；人，万物之盗。三盗既宜，三才既安。”① 人与宇宙之间的实质关系，是以吉凶善恶为功能特征的相互训诫、相互对话的关系。因而，道教的宇宙论不是纯粹的自然观的宇宙论，而是存在于“身天关系”中的根身性的宇宙论。“中国古代宇宙论从来就不是什么‘存有论’的（无论是把这种‘存有’视为‘物质’还是‘意识’），而是一开始就是一种‘身体论’的，它是一种根身的宇宙论，或毋宁更为准确地说，乃是一种根身的生态学。”② 以此根身性的认识思想审视道教的宇宙论，可以发现宇宙在道教的视野中，既依其大、其广而为人提供安放身体的家园功能，又依其微而浸润于身体之中，为身体提供可感的现实关怀。

总之，宇宙是根身性的宇宙，以其整体性和超越性的功能特征

---

① （北魏）寇谦之：《黄帝阴符经》，宗教文化出版社 1999 年版，第 645 页。

② 张再林：《作为身体哲学的中国古代哲学》，中国社会科学出版社 2008 年版，第 7 页。

在道教神仙世界中占有重要一极，并以价值根据和伦理规范的方式在道教教理体系中发挥着应有的思想功能，在当代哲学视野下审视之，仍然具有现实的理论价值。

第一节 道教宇宙论的本质

一 “道生天地，始无名分”的宇宙源起思想

在中国哲学史上，宇宙是一个总括的名词。天地人物，所有种种，统为一体，可称之为宇宙。作为名词概念，“宇”和“宙”最早见于《尸子》。①《尸子》说：“上下四方曰宇，往古来今曰宙。”上下四方指空间，往古来今指时间，可见，在宇宙概念中包含着物质、时间和空间的思想要素，“宇”“宙”合用体现了人们关于世界统一性的认识。因为在春秋及其战国初年，“天”和“地”是人们常用以指外部世界的基本概念，尚未有宇宙概念的产生。如在原始道家著作中，往往用天地来指称万物的本原，并借以表示空间之“大”和时间之“久”的含义。战国末期宇宙概念的出现，说明人们对世界本原的问题、万物共性的问题已经达到了较高的认识水平。

由于缺乏知识论的训练，同时也由于中国古代的哲人们并不以探讨宇宙的本质问题为重心，中国古代哲学中的宇宙论从未达到西方哲学本体论的认识高度。因而我们在研究过程中，需要自觉地将二者区分开来，以防止将中国哲学中的宇宙论偷换为西方哲学的本体论，然后用知识论的逻辑分析法去分析中国哲学的宇宙论。那样，必将难以把握中国哲学中宇宙论的思想实质。当然，做如此说明并非指在研究中我们不能用本体论的概念来指称宇宙论，而是指不要将西方知识论的方法套用于宇宙论的研究中。

价值论是中国古代哲学关注的中心问题，先秦时期人性的善恶问题、魏晋时期有无本末问题，直至明清时期的事功人欲问题，都

---

① 《尸子》原本已佚，今有辑本。作者大概为战国末人。

围绕着人的实现这一思想主题来展开。中国古代哲学中的宇宙论同样服务于这一思想主题，为其提供价值根据，体现出价值宇宙论的思想特色。“中国哲学中标志宇宙本体的有五大范畴。这五大范畴，都不是纯粹的本体范畴，而是价值与本体融通的范畴。”① 中国哲学的这种整体特征表明，中国哲学的思维方式是一种价值论的思维方式。它思考问题的起点和终点，都紧紧围绕着人的生命健康、人的道德名利、人的意义探寻等问题来展开。就此而言，中国哲学宇宙论研究的实质，在于探讨宇宙在人的价值实现中的地位、作用和功能问题。

二 “自然者，道之根本也”的宇宙本质思想

依对待“宇宙与人的关系”问题的思维方式的不同，可以将宇宙论划分为两种不同的类型：一种是直观的宇宙论或者说是朴素的宇宙论，另一种是辩证的宇宙论。在直观的宇宙论视野下，宇宙的地位功能、价值作用是被赋予而得的。即通过赋予宇宙以人格化或神格化的功能，将宇宙转换为某种价值实体，然后对人的生活产生规范和引导的功能。在哲学发展的早期阶段和神道设教的思想语境中，宇宙论往往表现为朴素的宇宙论。如道教早期经典《太平经》，即借助于道气神格化的方式，来说明人是“天地神统”的产物和有机构成要素的道理。《太平经》载：“人生皆含怀天气具乃出，头圆，天也；足方，地也……人生皆具阴阳，日月满乃开胞而出户……故天地神统来寄生于此人，人反害之，天大咎之，而人不相禁止，故天使吾出此书以示后世也。”② 虽然，文中本意是为论证《太平经》一书的合法性而建立寻找神学的根据，但从其中不难推测出关于人天同构于神统的思想。

与朴素的宇宙论不同，在辩证的宇宙论视野下，宇宙进入人的实践活动中，与人的生命和生活交互影响，在这一过程中发挥着宇

---

① 赵馥洁：《中华智慧的价值意蕴》，中国政法大学出版社 2002 年版，第 1 页。
② 《太平经合校》卷 35，第 36 页。

宙的作用。如此一来，宇宙一方面依其自然性而充当着人类的生命栖息地的角色，另一方面又成为人的情感投射的对象，随着人的修行境界的转变而呈现出不同的宇宙景观。对此一宇宙论旨趣，我们不妨借用徐复观论“老学”时所说的一段话来说明：

> 老学的动机和目的，并不在于宇宙论的建立，而依然是由人生的要求，逐步向上而推求，推求到作为宇宙根源的住处，以作为人生安顿之地。……他不仅要在宇宙根源的地方来发现人的根源；并且是要在宇宙根源的地方来决定人生世界自己根源相应的生活态度，以取得人生的安全立足点。[①]

由此可知，宇宙在道教的视野中，不是外在于人身而在的，而是根于身体之内，作为身体世界的一个有机组成部分来为人的价值实现提供各种本体支持的。上面所分析的两种不同的宇宙观，包括朴素的宇宙观和辩证的宇宙观，都具有此一特征。

从道教宇宙论为修道的实践提供服务的方式看，呈现出循身而显、依身而用的特征。一者，宇宙以其客观性而为身体提供价值根据；二者，宇宙以其超越性而为身体的形上指向提供理论支撑；三者，作为生命的源头和审美的对象，又对体道行为发挥着规范性和皈依性的功能。总之，在道教的观念世界中，宇宙无始无终，然有情有义，宇宙至大而拓身为虚无之身，至小而践身为实体之身。宇宙，远观之则圆融万物，有四时八方之性，为生老病死之因；近观之则花草树木，人言物事，无非宇宙之所展示。此种意境唯待将来再做细论。

文化哲学家勒布雷东说：“人通过自己的实体性，将世界转化为自身体验的衡量标尺。世界在人的手中，变成了一种熟悉而紧密均一的组织体系。它明白易懂，可供随意差遣。身兼射体和接收体二职，身体持续不断地产生新的意义，并通过这种方式将人嵌入特

---

① 徐复观：《中国人性论史·先秦卷》，上海三联书店 2001 年版，第 287—288 页。

定的社会文化空间。”① 道教的宇宙论因于身体的周转变化，在理和情、身和神的不同视角中，宇宙与身体的关系呈现出复杂性的特征。这种复杂性的宇宙论特征，表现在宇宙论研究对象的多元化方面。

三 “合天应人，功不厌多”的天人感应思想

服务于“神道设教”的目的，“身天关系问题”中的“身”是形化之身与身神化之身的统一体，“天”则不仅是自然之“天”，更是神格之天，具有道德至上神的特征，掌握着祸福赏罚的功能。《天平经》“东壁图第一百六十三”篇云：

> 上古神人戒弟子后学者善图像，阴佑利人常吉，其功增倍。阳善者，人即相冗答而解。阴善者，乃天地诸神知之，故增倍也。积德者，富人爱好之，其善自日来也。人之所誉，鬼神亦然，因而佑助之。好道者长寿，乃与阴阳同其忧，身皇灵而行，天地之性，得其道理，故天佑之也，失者乱，故天不佑之也。②

人能够积善行德，就可以得到天地的佑护，保其平安，这样的“天地之性”，就是道德价值之性，能够与身相感，与人相通。

在神仙道家们的视域中，自然与宇宙往往相提并论，无论自然还是宇宙，对于神仙修行而言，都绝非仅仅是形体之物——外在于人的或者说是一种知识论视域下的存在者。宇宙存在之于修行的价值，不是单纯的、线性的、以主体和客体之间相互作用为其理论特征的客观世界，不是与修行者相对立的“他者”，而是与“我”同具身体特征的生命有机体，“他”与“我”以“生克制化”的运动机理相互影响，相互制约。“天地，万物之盗；万物，人之盗；人，

① ［法］大卫·勒布雷东：《人类身体史和现代人类性》，王园园译，上海文艺出版社2010年版，第4页。

② 《太平经合校》，第455—456页。

万物之盗。三盗既宜，三才既安。”人与宇宙之间的实质关系，是以吉凶善恶为功能特征的相互训诫、相互对话的关系。“宇宙万物，皆为吾真”，天地万物是具有善恶情感、与我一体的生命融通体，它们都内契于身心修行的实践过程中，作为以身体道的神性个体而存在。

这样一种宇宙论关系，我们称之为身人对话的宇宙论关系。在道德实践中，体现为身体和自然、身体和天地之间，以吉凶臧否的伦理作用机制，相互交感，形成一种平衡有序、相互交映的伦理主体间性关系，身体赋予天地以人格，天地赋予身体以神性，人格和神性在以情为体的感应对话中保持着一种相互作用的关系，构成一幅生生不息的运动图景。

总之，宇宙是根身性的宇宙，以其整体性和超越性的功能特征在道教神仙世界中占有重要一极，并以价值根据和伦理规范的方式在道教教理体系中发挥着应有的思想功能。

第二节　道教宇宙论的理论景观

汉魏南北朝时期，道教宇宙论综合吸收了早期道教的道论思想，两汉时期流行的气论阴阳思想，并将之改造为服务于“长生成仙”目的的道教神仙信仰体系。如本书第一章所论，“身患”意识及其“身患”意识支使下所形成的生死问题是道家和道教的基本问题意识。正是在这种问题意识的持续作用下，道教形成了追求长生与渴望超越现实社会生活苦难的终极关怀精神。追求长生就必然涉及对生命的构成、生命的运动规律等问题的认识。为了摆脱世俗社会的羁绊，又必然会在追求长生的过程中处理好与社会的关系问题。那么，从究竟意义上讲，生命从哪里来又往何处去？人为什么会死亡？导致人生老病死的症结是什么？生命如何才能不受外部世界的拘役而实现“长寿”乃至“不死”的价值目标？

显然，在道教看来，现实的社会生活总是存在着这样或那样的问题，由于它不像儒家那样，以致力于“王道乐土”的建设为使命，而是以追求“长生久视”为旨归，这就使道教总能对现实的社会生活抱有一颗同情式的出离心，并以理想的道教生活模式对之加以改造，创造出符合道教风格与气质特点的生活世界。“人法地，地法天，天法道，道法自然”，在道教的精神世界里“道法自然”既是根本的行为模式，又是总的价值目标。那么，何为“自然”？“自然”又如何能够担当起这种兼具“价值论、方法论”诉求的使命？道教的宇宙论就承担着这种诠释自然、认识世界的理论功能。因而，对宇宙的认识就是对自然法则的认识，对宇宙的认识同时就包含着对自然境界和养生法则的认识，对宇宙的认识同样也是对理想世界的描摹和憧憬。

按照道教对于“自然”的不同理解，道教的宇宙论研究可以划分为三个层面的内容：道—神一体论的宇宙观、气—生合一论的宇宙观与心—神不离论的宇宙观。

一 道—神一体论的宇宙论

道—神一体论的宇宙观着重于论证和说明生命的起源、人生的归宿和大化的性质等问题，是道教改造自然论的宇宙论为神仙道教的宇宙论的理论结晶。在汉末五斗米道所信奉的基本经典《老子想尔注》中，借助于对“道”的神学化改造建立了道教的宇宙观。《老子想尔注》在阐述宇宙本原问题时说：“一者，道也……一在天地外，人在天地间，但往来人身中耳……一散形为气，聚形为太上老君，常治昆仑。”① 它以“一”释“道”，将《老子》中“道生一，一生二，二生三，三生万物”中的“道”改造为具有神格特征的宇宙本原，从而为修道提供了价值根据。这种道论的宇宙观基本上奠定了后世道教关于宇宙本原问题的认识模式。葛洪全面继承和发展了这种宇宙论思想，他说：“道起于一……天得一以清，地得一以宁，人得一以生，神得一以灵……春得一以发，夏得一以

① 饶宗颐：《老子想尔注校正》，上海古籍出版社 1991 年版，第 12 页。

长，秋得一以收，冬得一以藏。”[①] 与前者相比，葛洪对于宇宙本原问题的认识更加精致，并且神学化色彩也更加鲜明。他又说：“山无大小，皆有神灵。山大则神大，山小则神小。”[②] 这种认识将宇宙万物和神仙修行直接联系为一体，从而使宇宙的存在以自然法则、道德律令的形式作用于人世，为修道提供了坚实的本体基础。如果说，在道家中沟通“道”和“人”关系的基本途径尚在于“德”的落实的话，道教则更多地通过外化“德”性为伦理规范，然后将内在的“德”性假转于“神仙”性来达到“道”“人”交流与汇通的目的。

这种“道—神”一体的宇宙论，不仅保留了原来宇宙作为生命本原的功能，又强化了宇宙的价值根据特征，彰显出了道教关于哲学“无限性”问题独特的思考视角。

那么，这种“无限性”的宇宙论特征落实于纷纷纭纭的众生世界，它需要进一步论证和说明自身和具体的事事物物之间的关系问题，不然宇宙的至上性地位就会因为过于“空虚”而仅仅流于形式。于是宇宙和万物的关系引入了气论和心论，以明其运化之性和主体之能。这就形成了理论特征完备的宇宙论。

二 气—生合一论的宇宙观

如果说，道论的宇宙观着重于为修仙提供价值根据的话，道教吸取两汉时期的气论思想而发展形成的气论宇宙观则侧重于对万物属性、宇宙秩序及其运动状态的分析和认识。当然，在魏晋神仙道教思想中，道论的宇宙论和气论的宇宙论并没有截然分开，在大多数情况下，“道”和“气”是融会在一起使用的，本书为更好地揭示魏晋神仙道教的宇宙特色和功能，则将之分开论述。就气论的宇宙观而言，它解释了至高无上的“道”作为宇宙的根本法则，是如何生克运化万物的？它的运动规律是什么？《七域修真正品图》认

---

① 《抱朴子内篇校释》卷18《地真》，第323页。

② 同上。

为，人与天地万物都是秉气而生，因气而成：“世人者，道之子。秉气而生，分形而治。其生也，天与其神，地与其精，道与其气，三者相得而人乃生。”[①]《灵宝自然九天生神三宝大有金书》认为：“三气为天地之尊，九气为万物之本。”[②] 道教重要的类书《无上秘要》对“气”的认识比较全面，具有代表性。书中引《西升经》说：“积善善气至，积恶恶气至……积善神明辅，天道尤佑于善人。”[③] 又引《洞玄诸天内音经》说：“大梵隐语，无量之音，天有飞玄自然之炁，合和五音，以成天中无量洞章，上演诸天之玄奥，赞大有之开明，中理自然之炁，普度学仙之人，下度生死之命，拔出长夜之魂。”[④] 借助于书中所引用的多个观点，不难理解在宇宙论中，“气”有天地本原之性，又能随形化物，下贯人事物理，宇宙的秩序和运动法则由“气”得到了统一性的说明。

在道论和气论的宇宙观之外，道教还常常以“心”论宇宙之理，治政之纲。《太平经》说：“夫道之生天，天之有道也，乃以为凡事之师长。正道者，所以行善，主除恶也，是故古圣贤帝王将兴，皆得师道，入受其策，智以化其民人，师之贵之，乃言其能知天心意，象天为行也。”[⑤]《西升经集注》卷 3 引韦处玄的注解说：“有成必有毁，无成则无毁，自然之常道也。是以圣人虽成不成，故能无时而不成也。夫天地无心，故能常照三光。无心，故无明冥。圣人无心，故能常成也。”[⑥] 综合来看，心论的宇宙观常借宇宙以言人的本真之性。熊十力曾言：“一切物的本体，非是离自心外在境界。”他认为，“本体不是离我的心而外在的”，强调说：“唯有吾人的本心，才是吾身与天地万物所共具的本体。”[⑦] 道教从

---

① 《七域修真正品图》，《道藏》第 6 册，第 694 页。

② 《灵宝自然九天生神三宝大有金书》，《道藏》第 3 册，第 266 页。

③ 《无上秘要》卷 7，《道藏》第 25 册，第 23 页。

④ 《无上秘要》卷 24，《道藏》第 25 册，第 67 页。

⑤ 《太平经合校》卷 117，第 660 页。

⑥ 《西升经集注》卷 3，《道藏》第 14 册，第 581 页。

⑦ 熊十力：《新唯识论（语体文本）·明宗》，中华书局 1985 年版，第 247、251、252 页。

心性论的视角论宇宙，常用来为修行方向提供价值根据的支持。除此之外，心性论的宇宙还常用于政治生活之中，为政治治理提供神学方法论的智力支持，是道教神学宇宙论思想在政治领域中的运用。

三 心—神不离论的宇宙观

随着宇宙论理论的日益丰富，在道教中“道”论、“气”论、“心”论的宇宙论也逐渐缩结为一体，从不同方面展示出道教宇宙论的整体理论特征。这种思想趋向非常鲜明地表现于修道工夫中，体现出宇宙论为修身论服务的理论倾向。《太平经·修一却邪法》云：

> 夫一者，乃道之根也，气之始也，命之所系属，众心之主也。当欲知其实，在中央为根，命之府也。故当深知之，归仁归贤使之行。人之根处内，枝叶在外，令守一皆使还其外，急使治其内，追其远，治其近。守一者，天神助之。守二者，地神助之。守三者，人鬼助之。四五者，物佑助之。故守一者延命，二者与凶为期。三者为乱治，守四五者祸日来。深思其意，谓之知道。……。能坚守，知其道意，得道者令人仁，失道者令人贪。①

它根据修道的经验和体会，将这种经验体会抽象、拔升为“道之根”，从而将之提升到了本体方法论的高度，但无论如何提升其地位，其又必然下降到修道的工夫中，作为修身的原则而发用。其所谓“故头之一者，顶也；七正之一者，目也；腹之一者，脐也；脉之一者，气也；五藏之一者，心也；四肢之一者，手足心也；骨之一者，脊也；肉之一者，肠胃也”云云，都是借“道”而言理，依“身”而演理的身体思维方式的运用。

---

① 《太平经合校》卷18—34《修一却邪法》，第12—13页。

总之，道教的宇宙论包含着对宇宙本质、宇宙运动规律、宇宙与社会关系等多个层面的内容，为神仙道教世界观的建设奠定了本体基础。而体系完备、维度多元的道教宇宙论思想的成熟也是道教理论不断走向成熟的标志。道教能作为中国本土宗教而在中国文化中占有重要地位，道教的人格精神与修行实践能对中国人的生活产生深远的影响，与系统的道教宇宙论建设不无关系。透过对道教宇宙论所表现出的多种理论形态的分析，不难发现，“道”论的宇宙论是借“天道”以言“人道”的宇宙论，其“人道之理”依身而显；“气”论的宇宙论是用“气”言生克制化之理的宇宙论，其生克制化之理非关玄思而是落实于养生工夫之中的宇宙论；“心”论的宇宙论是借“人心”以言“天心”，由“天性”而化“人心”的宇宙论，其化导之方循身而成。如此宇宙论与如此身体观不分彼此、难分你我地渗透于道教的神仙信仰实践中，升华、凝结为道教哲学的本体论理论品格，影响着道教观察世界，思考人生，探寻真善美等终极问题的神仙运思轨迹。

第三节 道教身体宇宙论的基本特征

道教哲学着重从人出发，它关注人的生死问题，围绕超越生死这一中心问题，展开对人的生命价值、生活意义等一系列问题的探讨，解决生死痛苦是道教最高的人生理想。服从和服务于这一根本目标，道教的宇宙论从对世界的界定出发，对生命本原、世界结构、万物运化规律等一系列问题进行了探讨，既为道教神仙世界的建立提供了理论根据，又为道教修行指明了前进的方向，因而可以说道教宇宙论是一种生命论的宇宙论。汤浅近雄指出：“东方形而上学的中心论题是人格的实践问题，而不是宇宙论。”[①] 意在说明宇宙论问题与人格实践问题不可分割，对宇宙论问题的理解应在实

① 汤浅近雄：《灵与肉——神秘的东方身心观》，马超等编译，中国友谊出版公司1990年版，第83页。

践论的视域下进行。杨国荣站在当代哲学研究的前沿领域，提出了一种具体形而上学的思想主张，他说：“作为智慧视域中的存在理论，形而上学即以存在本身的具体性为指导，又贯通、融摄了把握存在的不同方式，二者在不同意义上为深入地理解世界提供了前提。”① 也就是说，当代形而上学研究理应摆脱传统二元论的思维方式，从人与世界关系的维度出发，探讨形而上学的存在方式。他们关于形而上学的认识，都为道教宇宙论的探讨提供了极为有益的方法论启示。

源于“身患”的道教身体哲学，从一开始就把理论的焦点聚集于人自身的身体，为我们开辟了一条由“身”向“道”的实践之路。它把关于世界的认识与对身体的认识紧密地结合在一起，认为身体和世界不可分割，对于身体的认识和对于世界的认识二者之间可以相互转换，即认识身体就是认识世界。反之亦成立。当然，道教对身体与世界之间转换关系的认识，并不是无条件的，而是以“我”的悬置为前提的。“我”被“抛入”世上，便不自觉地陷入由是非名利、善恶忧患等构成的关系网中，身体“累”于世而不得解脱，“我”实质上“活”在一种“他者”的视域中，不是“真我”。因此，世间人等的存在状态就像夸父逐日一样，总是追着世界跑，总是孜孜于各种关系的营建中，并以“关系”为自己存在的基本方式，于是，“亲身”异化为“人身”，“我”成为“伪我”，“人”也就成为“仁义道德”包装下的“假人”。若要从根本上拯救自己，回复生命的本来面目，就要从“我”入手，悬置所谓的主体，以“道”的手术刀解剖自己的心灵世界，使自己呈现出整体的身体样态。那么，如何对“我”进行“道”的悬置呢？“我”被悬置后“我”的世界又是怎样的景象呢？也就是说，无论我们自觉还是不自觉，人性之本质与生俱来地面临着一种否定性的终极拷问，它根源于我们身体的自身性特征。

① 杨国荣：《存在之维——后形而上学时代的形而上学》，人民出版社 2005 年版，第 2 页。

依照庄子的看法，人生于世间，随波逐流而迷不自知，要找回自己，就要以“鉴之照物”“心如止水”的静观法，以“吾丧我”与世界保持一个间距，然后才能在与世界的交流中养成一种欣赏生命的情趣与塑造生命的能力。由于克服了“伪我”之偏见所导致的生命局限性，生命被浸润于宇宙的场景中，得到整体大全式的关照。庄子说：“水净则明，而况精神。圣人之心静乎！天地之鉴也，万物之镜也。”[①] 又说：“至人用心若镜，不将不迎，迎而不藏，故能胜物而不伤。”[②] 圣人乃真人，其为圣人者，因其能用心若镜子，故能观照万物之理，明了万物之情，而不为物理人情所伤，故才可谓圣人。这种以悬置“自我”为特征的宇宙论，是一种“身天一体”“身天对话”的宇宙论。

一 人天同构、即身即天的道教宇宙论

美国哲学家奥尼尔说：“人类首先是将世界和社会构想为一个巨大的身体。从此出发，他们由身体结构组成推衍出了世界、社会以及动物的种属类别。”[③] 奥尼尔从身体的视角看待宇宙，指出了宇宙和身体之间的亲密关系，但他看待这种关系的方式却与道教存在着根本的差异。在道教看来，宇宙和身体之间的关系，不是经由理性的同情而形成的一体性关系，而是二者本就同源同构，以物质、信息和能量交换的方式相互影响，相互作用。早期道教经典《老子想尔注》指出：“‘人身像天地’；腹者，道囊，气长欲实。心为凶恶，道去囊空。空者耶入，便煞人。虚去心中凶恶，道来归之，腹则实矣。”[④] 道教素有“人体小宇宙”的宇宙论传统，它认为，宇宙与身体之间并不存在不可逾越的鸿沟，而是一种同源同构的关系。宇宙的要素与身体的组成部分存在着对应的关系，宇宙的

---

① 《南华真经副墨》外篇《天道第十三》，第 193 页。

② 《南华真经副墨》内篇《应帝王第七》，第 119 页。

③ ［美］约翰·奥尼尔：《身体形态——现代社会的五种身体》，张旭春译，春风文艺出版社 1999 年版，第 17 页。

④ 饶宗颐：《老子想尔注校正》，上海古籍出版社 1991 年版，第 13、6 页。

生成、运化之道同时是身体运动的规律。当然，随着这种表述主体的不同，所表达的思想意蕴也有所不同，自宇宙而强调身体，意在说明身体完备自足，具有客观的本体根据；自身体而言宇宙，则意在说明道教的宇宙是亲身、本己性的宇宙，它与身体之间存有一种主体间性的亲情关系。

葛洪认为，天地万物都由道和气构成，通过调节道、气、神三要素之间的关系，就可以修道成仙。他说：“夫陶冶造化，莫灵于人。故达其浅者则能役用万物，得其深者则能长生久视。”“夫人在气中，自天地至于万物，无不须气以生者也。”又指出：“道者，万殊之源也。”① 天地万物既然具有相同的结构，人就可以通过发挥主观能动性而进入宇宙之中，在宇宙中获得永恒。难能可贵的是，葛洪不仅在个体修身层面指明了人保养生命，体道成仙的宇宙原则，还进一步发挥了万物同构的思想，指出修身成仙和治理国家所要遵循的基本原理都是一致的。葛洪说：“夫道者，内以治身，外以治国……此盖道之治世也。”“一人之身，一国之象也。”② 道家素有身国同构、身国同治的智慧传统，其实，从道教宇宙论观之，身国同构、身国一体的思想无非身天一体的宇宙论思想的投射。

道教不仅在身天同构的意义上认识宇宙，而且进一步提出身天之间交互作用、相互影响的观点。它认为，人身就是一个小宇宙，天地万物构成大宇宙，通过改造小宇宙，能够优化大宇宙的结构秩序。从另一方面看，改造大宇宙同样会影响小宇宙的生命质量。对于此种天人感应、身天一体的思想，葛洪论之较详。他说：“道之衰”“则叔代驰骛而不足焉。夫唯有余，故无为而化美。夫唯不足，故刑严而奸繁。黎庶怨于下，皇灵怒于上。……君臣异位者有矣，父子推刃者有矣，然后忠义制名于危国，孝子收益于败家。疾

---

① 《抱朴子内篇校释》卷 3《对俗》、卷 5《至理》、卷 7《塞难》，第 114、138、46 页。

② 《抱朴子内篇校释》卷 1《畅玄》，第 326 页。

疫起而巫医贵矣，道德丧而儒墨重矣。”[①] 人事混乱致“道之衰”的后果之一，必致疾疫频发，所谓人祸必有天灾。《皇帝阴符经》言：“观天之道，执天之行，今矣。天有五贼，见之者昌。五贼在心，施行于天，宇宙在乎手，造化生乎身。天性人也，人心机也，立天之道以定人也。”[②] 天人之间，合用合发，唯有天道人道，共循大道的法则而行事，才能塑造出天人和谐的局面。

著名科学家钱学森曾用系统论的观点来说明人体系统和外部系统的关系问题，他说：“人体系统就是一个巨系统，包含着很多层次，最高的层次是人的整体。这样的一个巨系统又是和周围的宇宙起作用的，即它不是一个封闭的系统，而是一个开放的系统，处于整个宇宙之中彼此相通。宇宙是个超巨系统，体巨系统是在宇宙这个超巨系统中一个开放的极其复杂的巨系统。”[③] 按照系统论的思想，系统由多层次的内容构成，系统功能呈现出协调或紊乱两种状态，要实现系统功能的最优化，就必须协调系统内各层次的关系，使它们在特定的信息指导下协同工作。

在道教历史演变的过程中，逐渐形成了尊重自然，热爱生态建设的文化传统，人们往往将道士修炼、居住的地方称为神仙洞府，透露出浓郁的生活气息。即便在今天这样的时代背景下审视道教这一思想，仍然具有较为强烈的现实意义。今人提倡建设生态文明社会，其理论根据多出于一种功利主义价值观的考量，因为生态的恶化严重影响了人们的生活质量，威胁着人的生命健康。在生存困境下，人们不得不关注生态环境保护。与道教的生态观相比，这种生态观中因缺乏一种形上学的精神底蕴，而难以让人产生“情”的共鸣和“家”的归属感。

---

① 《抱朴子内篇校释》卷10《明本》，第186页。

② 夏元鼎：《皇帝阴符经讲义》卷1，《道藏》第2册，第722—723页。

③ 钱学森、陈信：《人体科学是现代科学技术体系中的一个大部门》，《自然杂志》1988年第5期。

二 天人一体、交感汇通的和谐宇宙论

马克思在《1848 年经济学哲学手稿》中说过这样的一句话：“自然者，就它自身不是人的身体而言，是人的无机身体。人靠自然界生活。”[①] 马克思的这句话包含着非常深刻的道理，从“活”着的角度看待自然界，它不仅仅是人的实践对象，在人的生活中也不仅仅充当“客体”的角色，它是我们生命存在的有机构成要素，或者说，自然界就是我们的生命本身。离开自然界，生命亦不复存在，当然也就无所谓人的存在了。

中医学者张润杰在讲授中医脉理脉法时说：“气聚则为物，散则为气。人亦气之所化也，故其气必聚，脉应之而沉而去，此应阴也，应地之静；天人合一，人亦应天之动也，故气欲散，脉应之而浮而来。”[②] 这种思想直接源于《黄帝内经》，是天人一体思想在中医中的运用。其实，不仅在中医中包含着天人一体的宇宙论思想，在道学文化的其他方面也蕴含着丰富的天人一体思想。在道教的视域中，宇宙是充满生机的有机整体，它是人类的生命源泉，和谐有序的宇宙秩序决定着修道的质量和效果。这种有机和谐的宇宙论思想，在许多道教重要典籍中都有体现。

《太平经》认为，人及其天地万物能够生成，是以和谐的宇宙秩序为条件的。《太平经》说：“夫天地中和凡三气，内相与共为一家，反共而生，共养万物。天者主生，地者主养……人者主治理之。”又说：“气者，乃言天气悦喜下生，地气顺喜上养，气之法行于天下地上，阴阳相得，交而为和，举中和气三合，共养凡物，三气相爱相通，无复有害者。”[③] “悦喜”“顺喜”“相爱相通”，都是表达身体感受的词语，用这些词语来说明生命生成的条件和过程机制，不仅仅是出于表达的需要，而是深刻地揭示了道教根于身体、以人为本的宇宙论思想。

---

① 马克思：《1844 年经济学哲学手稿》，人民出版社 2000 年版，第 56—57 页。

② 张润杰：《岐轩易医脉法》，中国中医药出版社 2013 年版，第 3 页。

③ 《太平经合校》卷 45、卷 48，第 113、148 页。

张再林从男女两性关系出发，为我们进一步指明了这种和谐宇宙论思想发生的身体根据，他指出：“在中国哲学中，男女之性感既‘至大无外’地被推广到整个宇宙，又‘至小无内’地退返和还原到每一个个人。”① 和谐的宇宙秩序不仅是生命生成的必要条件，而且是救世和成仙的理论根据。《太平经》认为，宇宙秩序混乱，功能变异，灾害频出都是修仙的障碍，修道就是要消除这些障碍。《太平经》说：“今天地开辟，淳风稍远，皇平气隐，灾厉横流。上皇之后，三五以来，兵役水火，更互竞兴，皆有亿兆，心邪形伪，破坏五德，争夺任六情，肆凶逞暴，更相侵凌，尊卑长少，贵贱乱离。”又说：“故天地调则万物安，县官平则万民治。故纯行阳，则地不肯尽成；纯行阴，则天不肯尽生。当和三统，阴阳相得，乃和在其中也。”②

葛洪在吸收《太平经》和谐宇宙论思想的基础上，运用“气”论进一步揭示出宇宙生成万物尤其是生成人的内在机理。《抱朴子内篇·至理》说：“夫人在气中，气在人中，至天地至于万物，无不须气以生也。”③ 与《太平经》和谐宇宙论相比，葛洪更加关注个人成仙问题，而少于对社会政治治理之道的分析，他引入“气”范畴来说明宇宙生人的内在机理，更加鲜明地体现出养生的色彩。葛洪认为，人能否成仙是由“神仙之气所决定的”。他说：“按《仙经》以为诸得仙者，皆其受命偶值神仙之气。”④ 和谐的身心关系、和谐的社会关系、和谐的政治环境等都是人们在现实生活中的基本诉求，道教把这种诉求借助于和谐宇宙论的方式表征出来，是道教根身论思维方式的运用。

按照“近取诸身，远取诸物”的认识特点，道教对于宇宙、自然的认识是从身体开始的，身体和世界之间存在着一种“日常生活

① 张再林：《作为身体哲学的中国古代哲学》，中国社会科学出版社 2008 年版，第 12 页。

② 《太平经合校》卷 1—17、卷 18—34，第 3、18 页。

③ 《抱朴子内篇校释》卷 5《至理》，第 114 页。

④ 《抱朴子内篇校释》卷 12《辩问》，第 226 页。

的感觉流通”性的认识关系——

> 在人之肉与世界之肉之间，每一秒都延续着一种感官的连续体。人只有通过感觉才能了解认识自我，他通过不断感受到的感觉与感官的回馈来体验自己的存在。人被纳入事物的活动中，并与之全方位地融合在一起。然而，感觉并不是与事物融合，而是与对事物的理解融合。……世界是对其通过感官与感官加以翻译的身体的流露再现，彼此休戚相关。身体就是一个意义过滤器。我们的感官知觉与意义叠加在一起，勾勒出我们生活环境变幻莫测的极限与范围。对自我的感知即对事物的感知。肉体始终是对世界的一种看法，是主体在他而言具有一定意义的内部及外部环境中自我否定并行动的方式，并使他和他有着相近世界观的人能够实现沟通。①

在这种“感觉流通”的关系中，身体与世界彼此缠绕，身体赋予世界以意义，使世界对人而言成为必不可少的组成要素，世界限定了身体的极限与范围，使人与人的交流成为可能。

那么，人如何维护天人之间的和谐关系呢？此一问题方是道教探讨宇宙论问题的落脚处。

按照道教的观点，要维护天人之间的和谐关系，就要遵循天道，按照自然的规律行事。庄子言：“六合为巨，未离其内；秋毫为小，待之成体；天下莫不浮沉，终身不故；阴阳四时运行，各得其序；惛然若亡而存，油然不形而神，万物蓄而不知。此之谓本根，可以观于天矣。”② 天地自然，有四季变更之序，有生老病死之更迭，人要维护天人和谐，就需要“观于天”，按照天的运行规律想问题，做事情，否则就会犯“以心捐道”的主观错误，危害天人关系。

---

① ［法］大卫·勒布雷东：《人类身体史和现代性》，王园园译，上海译文出版社2010年版，第152页。

② 《南华真经副墨》外篇《知北游第二十二》，第313页。

除了需要自觉地按照天道的自然规律想问题，做事情外，人还要努力修行，在工夫中体悟天道以转化气质，以化人文人为自然人格，形成一种静观万物的实践效果，如此才能彻底消除天人之间的紧张关系，为人类自身营建一个美丽家园。“人身法象天地，其气血运行与天地造化相应，只有运身内之气适合天地之真气，方能达到人天一体，若合符节。”① 陶弘景说：“静睹天地念飞仙，静睹山川念飞仙，静睹万物念覆载慈心，常执心如此，得道也。”② 在“游心虚静，息虑无为”③ 中，后天心化为先天心，身已退入宇宙之中，与自然合而为一，天人之间的关系，舒缓而和谐。

道教的养生实践，与其说是一种养生活动，不如说是一种创造意义的身体冒险探索，他们对于养生规律的认识实质上表征着道教对于和谐宇宙论的认识与思考。道教的养生家们既感受着身体在实践中的切实变化，又在利用自然事物的过程中总结出一套关乎自然界运动变化的规律性认识，这种身心的体验和生活实践的总结汇聚于一体，成为道教认识人与世界关系问题的原发性的心理基础。和谐的宇宙论不过是他们将修仙悟道的体验凝结、升华为宇宙万物之理，从而从本体论的高度扩大为一种具有普遍意义的世界观理论。《太平经》和《抱朴子》的和谐宇宙论思想在道教中具有一定的代表性，它们关于宇宙的整体有机性的认识，关于和谐生物生人的认识基本上奠定了道教宇宙论的认识模式。

三 “交感生物”的德性宇宙论

以德论宇宙是道教宇宙论的最显著特色，道教从价值论的视角看待宇宙，认为宇宙具有善恶赏罚的道德功能。《老子想尔注》提到天地之法相合于人身，体内宇宙系统的周转变化，与吉凶善恶等不同的道德结果息息相关。“圣人法天地，仁于善人，不仁恶人。

---

① 周立升：《两汉易学与道家思想》，上海文化出版社2001年版，第204页。

② 陶弘景：《真诰》卷6《甄命授第二》，《道藏》第20册，第524页。

③ 陶弘景：《养性延命录·序》，《道藏》第18册，第474页。

当王政煞恶，亦视之如刍狗也。是以人当积善功，其精神与天地通。”① 天地有好生之德，具善恶明辨之能，要按照宇宙的规律去生活，就要去恶从善。

庄子言：“夫春气发而百草生，正得秋而万实成。夫春与秋岂无得而然哉？天道已行矣。”② 又言：“至阴肃肃，至阳赫赫，肃肃出乎天，赫赫发乎地，两者交通成和而万物生焉。或为之纪，而莫见其形。消息满虚，一晦一明，日改月化。日有所为，而莫见其功。生有所乎萌，死有所乎归。始终相反于无端，而莫知乎其所穷。”③ 天地以其广大而具包容之德，天地以其盈亏而蕴生成之理。

天地生成之德，作用于人世，则成为圣人治世的必由之路。在《庄子·应帝王》篇中，庄子以阳子居与老子的对话指出了“明王之治”所应遵循的治世之道。“阳子居蹴然曰：‘敢问明王之治？’老聃曰：‘明王之治，功盖天下而似不自己，化贷万物而民弗恃，有莫举名，使物自喜，立乎不测，而游于无有者也。”④《太平经》亦云：“然夫天生人，使其具足乃出之，常乐其为道与德。仁人幸有知，可以学德，天地以德养万物，乐人象之。故太古之德人忍辱，象地之养物也。人学为之，则其心意常悦，不复好伤害也，见事而慎之，日而为者善，不复欲为恶也。以类相聚，日益高远，为之积久，因成圣德之人，莫不响应，众人归向之。”⑤ 顺应天道，颐养天德，“为之积久，因成圣德之人”，就自然会取得“众人归向之”的政治治理效果。

道教这种道德生成论的宇宙观思想，对于不明道教文化语境者，尤其是对于那些崇尚理性、崇尚概念分析和语言游戏的西方学者而言，必然会觉得不可思议。文化哲学家勒布雷东剖析了造成这种问题的内在原因，他说：“中国人相信宇宙本身具有它自己的机

---

① 饶宗颐：《老子想尔注校正》，上海古籍出版社 1991 年版，第 13 页。

② 《南华真经副墨》杂篇《庚桑楚第二十三》，第 331 页。

③ 《南华真经副墨》外篇《田子方第二十一》，第 300 页。

④ 《南华真经副墨》内篇《应帝王第七》，第 116 页。

⑤ 《太平经合校》卷 67，第 250 页。

理和创造能力，因而他们始终坚持某种从学者理性观点来看是完全站不住脚的论点，即‘物质’本身是有灵性的，显然，这不是就我们通常所理解的一种自觉的反映论的智能而言，而是指一种天然的灵性……”① 对那些“坚持某种从学者理性观点”看待宇宙的人而言，勒布雷东大致揭示出了中国宇宙论的真相，但还不彻底。就道教而言，宇宙之所以具有“灵性”，之所以有“善恶赏罚”之德，归根结底是因为这种宇宙是一种“根身性”的生态宇宙论。宇宙中万物、宇宙的运动规律及其表达宇宙论的概念范畴，在道教文化语境中都具有价值论的意蕴，与其说它们是一种自然宇宙论，还不如说是一种自然人性论的宇宙论。离开这种人性论的观照和抵进，在纯粹客体意义上探讨道教宇宙论的问题，对道教宇宙论就难以产生一种同情式的理解，也就难以揭橥出道教宇宙论的真相。

第四节 道教身体宇宙论的价值功能

宇宙之于人的存在而言，有其时间在先性和空间包容性之特征，然而，随着宇宙进入人的视域的加深，尤其是随着人的实践能力及其所决定的意识能力的提升，宇宙不再仅作为事实的存在而进入人的生活中，那种客体自然式的宇宙在中国哲学中从来都不是主流。在道教文化中，宇宙及其表达宇宙的基本范畴都呈现出鲜明的身体宇宙性特征，并且宇宙的真相并不是待定的，而是随着修道工夫层次的递升而不断发生转变的，它与主体内在的心灵觉悟一起，构成了具体切实的修道境界。更为关键的问题是，道教总是以人的眼光看待宇宙，按照人的现实需求内容的不同，宇宙为道教修行者提供了家园、诗话与规范的功能。因而，道教的宇宙论研究的目的，不是更好地提升人的理性思维对象及其与此相关的实践能力，而是以在尊重宇宙的客观生成性下建构出一种身体宇宙论，以为道

① ［法］大卫·勒布雷东：《人类身体史和现代性》，王园园译，上海译文出版社2010年版，第152页。

教修行和道教信仰提供坚定的世界观根据和本体论基础。

具体而言，宇宙论在道教追求长生成仙的生活中起到了提供价值根据、引导修行目标和规范修行伦理三个方面的功能。

一　价值根据的功能

任何一种高度自觉的实践行为，都必然要求有成熟的理论为其行为的合理性做系统的论证和说明，价值根据理论就起着这样的作用。汉魏南北朝时期，道教经过较长时期的实践摸索，逐渐成为一种教理完备、制度规范的成熟的宗教形式。伴随着道教的改革和发展过程，道教的宇宙论也越来越完备，从各个不同的理论视角为道教修行提供了理论说明，使道教修行过程成为一种具有高度理论自觉性的身体实践工程。葛兆光说：“永恒不变的‘天’成为永恒不变的‘道’的背景，永恒不变的‘道’支持着相当多的‘理’，道理赋予很多知识以合理性。”① 道教宇宙论从下面几个方面为道教修行提供了理论支持。

其一，为道教神仙世界的确立进行神学化的论证。道教神仙世界是最能体现道教宗教特征的内容，那么，道教神仙世界是如何产生的？它与世俗社会和道士修行有何关系？人的本质是什么？生命的本质又是什么？道教对此从宇宙论层面进行了一系列的论证。如对于神仙世界的产生根据，《老子想尔注》就进行了神学化的论证。它说：“一散形为气，聚形为太上老君，常治昆仑。”② “太上老君”作为至上神，统治天地万物，是道的化身，修道自然要奉持老君之道。道教灵宝派素尊《灵宝经》为修道至要，而灵宝之所以为灵宝，乃因为其具有如此属性：“太上灵宝生乎天地万物之先，曰太上。大无不包，细无不经，理妙叵寻，天、地、人所由也……夫天无灵宝，何以照明；地无灵宝，何以表形；神无灵宝，何以入冥；人无灵宝，何以得生。”③ “灵宝”具有生天生地的神性功能，

---

① 葛兆光：《中国思想史》，复旦大学出版社 2001 年版，第 45 页。

② 饶宗颐：《老子想尔注校正》，上海古籍出版社 1991 年版，第 12 页。

③ 《太上无极大道自然真一五称符上经》卷上，《道藏》第 11 册，第 632 页。

尊奉灵宝是修行必经之途，此已是不言而喻的道理。

其二，为道教修行的必要性和可行性进行理论辩护。为什么要修行？影响修行的因素是什么？如何克服这些障碍？对这些问题，如果不能从宇宙论层面给予解答，就会给修行带来认识上的困惑。如《无上秘要》引《妙真经》说：“道曰：一切万物，人最为贵……以清静致无为之意，即与道合。”① 也就是说，人要与“道”合，必须从清静方法入手进行修炼，达到“无为”之境，就能与道合一。

其三，为道德实践中善恶判断提供理论标准。善恶是道德实践中的一对基本范畴，那么，何为善恶？判断善恶之分的标准是什么？《老子想尔注》对此进行了论证：“天地像道，仁于诸善，不仁于诸恶，故煞万物，恶者不爱也……是以人当积善功，其精神与天地通。”②《太平经》亦云：“故夫天地治人，悉自有法尺寸。人乃有知，不肯好学，反自轻为非，所具为凶，无爱之者。天地憎之，百神恶之，帝王得愁苦之。此不成善人，自成盗贼，死尚成恶鬼，用力强梁，其死皆不得用。”③

总之，宇宙论在道教中发挥着本体论的功能，神仙世界的建立，养生活动的开展，伦理道德的实践等，反映于宇宙论中，成为宇宙论研究的基本内容。

二 价值理想的功能

价值理想用以说明行动的方向和目标，因而价值理想具有超越现实的特征，对于道教而言，修道成仙就是其总体的价值理想。如《太平经》说：“故人无道之时，但人耳，得道则变易成神仙；而神上天，随天变化，即是其无不为也。”④ 修道得道，成为神仙后，自然会克服死亡问题，人就可以过上真正幸福快乐的生活。多么诱人的理想境界啊！

---

① 《无上秘要》卷 5，《道藏》第 25 册，第 14 页。

② 饶宗颐：《老子想尔注校正》，上海古籍出版社 1991 年版，第 8 页。

③ 《太平经合校》卷 67，第 250—251 页。

④ 《太平经合校》卷 71，第 286 页。

宇宙作为价值理想，与身体之间存在着天然的亲情关系，这种关系的存在使得道教的宇宙论在表征道教的价值理想方面毫无空疏之感，而是及时应机地体现于体道的生活中。此种价值理想功能的发挥，在内容上让人憧憬、惹人遐思，使人能够从中获得一种源于心灵深处的情感慰藉，从价值理想实现的形式上看，它使这种理想自然地生发于身体之内，有着坚实的现实性的支撑，这也从一个侧面解释出道教总能让人爱不释手，总能让人欲说还休，总能进入百姓生活，化为民俗，千百年来滋润着中国人的精神世界，让他们在严酷的生存环境中获得一种形上性关照的原因。

其一，“厚生”的价值关怀发人共鸣。

宇宙以有机和谐、生克制化的方式生成万物，宇宙不仅作为自然实体为道教养生提供信息和能量的物质基础，而且以其生成之德的伦理属性为道家养生提供方向的导引和方法论的根据。《太平经》云：“元气及包裹天地八方，莫不受其气而生。”“道者，涵乾括坤，其本无名。论其无，则影响尤为有焉；论其有，则万物尚为无焉。”“道”涵括天地万物，循有无相生之理而生成宇宙之势，尊生厚德之性内蕴其中，生生不息之理通贯人伦。“道也者，所以陶冶百氏，范铸二仪，胞胎万类，酝酿彝伦者也。”① 所以，从直观自然之身到运化生克之生命之理，再到人伦范式，都是“道”的产物，都秉生成之性，宇宙的“厚生”性已经扩充到人生的各个方面，作为一种生活“常识”而存在。立身于此种性质的宇宙中，人们不仅会仰视其高，亦会体贴其近，宇宙已经成为人们安放身体，砥砺人生的精神家园。

其二，“治世”的价值营建令人向往。

在急剧变幻的社会生活环境中，人们对于平安社会的追求及其对于稳定安宁的政治生活的诉求极其强烈。人们常说“宁为太平犬，不为乱离人”，对太平社会的向往之情，最为直接地反映了普通百姓心底的诉求。道教在宇宙论的建构中，指明了太平盛世的治

---

① 《抱朴子内篇校释》卷 9《道意》，第 170 页；卷 10《明本》，第 185 页。

理大纲。《太平经》言：

> 元气有三名，太阳、太阴、中和。形体有三名，天、地、人。天有三名，日、月、星，北极为中也。地有三名，为山、为川、为平土。人有三名，父、母、子。治有三名，君、臣、民。欲太平也，此三者常当腹心，不失铢分，使同一忧，合成一家，立致太平，延年不疑矣。①

根据宇宙运化原理，只要君、臣、民三者合力，天下自然太平，这是就太平社会构成的基本条件而论之。但君、臣、民如何才能合三为一，共致国功呢？《太平经》云：

> 故古者圣人深知天情，象之以相治。故君为父，象天；臣为母，象地；民为子，象和。天之命法，凡扰扰之属，悉当三合相通，并力同心，乃共治成一事，共成一家，共成一体也，乃天使相须以而行，不可无一也。一事有冤结，不得其处，便三毁三凶矣。故君者须臣，臣须民，民须臣，臣须君，乃后成一事，不足一，使三不成也。……故君臣民当应天法，三合相通，并力同心，共为一家也。比若夫妇子共为一家也，不可以相无，是天之道也，此犹若人有头足腹，乃成一身，无可去者也；去之则不足，不成人也。是天地自然之数也。②

《太平经》认为，要实现太平治世，就要根据天地运行的数理特征，遵身家一体之道，君臣民各守其责，各安其分，国家自然可以实现长治久安。

其三，“比德”的价值规范抚人情怀。

“比德”的概念，率先由赵馥洁提出，在《中国传统价值观》

① 《天平经合校》卷18—34，第19页。

② 《天平经合校》卷48，第150页。

中，他将“比德”价值概括为：“将自然景物与人的精神生活、道德观念联系起来，赋予自然以某种伦理道德意义，然后又以自然景物比喻或象征人的道德，促进人的道德修养，提高人的道德境界，是中国传统自然价值观的一项重要内容。”[①] 在道教中，从道德的内容到道德实践的形式都带着浓郁的“比德”色彩，尤其将“天道”赋予“人德”，为“人德”实践提供价值根据，在道教“比德”价值规范建设中，比较常见。《太平经》癸部《救四海知优劣法》载：

> 天生人凡有三等：第一天生，第二地生，第三人种类。受命天者为人君，受命地者为人臣，受命人者为民。君者应天而行，臣者应地而行，顺承其上；为民者属臣，转相事。凡是三气共一治，然后能成功。故上之安者，其臣良也。臣职理者，其民顺常。民臣俱善，其君明，其治长。太平者以道行，三气悉善，合乎章也，怀道德不相伤也。[②]

道德实践的重要内容之一，是关于政治生活中政治秩序的确立问题，《太平经》根据天人合一、天地生人的道德原理，将君德、臣德、民德的道德秩序进行了区分，明确指出只有遵循此种道德之理，各自按照自身的规范参与国家与社会生活，国家才能平和、安宁。

“比德”的价值观不仅应用于政治道德实践中，在个人的社会伦理实践和个人道德境界修养中也体现得极为充分。如《太平经·包天裹地守气不绝诀》云：“天地之道所以能长且久者，以其受气而不绝也。故天专以气为吉凶也。万物象之，无气则终死也。子欲不终穷，宜与气为玄牝，象天为之，安得死也。”[③] 它认为，吉凶祸福等伦理内容都是“天专以气”的结果，在道德实践中要自觉地

---

① 赵馥洁：《中国传统价值观》，人民出版社 2009 年版，第 54 页。
② 《太平经合校》卷 154—170《救四海知优劣法》，第 730 页。
③ 《太平经合校》卷 98，第 450 页。

践行“守一”之道，既能和谐身心关系而长生得寿，又能消除人我之见而获得社会和谐。

其四，“审美”的价值创造激人想象。①

道教的宇宙既为身心修炼提供了信息和能力支持，又为道德实践打下了坚定的价值根基，作为安身立命的场所，宇宙以吉凶赏罚、善恶报应的伦理道德色彩进入人的生活世界，成为道教精神世界中重要的风景。

宇宙不仅以价值根据和价值规范的形式作用于世，还以“道—美”一体的人文品格浸润于人们的生活中，成为人们审美活动中的精神旨归。道教宇宙论的“审美”超越性主要体现在两个方面：一者，体现于修道的人格境界方面，即身心和谐、境界超越方面；二者，体现于以道教洞天福地为代表的自然观建设方面。关于此两方面的审美功能及其特征，学界研究较多，论之较详，兹不赘述。

可见，道教的宇宙论所彰显的理想图景，根据人的现实需要的不同，包含着多方面的内容，哲学内容既表达出了人类对理想生活状态的精神诉求，又根基于人类生存和生活的现实状况，具有深厚的现实土壤。正是基于对道教宇宙论这种理论特征的认识，我们说，道教的宇宙论在新的哲学背景下，仍然具有存在的现实性，仍然会以新的理论姿态呈现出来，为当代哲学寻求本体安全提供有益的思想资源。

千百年来，道教神仙思想宛若流淌在中国人精神深处的灵泉活水一般滋润着人们的生命，浇灌着人们的生活，让人们不会因为现实的无奈而失去追求崇高生活的勇气。在今天的社会背景下，信仰迷失、精神焦虑已经成为社会性的顽疾，学习和传播道教文化的超越精神，对于今人而言十分必要。

三 价值规范的功能

价值规范是实现价值理想的根本保证，是约束主体行为，并赋

① 此节中，“厚生”“治世”“比德”“审美”的认识，受启发于赵馥洁《中国传统价值观》一书之《价值原理》篇中的内容，特此说明并致以谢意。

予这种行为以某种意义的内容。因而，价值规范总是体现为对实践主体的训诫和引导方面。在实践中，价值规范之所以能够作为规范被人们所接受，乃是因为其所必备的两个思想要件：一者，客观要件，即此种规范具有客观上的理据，按照这种规范进行生产生活活动，是认同规律、遵循规律的选择；二者，伦理道德性，即此种规范产生于具体的社会文化语境中，包含着善恶美丑的价值导向性功能。道教宇宙论的价值规范功能，也兼具这两种理论规定。

以修道为例，道教修行需要遵循特定的程序，在社会道德生活中，也需要一定的伦理规范作为约束，不然实现长生久视的目标就会落于空处。《抱朴子外篇·释滞》说：“夫行气当以生气之时，勿以死气之时也。”[①] 在葛洪看来，学仙修道，就是要遵循自然之道，仿照宇宙万物生克制化的基本原理来指导自己的修行。《无上秘要》引《洞玄诸天内音经》中的内容，提出了逆向修道以成仙的思想：“所以得生者，从虚无自然中来……我所以有患者，为我有身。有身则百恶生，无身则入自然，立行合道则身神一也，身神并一而为真身，归于始生父母而成道也。”[②] 这里先指出了生命的来源，然后指出造成“患”的根源，最后指明了解脱的办法，将宇宙生成秩序理论作为修行的法则，指明了修行的方向。

当然，宇宙的价值规范功能除了体现于修道中外，还体现于道德实践和国家政治生活中，由于这些内容在本书相应的篇章中皆有具体论述，此处亦不再详述。

四　维系本体安全的功能

本体论安全问题是当代哲学研究中所遭遇到的重大实践和理论性挑战，它集中地表现为两个方面：在实践方面，人们对于人性中超越性的鄙视和排斥，“拒谈”崇高作为一种流行的价值观越来越为一些人尤其是年轻人所接受；在哲学理论内部，则表现为对终极

---

① 《抱朴子内篇校释》卷 8《释滞》，第 149—150 页。

② 《无上秘要》卷 5，《道藏》第 25 册，第 13 页。

意义和终极价值等宏大哲学问题的情感淡漠和思想抵触。哲学往何处去，如何打造中国特色的哲学景观，越来越成为中国哲学人的“元问题”。20 世纪 80 年代以来，马克思主义理论界曾围绕着“物质本体论”还是“实践本体论”，马克思主义哲学的批判性和体系性之间的关系问题，马克思主义的教科书体系和原生马克思主义哲学思想的关系等问题，展开过深入而持久的论谈。作为这种论谈的结果，马克思主义的哲学性和境界性逐渐被人们所重视并得到深入研究，由此而唤醒了建设中国化马克思主义哲学的理论热情。以此为契机，立足于中国传统哲学的思想资源和文化土壤，用中国哲学的语言方式言说中国化的哲学，用中国化哲学去回应“排斥形而上学”的问题，在发掘中国哲学的思想意境中重新思考人性致向崇高的理论根据，就成为中国哲学研究的一个宏大的叙事场景。其中，对本体论问题的重拾和反思成为这一宏大叙事场景中的一个具有典型意义的“哲学问题”。对本体论问题的反思与重建，在笔者看来，又是以对“本体论安全”问题的重大关切为基本的问题意识的。

什么是“本体论安全”问题呢？这一问题产生的实践与哲学背景如何呢？安东尼·吉登斯将哲学的“本体论安全”问题概括为“大多数人对自我认同之连续性以及他们行动的社会与物质环境之恒常性所具有的信心”。他说：

> 本体性安全——我在以前使用过这个术语——不只是一种广义的安全感形式，而且是一个非常重要的形式。这一术语指的是，大多数人对自我认同之连续性以及他们行动的社会与物质环境之恒常性所具有的信心。这是一种对人与物的可靠性感受，它对信任来说如此重要，以致它不仅构成了本体安全性的基础，而且在心理上信任与本体论安全彼此密切相关。①

① ［英］安东尼·吉登斯：《现代性的后果》，田禾译，黄平校，凤凰出版传媒集团译林出版社 2011 年版，第 80 页。

吉登斯所要表达的意思是，本体论安全问题是一种信心问题，这种信心问题集中表现为两个方面的内容：一者，个人的意义及其价值实现问题，它主要表现为大多数人对诸如责任、价值等超越性追求的信念阙如问题；二者，由第一个问题必然引发出的一个问题是，人们对于社会生产和生活环境的不满意程度日益严重，导致社会群体之间失去包括安全、义务和行动在内的合作与交流基础，社会环境不再是充满阳光和富有生机的道德人文世界，而成为一种单向性的、充满经济利益选择的社会。由此而导致的哲学后果是：人们对于本体论问题兴趣的淡漠和抵制，"消解形而上学"越来越成为一种哲学的潮流。

形成这种"本体论安全"问题的根源极其复杂，包括社会实践的、哲学自身的等多种原因。可以将其概括为三个方面的内容：第一，在社会实践领域，人们生存意识的凸显与人文信念的焦虑问题日益严重，导致人们无从或者是不愿思考严肃的形上问题，尤其是随着后现代主义社会思潮的涌入，人们将生命的内容更多地寄托于物质资料的生产和消费之中，成为所谓的消费主义者或者肉身主义者，于是荒诞文化取代了崇高文化，这样的人生看似一种高度个体化的自由人生，但实质上这种自由人生却是建立在无所适从的价值虚无基础上的，自由是以"无家"可归的生存窘境为前提的。于是，在这种生存困境之中，人们不得不从生活世界中退出来，重新回到物种层面，在生存的状态中消耗生命。当代人看似遵从一种"科学"的价值法则，但却对一切信仰对象表现出极大的热情，一方面在堕落中迷失方向，另一方面又在信仰崇拜中解构责任，生命就在这种喋喋不休的埋怨中失去本应绽放的灿烂光华。

第二，哲学史与哲学的关系问题出现危机，导致哲学的历史感与融涵性萎缩，传统的哲学方法论遭到普遍质疑，传统哲学的本体论话语方式与表达形式需要面临转型时期的挑战。面对这种转型时期的挑战，哲学若不能及时挑战其话语姿态和思想表达方式，就会导致严重的本体论安全问题的出现。哲学本体论的解释原则及其建构逻辑是建立于哲学史与哲学相统一的前提下的。作为一种解释论的循环，本体论的创新乃以思想的向上的融涵性和理论的向上的解释性为前提，对哲学史的质疑，乃至将哲学史驱赶出哲学之外，认为哲学素养的养成乃不经哲学史的训练就可实现的思想观念，都从实质层面否认了哲学本体论问题的客观性。

第三，本体霸权主义的审视与解构。西方传统哲学表达本体的话语方式及其对待身体的态度，从哲学内部为传统本体论的“死亡”挖掘了自我埋葬的坟墓。传统哲学本体论将自身抬高到本体专制主义的地位，以理论霸权的方式对待哲学的各个具体问题，认为哲学就是围绕着本体论问题而展开的理论体系，这样的哲学霸权主义随着哲学向着多元化方向的展开，其没落也就是早晚的事情了。

而且，西方传统本体论的建构是以身心之间的紧张关系为前提的，身体处于被奴役的状态，理性支配下的意识形态主义独大，随着理性主义哲学退出历史舞台，意识形态的本体论也必然需要一种身心圆融无碍、认识与生活实践毫无瓜葛的新的本体论来取代。

道教的宇宙论之所以能够承担起重建本体，重新确立本体安全的责任，是因为道教宇宙论以其弥伦天地的精神而为身体生命提供了安全的场所，为人生提供了终极的指向；它又以其无微不至的质性渗透于我们的身体之中，让我们能够在身心的体验中体贴崇高的真实不虚，体悟到大道的无上之美。这样的宇宙论又怎么会失去诱人的智慧之光而淡出于我们的思想视野中呢？具体而言，道教的宇宙论之所以能够在新世纪的哲学中承担起重建本体的使命，是因为：其一，重新审视道教的宇宙论，它所具有的根身性理论品格会历久弥新地影响着我们的选择。尽管随着我们觉解人生，理解生活的方式所发生的变化，看待宇宙的视角也可能会发生变化，但宇宙却不会因为人类认识能力的改善而失去迷人的色彩。相反，人类的实践能力越高，宇宙便愈发神秘，我们是大自然之子，在自然面前，我们永远是无知者。宇宙和人类之间的这种内在张力不是外在于身体的，而是根植于人是身体这一本体基础上的。

其二，宇宙并不以人类实践能力的延展而失去其生成生命的自然功能，它以其无限性的时空特征而无时无刻不影响着我们，成为我们安放生命，抒发情怀的载体。人生活在宇宙之中，人自具敬畏，此是一切道德意识和伦理规范萌发的本体论基础。所以从道教的宇宙论视角看待人类的道德实践，道德的本质并非纯粹意识推演的结果，而是人的天性使然。道教借助于宇宙以言道德的方式并非完全是目的论的，而有其自然论的依据。

其三，在理论品格上，道教的宇宙论是道教的“道”论的形上基础，人类本性中那种向道、修道的意识乃根源于生死之患，这种根深蒂固的忧患意识所激发的修道热情及其修道中所体悟到的修道智慧，永远不会褪色。《洞玄灵宝长夜之府九幽玉匮明真科》曰：“得道之后，升入无形，与道合真。”[①] 试问：面对这样的忧患，又有谁会不怦然心动呢？道教在汉魏南北朝形成之后，不仅未曾衰绝，其神仙思想反而迅速蔓延于中国人生活的方方面面，从文化、艺术等各方面影响着中国人性格特征的形成，这与道教所追求并努力践行的神仙境界思想不无关系。[②]

道教宇宙论的建构，是道教理论建设走向高度自觉的理论发展水平的重要标志。按照詹石窗关于道教三阶段的划分，将道教分为元初道教时期（以黄帝为该时期道教创生的符号象征）、古典道教时期（以老子为符号象征，老子“人之所教，我亦教之”，道教乃是道教化之教）、制度道教时期（以张道陵创立正一盟威之道为标志）[③]，在道教的不同阶段，它对宇宙的认识也发生着细微的变化。

从元初道教的混沌不分、空洞虚微[④]的宇宙，到老庄时期天地二分、阴阳交合的宇宙，再到东汉制度道教创立后“明分善恶”

① 《洞玄灵宝长夜之府九幽玉匮明真科》，《道藏》第 34 册，第 385 页。

② 杨国荣：《向道而思》，东方出版社 2015 年版，第 157 页。

③ 这是詹石窗立足道教自身经典，从道教教化的视角对道教进行的重新划分，与学界以东汉为道教创立之划分标准不同。详参《道教“三大形态”与“修持五字真言”》，“川大老子研究院”网站，2018 年 2 月 22 日。

④ （宋）张君房编，李永晟点校：《云笈七签》卷 1，第 16—19 页。

“元气”生化[①]的神仙宇宙论，道教关于宇宙论的认识基本上走过了一个由人天不分到天人相间再到神天一体的理论历程。从总体特征上看，道教对宇宙论的认识，从未脱离人的视域，是从宇宙生成的观念分析人的本质和人的价值的宇宙论，它未曾以单纯论述宇宙的独立性和客观性问题作为其理论任务，而是借助于宇宙论的研究为道教修炼提供价值根据和理想指南。正是在这一意义上，我们说道教的宇宙是人本宇宙论。

① “天地开辟贵本根，乃气之元也。欲致太平，念本根也。”《太平经合校·修一却邪法》，第 12 页。

第四章　汉魏南北朝道教反身体道的认识论思想

哲学认识论研究的是知识的生成与真理的研判问题，在道教的视域内，“真知”与“真人”之间的关系密不可分。庄子曰“有真人而后有真知”[①]，注者曰：“必有真人而后有真知，初不待其有定事而后有定见也。”[②] 知识的生成是“体道”“悟真”的过程中自然而然的智慧结晶，“为学日益，为道日损”[③]，真正的知识是源于身体，本于身体的，离开身体外求，不仅与身无益，反而会损害生命，陷入精神的误区。这构成了道教认识论的基本理论旨趣。

在身体认识论研究中，一般将身体作为一种“表达主体的身体”[④]，这种借“知行”以说“道德”的理论品性，归根结底源于中国哲学的根身性。然而，无论将身体视为一种表达的物质工具，还是将身体视为一种身体范式，身体本体地位的建立都受到来自传统认识论哲学的挑战，表现为心物关系论下意识主体对身体的压制和对身体的消解，其“去身化”色彩不言而喻。要克服认识论哲学中的“去身化”趋向，就需要从意识哲学发生的思想前提方面给予反思和反思后的改造。与心物关系下的“思知”“识知”不同，道教认识论是一种“体知”之知，知识的生成、经验的累积、真理的研判等问题都具有鲜明的根身性，是一种体知哲学，因此，这种认

---

① 《南华真经副墨》内篇《大宗师第六》，第 88 页。

② 同上书，第 89 页。

③ 《老子道德经注校释》第 48 章，第 128 页。

④ 燕连福：《中国哲学身体观研究的三个向度》，《哲学动态》2007 年第 11 期。

识论是与价值论相融通，并面向成人成己的终极之境——对道教而言，即指向修真悟道、与道同体的神仙之境——的认识论。“传统哲学的认识论并非以认识的来源和规律为探讨的最终归宿，而是借‘知行’以说‘道德’。”[①] 对于道教而言，认识的对象、认识的过程、认识的结果，都以鲜明的“反身性”为其根本特征，并由此作为思想的原点，进而衍生出神仙道教整体面向下，知识生成与工夫修炼、道性养成与自我开发、形上追求与行下关怀相统一的理论特色。

总之，道教认识论是“反身体知”的认识论，在这一认识特征下所展示出的理性活动是寓情于理的身体理性活动，在这一认识情景下真理的生成过程，是情景交融、上通下达的生命个体走向以神仙为价值导向的内在超越、内在生成的过程。

第一节 道教认识论的整体景观

在身体认识论研究中，一般将身体作为一种“表达主体的身体”[②] 来看待，然而，无论将身体视为一种表达的物质工具，还是将身体视为一种身体范式，身体本体地位的建立都受到来自于传统认识论哲学的挑战，表现为心物关系论下意识主体对身体的压制和对身体的消解，其“去身化”色彩不言而喻。要克服认识论哲学中的“去身化”趋向，就要从理论上树立起身体“在”世界中的地位，把身体作为人生在世的一个根本向度，以其为枢纽考量“人与世界关系”问题中的诸层次内容。

道教认识论天然地蕴含着以身为本、身道合一的思想基因，这是道教认识论展开的本体论前提。道教认识活动的根本目的，不在于对知识的占有与把握，而在于通过对“道”的把握，对“神”的认知，而形成一种觉解人生的实践智慧。道教领会“真知”的过

① 赵馥洁：《中国传统哲学价值论》，人民出版社2009年版，第4页。
② 燕连福：《中国哲学身体观研究的三个向度》，《哲学动态》2007年第11期。

程是通过身体的变革来实现的，这一切都使道教认识成为一种名副其实的“体知”性的认识论。[①]“体知”认识论的生成建立于身体主体基础上，循身体活动视角的转换而获得一种内契性的身体经验。

由于身体所具有的多义性，“体知”在道教的语境中也常常被用“身知”“行知”“神知”等概念来表达。缘于道教哲学乃以解决“生死问题”为根本问题，这决定了道教的“体知”过程也与道教修道的宗教实践活动密不可分。它在认知活动中所获得的实践经验，往往都是不同情境下身体所获得的身心体验，具有极大的个体性，因此在道教的“体知”过程中，知识的生成、经验的累积、真理的研判等都具有鲜明的根身性特征。由“体知”所获得的知识，也往往是对身体内景的一种描绘。陶弘景在《养性延命录》中指出，在生活中要想达到与道一体的境地，就需要“静神灭想”。他说：“静神灭想，生之道也。”[②]在《真诰》中，他又假借太上之口说：“道德无形，知之无益，要当守志行道。譬如磨镜，垢去明存，即自见形。断六情，守空静，亦见道之真。”[③]在陶弘景看来，修行者要“见道之真”，就需要经过“守志行道”、打磨心境的功夫，在灭除“六情”之后才能得之。“行道”“六情”分别指身体的一种行为状态和身体的特殊感受，在道教修行中被作为认知真道的必要环节来看待，“体知”特征十分明晰。

其实，道教“体知”的认识特征不仅表现于陶弘景的修道思想中，而且早在道家时期就形成了“体知”论的认识特征。《庄子·大宗师》说：“故知止其所不知，至矣。孰知不言之辩、不知之道？若有能知，此之谓天府。注焉而不满，酌焉而不竭，而不知其

---

① 所谓“体知”，即“体之于身”的身体之知，有别于“思知”之知，“体知”论哲学“强调将认知和身体的直接体验融为一体，又着重认知的关系性和实践性”。参见史梦薇《论“体知”视域下中国古代的躯体化现象》（《山西师范大学学报》2014 年第 9 期）。

② 陶弘景：《养性延命录》卷上，《道藏》第 18 册，第 475 页。

③ 陶弘景：《真诰》卷 6，《道藏》第 20 册，第 524 页。

所由来，此之谓葆光。”[①]“天府”和“葆光”指认识过程中心灵所感受到的一种无拘无束、自由自在的状态。由于这种状态的达及绝不可能仅仅通过“心灵”之思来完成，而必须经由形躯的锤炼和心理的打磨才能逐步达到，因而“天府”之境、“葆光”之道都是知与行、身与心一体作用的结果。

那么，在这种“体知”的过程中，身心状态到底发生了怎样的变化呢？修道者又如何在“体知”的过程中进于“体道”之境呢？汤浅近雄就试图运用西方的哲学语言揭示出“体知”的内在奥秘。为此目的，他引用“明意识”和“暗意识”两个范畴，意图揭示出这种难言之境的身体隐秘。他说：

> 在通常的行为直觉中，虽然意识的主观性与肉身的客观性是不可分割的，但它们仍然分裂为自为的存在和自置的存在，这是因为这种意识可怀疑为仅仅是一种明意识。相反地，对作为境界的自我的行为直觉来说，自我抵达那暗意识层，通过实践绝对肯定地体验其境界。这样，就克服了作为主体性的意识与作为客体性的肉身之间的特性的分裂，身心活动融为一体。[②]

汤氏的分析，运用心理学和意识哲学的知识，试图以意识的变迁为主线揭示“体知”中的身体内景。他的这种努力在一定程度上有助于我们区别“体知”和“思知”之间的区别，但他对“体知”中身体克服身心对立关系的描述，仍然显得晦涩难懂。可见，汤氏也只是借助于个体修行的方式在某种程度上描绘出修行中的部分体验，而对于“体知”中所蕴含的更为丰富的内容，则由于缺少文化语境的支持而难以尽窥堂奥，仍然需要我们做进一步的论证和说明。

庄子云：“有治在人，忘乎物，忘乎天，其名为忘己。忘己之

---

① 《南华真经副墨》内篇《齐物论第二》，第35页。

② 汤浅近雄：《灵与肉——神秘的东方身心观》，马超等译，中国友谊出版公司1990年版，第71页。

人，是之谓入于天。”[①]“忘”既是一种退入式的“体知”方式，又是“体知”工夫的至高境界，要“忘物”“忘天”“忘己”以至于忘“生死”，层层递进地揭橥出了“体知”中身体变化的内在奥秘，相对于汤氏“明暗意识”的说明，更富有生机和实现活力。赵馥洁在论述中国传统哲学的价值论特征时指出：“传统哲学的认识论并非以认识的来源和规律为探讨的最终归宿，而是借‘知行’以说‘道德’。”[②] 道德的实现本质上是一个道德实践的过程，对于道教来说，“忘”的过程也自然包含着道德践履的向度，这样一种实践向度展开的过程，即是一个身体化的人文过程。

总之，道教认识论是“反身体知”的认识论，在反身体知的过程中透射出理性的智慧之光，但这种理性是寓情于理的身体理性，在身体理性的综合作用下，对真理的领悟和把握过程，是生命个体致向神仙之的、探寻终极意义的内在超越、内在生成的过程。

为了更为明确和更为具体地论证道教“体知”的认识本质，我们再以道教存思术为例，进一步分析道教认识活动的身体本质。对诸如守一、存思等道教修身方术的分析有助于更为具体地把握道教认识活动的本质，也有助于分析为何道教的认识论未曾遭遇西方二元论哲学的困境。《太平经》“斋戒思神救死诀”描述了存思身神与天地之间的具象化联系：

> 四时五行之气来入人腹中，为人五藏精神，其色与天地四时色相应也。画之为人，使其三合，其王气者盖其外，相气者次之，微气最居其内，使其领袖见之……此四时五行精神，入为五藏神，出为四时五行精神，其近人者，名为五德之神，与人藏神相似；其远人者，名为阳历，字为四时兵马，可以拱邪，亦随四时气衰而行。[③]

---

① 《南华真经副墨》外篇《天地第十二》，第177页。

② 赵馥洁：《中国传统哲学价值论》，人民出版社2009年版，第4页。

③ 《太平经合校》，第292页。

存思术在道教中具有极为重要的地位，涉及道教信仰实践的各个方面，它是道教认识论思想中最为独特的认识模式，存思的内容与存思的方式，都与道教的具体修炼存在着至为重要的紧密联系。

从存思的内容上分析，主要是借存思的方式将自然的功能或者神性的属性纳入身体之内，从而使身体与宇宙自然、与神仙世界建立起一种感通性的关系。在这种感通性的关系状态中，身体和外部神性世界进行着物质、信息和能量的交换，借助于这种信息交换，血肉兴趣和心灵世界都不约而同地超出现有的限制，进入一个无量之境中，获得超越性的解放。道教把身体的这种变化概括为“修复生命，开发能量，延长寿命”等多方面的内容，从道教修行的实践上看，以存思为基础的道教炼养术，在实践中确实行之有效，客观上增强了信徒们神仙修行的信念。

程乐松指出：“存思是将抽象的观念转变为可描述、可感知的体验，从而将身体、身神与自我融合在鲜活的生命过程中，并将生命的超越具象化为可体验的场景和过程。从抽象的观念到切身的体验，建基于身体观念和图景之上的存思术，让道教的身体叙述更加多元和丰富。”① 与早期道家的认识内容相比，宗教化的道教对身体的认知与把握，在呈现的形式上更加多元化，在内容上更加鲜活，践行身道价值的方式也更为直观，更为具体化。

借助于对存思术的简要分析，我们可以对道教认识活动的过程及其理论本质做如下说明：其一，道教认识活动的展开需要满足包括自我对身体结构与功能的全面认知，对神仙信仰的坚信和奉行以及强烈持久的自我修道意识在内的三个方面的要素。道教认识活动的本质就是在“我”意识的主导下，循身神关系的运动轨迹，体悟生命运化之理，体证修仙之境，以开发自我潜能，转化自我气质，实现生命的价值。

为了显出“体知”论哲学所蕴含的这种思想特征，我们需要进一步明晰“体知”的理论环节及其相关的思想特征。

① 程乐松：《身体、不死与神秘主义》，北京大学出版社 2017 年版，第 204 页。

第二节　反身体道的理论环节

汤浅近雄在论述东方认识论的特点时说：“身心问题不是一个简单的理论推测，而是一个实践的、生存体验的、涉及整个身心的问题。”① 汤氏将东西方哲学的根本差异看作“生存体验”和“理论推测”的不同，深刻地揭示出东方（主要指中国而言）认识论哲学的主要特征。那么作为一种“涉及整个身心”的东方认识论哲学，是如何在“体知”的过程中层层铺垫出致向“道”的思想过程及其相关的理论环节的呢？用存在主义的话说，在“体知”的过程中，身体是如何一步一步地进入澄明之境的呢？这一过程是否也如熊伟所言：“共有之自我否定，而蜕变为‘无’，是丝毫不假外力的，只是它内在地‘绝对否定’发展的必然结果。”② 这是不是身体经由自我否定而开出的呢？

与一般哲学认识论的研究对象一致，道教哲学认识论的研究也涉及知识的性质、知识的发生、知识的判断与知识的功能等各部分内容。所不同者在于道教的认识论是一种从身体向度出发，又回归身体的过程。按照从外到内、由形入神、形神俱妙的体道路径，我们把体道的过程分为几个理论环节加以说明。

一　“反身”向道

在道教修行中，要保证修行不至于陷入误区，首先要保证修行方向的正确。方向正确，再加上持之以恒的工夫努力，就一定能达到目的，长生久视。那么，修行当从何而起呢？《太平经》说：“夫道乃洞，无上无下，无表无里，守其和气，名为神；子近求则大得，远求则失矣。故古者君王善为政者，以腹中始起，真能用

---

① 汤浅近雄：《灵与肉——神秘的东方身心观》，马超等译，中国友谊出版公司1990年版，第2页。

② 熊伟：《在的澄明》，商务印书馆2011年版，第43页。

道，治之得矣。”[①] 意思是说，修道要从“守和气”入手，从自身进入，而不是从身体之外的事物做起。这种养身的道理同样适用于政治实践，君主治理国家，只有按照养身的法则去做，才能获得良好的社会治理效果。《太平经》中关于修道的思想主张，说明“反身”向道是修道悟真的认识起点。

葛洪则从修道成仙的角度论证了“反身”的必要性。《抱朴子》说：“欲求神仙，唯当得其至要，至要者在于宝精行炁。”[②] 又指出：“唯道家之教，使人精神专一，动合无形，包儒墨之善，总明法之要，与时迁移，应物变化，指约而意明，事少而功多，务在全大宗之朴，守真正之源者也。”[③] 葛洪在《抱朴子》中所要表达的意思是，修道不能离开精、气、神这些生命构成的基本要素，只有从“精、气、神”做到行“专一”之道，才能抓住修道的要害。葛洪的认识比《太平经》更为具体地说明了“反身”的方法和要求，可操作性很强。陶弘景也指出：“夫学道者，行阴德莫大于施惠解救，志莫大于守身奉道。”[④] 他指明了修道的下手处，要从“守身”做起，发大宏愿，行真功德，才能趋向大道。他认为，“身”有双重含义，即指当下而在的“身体”，又指亲身实践的过程。“身体”之“身”和“亲在”之身，被统摄为实践身，是我们体认大道，认识真理的必由之路。离开实践身，不从当下做起，不进行切实的体验，修道就绝无可能成功；离开实践身，不发挥出身体内在的能动性，不从自我做起，修道也只是画饼充饥，流于虚妄。陶弘景的这种身体认识论思想，可以看作对上两者的一种总结。

“反”在道教“体知”过程中包含着丰富的内容，从思维方法上讲，“反”与“正”相对，是一种否定性的思维方法，即相反相

① 《太平经合校》卷68，第258页。
② 《抱朴子内篇校释》卷8《释滞》，第149页。
③ 《抱朴子内篇校释》卷10《明本》，第184页。
④ 《真诰》卷6，《道藏》第20册，第524页。

成的意思，老子曰：“反者，道之动；弱者，道之用。”[①] 即是此意。从体用本末层面讲，“反”具有“返本归元”和“返本开新”的意思。道教认为，在日常生活中人们之所以会做出种种戕害生命的行为，根本是因为人们总是迷恋对外部事物的追逐，总是迷失于耳目之惑，而不能回归身体，回归自我。因此要保养身体，就要反归身体之中，践行养生之道。在《养性延命录》中，陶弘景引严君平《老子指归》曰：“游心于虚静，结志于微妙，委虑于无欲，归计于无为，故能达生延命，与道为久。”[②] 在《真诰》中，陶弘景引方诸青童君曰：“人之为道，能拔爱欲之根者，譬如掇悬珠。一一掇之，会有尽时；稍去外恶，会有尽时。尽则得道矣。”[③] 陶弘景认为，“无为”“虚静”等是养身之本，而“爱欲”等则是乱身之源，要修真道，就要破除“爱欲”等祸身之源，反身体道，志力用功，水到渠成，则大道自得。

“反”用于一多关系中，还有抱元守一，化繁为简的意义。《黄庭经》曰：“子能守一万事毕，子自有之持无失。”[④] “守一”是道教重要的养生方法，也是重要的养生哲学思想，“守一”既具有身心相互抱元的意义，也具有捉本执要，执一统众的意义，当然随着“一”被神教化，“守一”还包含守神、尊性的意思。

为更为明确地揭示出道教“反观”思想的特点，不妨与“反思”的哲学思维方法对比说明之。孙正聿认为：“反思，就是思想以自身为对象反过来而思之。”[⑤] 作为一种“反思思想”的活动，它“是以人类把握世界的诸种方式（如常识、神话、宗教、艺术、伦理和科学）及其全部成果（知识形态的常识、神话、宗教、艺术、伦理和科学）作为‘反思’的对象，去追问‘思维和存在统一的根据，去考察断定‘思维与存在’相统一的标准，去揭示

① 《老子道德经校释》第40章，第110页。

② 陶弘景：《养性延命录》卷上，《道藏》第18册，第476页。

③ 陶弘景：《真诰》卷6《甄命授第二》，《道藏》第20册，第523页。

④ 《云笈七签》卷12《太上黄庭外景经·中部经第二》，《道藏》第22册，第93页。

⑤ 孙正聿：《哲学导论》，中国人民大学出版社2000年版，第133页。

‘思维与存在’之间的更深层次的矛盾，从而实现人类思想在逻辑层次上的跃迁。”[①] 孙正聿关于哲学“反思”的思维方法的分析，深刻而精准地揭示出了一般哲学思维方法的理论特征，对提高我们关于哲学思维方法的认识，极富思想启示意义。与“反思”的哲学思维方式不同，道教身体哲学可以被称为是“反身”的认识论哲学。无论“反身”还是“反思”都是一种否定性的形而上学思维方式，但“反思”重视“思想”的创造与知识的更新，“反身”则重视“境界”的觉解与生命的修行，二者旨趣不同，实现的方式和路径也各自相异。

“反思”需以“语言”“命题”“理论”等为中介，通过寻找思想发生的逻辑前提，借助于对这种逻辑前提的批判以达到瓦解思想，创新思想的目的；“反身”无须借助于上述媒介形式，注重在具体情景中探寻背后之因，以追问情景背后的原发机制——身体的地位和功能为己任。如果将“反思”视为一种“逻辑在先性”的知识论思维方式，“反身”无疑是一种“时间在先性”的历史观思维方式。

二 “摄身”体道

“反身”之后，如何推进修道的进程？在回答这一问题之前，先需对“我们”与“世界”交往的途径做一大致的了解。在中国古典思想中，“近取诸身”是古人认识世界的基本方式。在这种思维模式下，构成身体的各个器官成为人与世界交往的基本途径，多种感官器官对应着多种身体感应，借助于这种感应的方式，人与外部世界进行物质、信息和能量的交换。一方面，身体以语言、思维等感官活动的方式向外部发散能量和信息，使身体获得“在”的存在感；另一方面，身体又经由这些感官之“窍”吸收外部世界的能量和信息。譬如，口食之，鼻嗅之，耳听之。如此，身体就内收外达地与世界融为一体了。

---

① 孙正聿：《哲学导论》，中国人民大学出版社2000年版，第135页。

早在先秦时期，古人就以“窍”指涉身体的外部器官，在《庄子》《黄帝内经》《管子》等书中都有关于“窍”及其功能的描述。如在《庄子》中就有“七窍”“九窍”之说，云：“人皆有七窍”① “百骸、九窍、六藏”②。古人认为，这些“窍”是精神、神明内外往来的管道，“窍”通则神明，神明在则气足，气足则生命充满活力。《黄帝内经·生气通天轮》借黄帝言而指明生命运行之道：“黄帝曰：夫自古通天者，生之本，本于阴阳。天地之间，六合之内，其气九州、九窍、五藏、十二节，皆通乎天气。”③ 如果因为保养不当，或者受外邪侵凌，则“窍”就会失去宣发功能，对神明造成伤害，最后危及生命健康。那么，什么原因会导致“窍”不畅通呢？朱熹在注释《阴符经》时指出：“心因物而见，是生于物也；逐物而丧，是死于物也。人之接于物者，其窍有九，而要有三，而目又要中之要者也。”④ 朱熹发挥《阴符经》中的思想，用以说明人生死变化的原因。他的注解也从哲学高度为道教修行提供了理论根据。如在道教修行中，“守一”“内视”诸法都是常用的方法，施行这些方法的哲学根据是什么？朱熹的注释就很好地回答了这一问题。

老子说：“虚而不屈，动而愈出。多言数穷，不如守中。”⑤ 又说：“五色令人目盲，五音令人耳聋，五味令人口爽，驰骋田猎令人心发狂，难得之货令人行妨。是以圣人为腹不为目，故去彼取此。”⑥ 还说：“视之不见，名曰夷；听之不闻，名曰希，搏之不得，名曰微。此三者不可致诘，故混而为一。”⑦ 老子强调只有“守中”“为腹不为目”“混而为一”等方法，才能摆脱“物役”，

---

① 《南华真经副墨》内篇《应帝王》，第 120 页。

② 《南华真经副墨》内篇《齐物论》，第 19 页。

③ 姚春鹏译注：《黄帝内经》，中华书局 2009 年版，第 23 页。

④ （宋）朱熹：《朱子全书》（第 13 册），上海古籍出版社、安徽教育出版社 2002 年版，第 516 页。

⑤ 《老子道德经注校释》第 5 章，第 13 页。

⑥ 《老子道德经注校释》第 12 章，第 27 页。

⑦ 《老子道德经注校释》第 14 章，第 3 页。

才能把握住生命运动的规律而为修道服务。在《庄子》那里，其以寓言的方式，诙谐而不失深刻地指出了“摄身”为“一”在养生中的重要性。《庄子》称：“南海之帝为倏，北海之帝为忽，中央之帝为混沌。倏与忽相遇于混沌之地，混沌待之甚善。倏与忽谋报混沌之德，曰：‘人皆有七窍，以视听食息，七独无有，尝试凿之。’日凿一窍，七日而混沌死。”[①] 可见，“窍”在身体的场景内已经成为一种功能性的身体符号标志，“窍”通则身健，“窍”蔽则身病，甚至身死。

对“窍”做内外层面的梳理，可以发现“窍”是身体沟通内外的桥梁。对外，身体从外界获得信息、物质和能量，同时借助于“窍”，与他人传情达意，进行必要的人际交流。对内，“窍”则连接不同的脏腑，影响脏腑的功能。道教的这种“窍”论身体观思想，既揭示了养生的实质，又以身而起地指明了身体与道之间的关节点。《黄帝内经》云：“苍天之气，清静则志意治，顺之则阳气固。虽有贼邪，弗能害也。故圣人传精神，服天气而通神明。失之则内闭九窍，外壅肌肉，卫气解散，此谓自伤，气之削也。”[②]“服天气而通神明”是一种与“道”同体的养生境界，消解掉身体的内外之患，打通身体与天地之间互相联系的桥梁，就能与道同体，进于长生之境。

由于“窍”通内外，在养生实践中，如身体过多地沉迷于外部景象，受外部事物影响过甚，人体精气神就会加快流失，对生命健康、仙道修行造成妨害，因而，如何在从外界获取物质能量的同时，减少身体内能量的损耗就成为养生实践的首要任务。为此，就需要摄身归一，将注意力由外转内，在持续不断地自我关照工夫中改变身体体质，升华生命的境界。胡孚琛从内丹修炼的角度，在论述“真人的境界”时说：

内丹学的根本目标，就是给人类提供一种具体的心灵修炼

① （晋）郭象注，（唐）成玄英疏：《南华真经注疏》，中华书局 1998 年版，第 178 页。

② 姚春鹏译注：《黄帝内经·素问》“生气通天轮篇”，中华书局 2009 年版，第 23 页。

> 程序，使人们由此清洗心灵上的创伤性烙印，释放对死亡的恐惧，只有这样人们才能真正敞开心扉，面对他人，面对自然，面对宇宙。人们在丹道修炼中彻底解脱自我，找到真我，住于大光明定之境，只有这样，奇迹才会发生，才会成为庄子所描述的真人，同宇宙沟通，"独与天地精神往来"，同大自然融为一体。①

道家的内丹修炼和内丹思想，渊源于老庄时期，内丹修炼及其内丹境界，是对早期道家养生思想的继承和总结，是系统化了的道家养生观。内丹的修炼以精、气、神为基本药物，通过收摄心神，内观内照，进入忘我、忘物之境，然后生成内景，最终改造气质，重塑生命样态。其入手工夫，境界层次，都需要收摄身窍、转外为内。

蒋门马《道德经注释》附载，陈撄宁在注解《道德经》第50章时，对"盖闻善摄生者"一句中的"摄"字的含义及其作用，做了四种解释："陈撄宁《老子》第五十章研究，实际上'摄'字有四种作用：一、摄持自己身心勿使妄动；二、收摄自己精力勿使耗散；三、摄取外界物质修补体内亏损；四、摄引天地生气延长人的寿命。这四种所用完全无缺，勉强可以称得起一个善摄生者。"②蒋门马校注《道德经》，视《道德经》为养生智慧之书，其校正、注解《道德经》也着重从道教炼养的角度展开。

道教的"摄身"思想，依其内景递进的生成逻辑，可以划分为几个理论层次，这也很好地解释了道教"转识成智"的内在机理。这几个逻辑层次为：其一，摄外于内，即归身体道，或者从身体主体性上讲，指由"我"而发，调动修道的能动性。其二，摄多为一，"太上曰：'净三业，澄七情，则五神各守其藏，三一长存矣。"③ 在炼养中，"多"常指耳目等分判之见，"一"则指神明之会。其三，摄一归道，即静而又静，静至笃处，与道合一。

---

① 胡孚琛：《丹道法诀十二讲》上卷，社会科学文献出版社2009年版，第261页。

② （清）黄元吉撰，蒋门马校注：《道德经注释》，中华书局2012年版，第211页。

③ （明）万尚父：《听心斋客问》。

三 "虚身"明道

"摄身"之后，行默会潜化之功，经"若一志，无听之以耳而听之以心，无听之以心而听之以气。听止于耳，心止于符"几个阶段，即会入于"心斋"之境。何谓"心斋"？"气也者，虚而待物者也。唯道集虚。虚者，心斋也。"① 进入"心斋"状态后，即刻便明"道通为一"② 的道理，生命即进入澄明之境，逍遥自在。这种"摄身"而悟道、明道的思想早在老子那里就已经出现，老子说："致虚集，守静笃。万物并作，吾以观复。夫物芸芸，各复归其根。归根曰静，静曰复命，复命曰常。知常曰明，不知常，妄作凶。"③ "万物并作"就是庄子所谓的"道通为一"，此时，天地造化之理，万物生克之象，皆备于人中，身体也因之而升华，成为所谓"大身"了！《太上洞玄灵宝智慧定志通微经》称："要诀当知三界之中，三世皆空，知三世空，虽有我身，皆应归空。明归空理，便能忘身。能忘身者，岂复爱身。身既不爱，便能一切都无所爱，唯道是爱。"④ 经中引入"空"的概念来说明"忘身"的原理及其景象，也同样体现了"虚身"明道的认识思想。"空"的本质仍指涉"身"，"空身"而"忘身"，便能进入"唯道是爱"的无上乐境，生命自然得到解脱，人生自然因之而升华。

那么，为什么"虚身"可明道？"忘身""虚身"的哲学意义何在？我们不妨直接借用吴光明的话来解释之。他说："我们的身体是相当动态而有弹性的；它的弹性动态产生了可扩己、可虚己的'泛身体性'。'扩己'使得身体的观点可以扩大；'虚己'使得身体思维可以容纳事物，甚至让每个事物都可'自证，自现'，不分

① 《南华真经副墨》内篇《人间世》，第58—59页。

② 《南华真经副墨》内篇《齐物论》，第26页。

③ 《老子道德经注校释》第16章，第35页。

④ 《太上洞玄灵宝智慧定志通微经》，《道藏》第5册，第889页。

贵贱，即普遍思维。”[①] 按照《庄子》的说法，虚身的过程是一个“由实到虚”不断转化的过程。在这一过程中，随着退入身体层次的不同，对真理的认识也呈现出一个内无限的敞开过程，生命功能、认识境界随之而发生变化。

由于道教对待身体的立场，并不是孤立而隔绝于事情物理的，而是在身体—物、身体—事等情景交融中来定位的，因而对于形躯身、气身等的把握，也表现出明暗两种不同的超拔线索。明的线索表现为身体情景和身体境况的演变和内在化的演变，内在地则又包含着对物和事的处理方式。对此中的思想意蕴，唯待将来再做深论。

四 “妙身”合道

在《老子》中，“妙”字用来形容体道的状态，或用以说明体道的根本方法。它说：“故常无，欲以观其妙；常有，欲以观其徼。”[②] 因为难以用语言做具体的规定性说明，所以只能用“妙”字来指涉“道”的“神明不测”之性。《老子》又称：“不贵其师，不爱其资，虽智大迷，是谓要妙。”[③] 体道的根本诀窍和关键方法在于“无为”，对人、对物不泥于其形，不迷于其名，而行不言之教，才是体道、行道的关键。李刚说：“形神俱妙、形神可固，这就是道教生命哲学‘长生不死’说最根本的哲理依据之一。”[④] 胡孚琛也指出：“道是一种绝对的真知，因而为符号指称所不能确切表述的客观存在。语言符号指称的只能描述相对知识，而道是可知而难以言说的。”[⑤] 他们都用“妙”字来形容体道、得道的那种难

① 吴光明：《庄子的身体思维》，杨儒宾主编：《中国古代思想中的气论及身体观》，台湾巨流图书公司2009年版，第398页。

② 《老子道德经注校释》第1章，第2页。

③ 《老子道德经注校释》第27章，第70页。

④ 李刚：《形神俱妙、形神可固——道教生命哲学超越生死的理论依据之一》，Purposes, Means and Convictions in Daoism, A Berlin Symposium Edited by Florian C. Reiter, 2007，第150—183页。

⑤ 胡孚琛：《道学通论》，社会科学文献出版社2004年版，第62—63页。

以言诠的美感状态，身心之分、人我之别在“道”的层面都泯然一体，这样的情形、这样的体验，如果不用“妙”字来形容，还能有什么更好的表达方式呢！

那么，得道之后的“妙身”有哪些特征呢？我们看庄子笔下那种得道之人的形象：“藐姑射之山，有神人居焉，肌肤若冰雪，绰约若处子，不食五谷，吸风饮露，乘云气，御飞龙，而游乎四海之外。其神凝，使物不疵疠而年谷熟。”① 精气充盈，精神充实，与物无待，生死超越，就是对“妙身”的完整描述！庄子笔下的这种“神人”气象，成为魏晋南北朝时期道教神仙人格建设的智慧甘泉，取之不竭，用之不尽，绵延流长，时用时新！

那么，处于妙身之境，身体所体会的自由情状又有怎样的特征呢？且引《庄子》的一段话简单说明之：“……与时俱化而无肯专为；一上一下，以和为量，浮游于万物之祖；物物而不物于物，则胡可得而累邪！”② 即处此之境，浮观万物于胸腑之中，不受形拘，不受物役。即“妙身”之时，与物同化，而无待于物。道教用“物”言理时，常借“物”指形执、心累等意思，庄子此处用“物”，也指一种与外部世界处于紧张状态的关系特征，其“物物而不物于物”的命题，是要人们超越物我对待的状态，以达到一种无我无物之境。

为了进一步说明道教“体知”认识论的特征，我们尚需要对西方身体哲学研究中的一个重大关切给予积极的回应。即“体知”的道教认识论哲学如何处理持续地关注自我和非反思地忘记自我之间的对立呢？

> 然而，我们如何才能缓解处在关注自我和非反思地忘记自我之间的对立呢？这种对立不仅道家和中国哲学有之，西方哲学亦有之，乃至更具体地说，实用主义哲学也不例外（比如詹

① （晋）郭象注，（唐）成玄英疏：《南华真经注疏》，中华书局 1998 年版，第 13 页。

② 《南华真经副墨》外篇《山木第二十》，第 281 页。

> 姆士和杜威的对立）这种非反思地忘记自我产生于自发的行为中，乃是充分自我利用的关键。①

舒斯特曼之问的实质是，在持续的内观中获得自由感的身体，可能会由于外部世界的吸引以及过度地关注外部世界的事物而让身体处于被忘记的状态，道教如何处理这两种不同的“忘我”之间的紧张关系呢？其实，舒斯特曼之问在道教看来，并不是一个真正的问题，而是一个纯粹理论的自我预设性的问题，是一种理性焦虑的表现。因为在道教看来，在“体知”的过程中那种“非反思”的“忘我”状态的出现是再正常不过的事情了，而能够导致这种“非反思”的“忘我”状态出现的根本原因，恰恰在于我们的身体之内蕴含着这种可能性，它使“非反思”的“忘我”状态随时可能出现，因此，修道中的“体知”需要时时“打磨”。我们可以结合陶弘景的修道思想来具体看看是什么会让我们进入“非反思”的“忘我”状态呢？

陶弘景在《养性延命录》注《混元道德经》之“出生入死”时曰：“情欲出于无内，魂定魄静故生也。……情欲入于胸臆，精散神惑故死也。”② 陶弘景还引《小有经》曰：“少思、少念、少欲、少事、少语、少笑、少愁、少乐、少喜、少怒、少好、少恶，行此十二少，养生之都契通也。”③ 道教认为，“情欲”是客观存在的，它会时刻诱导我们进入一种“非反思”的“忘我”之中，在修道的过程中，既要客观地看待这种现象，又不能放任自流，需要以减损的态度对待之。可知，道教对待身体的主流观点，并不将身体内外世界处理得那么紧张，它只是要在身体深处植入一点清静的种子，让我们不至于陷入情欲的陷阱而迷不知返。其实，从道教身体观的视角看之，包括舒斯特曼所认为的身体在自我反思中都可能

---

① ［美］理查德·舒斯特曼：《身体意识与身体表现：东西方的身体美学》，《烟台大学学报》（社会科学版）2013 年第 10 期。

② 陶弘景：《养性延命录》卷上，《道藏》第 18 册，第 475 页。

③ 同上书，第 476 页。

会出现诸多问题，其可能发生的根源都已经隐藏在我们身体之内，身体早已经给出了答案，并且以自身的力量消弭着可能出现的任何问题。

第三节 根身认识论的总体特征

陈霞在《道教生态思想研究》中指出："身体在道教中具有十分突出的地位和多重含义，既是人体，也指自然，还可象征人类组成的国家。身体是一切的基础和原型。人的思维、情感及无意识都体现于身体。"① 俨然，从存在论层面言，身体已经成为"人"存于"世界"的唯一标志，它是我们栖息于大地之上，享受自然母亲恩泽的最为切近的通道。可以说，我们因为身体而"在"，身体在构成"我们"的同时，也赋予我们作为"域中""四大"的特殊功能，使我们创造生活的过程同时就是对身体、对生命的创造，二者合二为一。那么？从具体的理论环节上看，身体是如何带领我们进入世界之"中"而又出乎世界之外的呢？汤浅近雄曾试图对这些问题给予解答：

> 通过修行而在实际上终止判断就是否定从一般体验的角度去理解存在的神的有效性。相应地，人必须抛弃日常自我意识的方式，凡是寻求面对存在的境界中承载存在的神（所谓"是什么"）的场地。自我必须将自身转化为在无形的面对虚无的境界中的真我，即"忘我"。在这个意义上，世界的存在不是存在于面对存在的境界，而是面对虚无的境界。②

汤浅近雄认识到，对"神"的把握，不能用日常经验来看待，必须经由"忘我"的途径，人才能超出有形世界，进于虚无的形上世界中。

---

① 陈霞主编：《道教生态思想研究》，巴蜀书社 2010 年版，第 67 页。

② 汤浅近雄：《灵肉探微——神秘的东方身心观》，马超等译，中国友谊出版公司 1990 年版，第 149 页。

在致向“虚无”世界的过程中，我们的“身体”经历了哪些变化？有着怎样的理论特征呢？对这些问题尚需做进一步的说明。

一 道教认识论本质上是一种根身性的认识论

老子言道：“以身观身，以家观家，以乡观乡，以天下观天下。”①“身—家—乡—天下”构成了我们的全部世界，我们对世界的认识，不可能迈过身体而直接进入“天下”之中。“身”即是我们存在的基础，也是我们认识世界的根本向度，离身求道，不仅难以认识“天下”运动的规律，反而会带来一系列严重后果，使“家”不像“家”，“国”不像“国”！《管子》指出：“以家为乡，乡不可为也；以乡为国，国不可为也；以国为天下，天下不可为也。”所以，坚持从身体出发，思考“家”“乡”“国”“天下”的治理之方，才是真正的王道！

那么，道家这种根身性的认识论在理论效果上如何保障由身体出发而带领生命必然进抵自由之境呢？它如何确保自身不会因此劳而不功，甚至陷入身体的泥潭，无法走向“道”的光辉前途？由此获得的认识，有什么思想特质来确保其“不仅具有解释世界”，而且具有“改变世界”的能力呢？这一系列问题既是哲学认识论研究中所要思考的问题，也是道教认识论研究难以回避的问题。

这种根身性的认识范式使身体呈现出一种“比身性”及“大身性”的特点：身体的奥秘同时就是世界的奥秘，认识身体就是认识世界，养生之理即治国之道。这种疏朗而宏阔的说明给我们展示出身体与世界关系的整体理论景观。当然，在理解、领会道教大身思维方式时，需要自觉地与国内流行的泛身论虚假身体观区别开来。如学者所言：“当前，身体和身体哲学已经在大陆学术界成为比较泛滥的概念，许多人都在身体哲学的名下讨论当代哲学的主要问题，而这种情形对文学、艺术甚至政治、文化研究的影响也甚为

① 《老子道德经注校释》第 54 章，第 144 页。

深远，并因此出现一种泛身体潮流。"① 作为一种哲学潮流，泛身体哲学的最大弊端是，彻底瓦解了身体的灵性维度，将身体逼仄为一种充满欲望的物质之身。显然，这种泛身体观与道教神身观有着本质的差别。尽管从表象来看，道教对于身体的运用常常会流转于个体生命、社会道德、国家政治、宇宙自然等多重维度之间，从而让不明其义的人误以为道教也是一种泛身论的哲学观。其实，道教对于身体是在身道合一的本体论格局下理解和运用的，尽管身体会随着发用时机的不同而周转出身心、身家、身国、身天等不同的思想维度，但在这些维度之间却存在一而贯之的东西，那就是"道"。在"道"的贯通下，身体始终是一种充满创造力的灵性之身，欲望之身从来为道教所鞭笞。

倘若我们不满足于对道教大身认识特征所做的这种宏阔的描述，想进一步梳理出根身的认识过程所具有的内在理论机理，就需要结合上一节关于"窍"的认识结论展开说明。

如前文所指出的，"窍"是身内与身外两个世界进行物质、信息和能量交流的通道，"窍"通则生命存在，"窍"涩则生命受损。追逐外物，放浪形骸，迷恋外境是导致"窍"不通畅的原因，因而养生之要在行"抱元""守一"之功！现在，我们继续追问："抱元""守一"之功何以能够让我们摆脱外部世界的束缚而永保生命安全呢？对此，为医家、道教所共奉为经典的《淮南子》在《精神训》篇中有明确的表述："夫孔窍者，精神之户牖也；而志气者，五藏之使候也。耳目淫于色之乐，则五藏摇动而不定矣。五藏摇动而不定，则血气滔滔而不休矣。血气滔滔而不休，则精神驰骋于外而不守矣。精神驰骋于外而不守，则祸福之至，虽如邱山，无由视之矣。"② 我们的身体结构复杂，既有可感可说的形体层面内容，又有不可感不可说的心体和神体层面内容，形体、心体、神体构成了身体世界的基本内容，它们之间以"气"为介质，交互往

① 杨大春：《从身体现象学到泛身体哲学》，《社会科学战线》2010 年第 7 期。

② 《诸子集成》第 7 部，《淮南子》卷 7《精神训》，上海书店出版社 1986 年版，第 101 页。

来，互相影响。它们相互作用，以"窍"为限度，既可经由"扩己"的方式，形成对外部无限世界的把握，又可经由"虚己"的方式，在身体内部拓展出一种具有无限生命运动的图景。"外无限"追求对事物之"理"的认识与把握，"内无限"以体悟人生之"本"与人生之"道"为其终极意义。这种"虚己"与"扩己"的认识论思想与著名哲学家张世英的两种"无限观"不谋而合。

在综合中西哲学精神特质的基础上，张世英提出两种"无限观"说：一种是"思维的无限"，另一种是"想象的无限"[①]。其中，在理性思维的作用下，人致向"思维的无限世界"，西方知识论形而上学就是这种"思维无限"的体现形式；人经由"想象"的方式所构成的"无限世界"，以"情"为本，超越主客关系，形成一种根于生命本原的无限世界。张世英说："人本来或者说原初地就生活于万物一体之中，与万物息息相通，是有了主客关系思维方式之后才产生了人与万物之间的限隔，现在进而要在高一级的阶段上回复到万物一体，这就需要休养和陶冶，但这一点并非人人都能做到。但它毕竟是人生旅程的高级阶段。"[②] 确实，按照身体演变和生命生成的自身逻辑，人性的养成和人格的超拔，不是一个空疏的理论的论证和语言说明的过程，而是依身体的演变线索，以包含人格气象的变革与主体精神境界的递升为综合特征的。要完成这一过程的转变，既需要在"意向性"上对于身体给予持续的关照，又需要在生活实践中对身体做技术性的改造，是一种以形上的姿态引领形下生活的过程。

以"窍"为介质，外无限的世界与内无限的世界共同构成了完整的身体世界，身感、心知、神悟是人把握身体世界的基本方式，是内求人生之"道"，还是外求知识之端，取决于"志"之所向。道家坚持以体验的认知方式去悟人生之"道"，去把握生命之源，因而"虚己"就成为他们基本的认识方式。道教认识的根身性借助

① 张世英：《哲学导论》，北京大学出版社2002年版，第58页。

② 同上书，第67页。

于“虚己”的认识方式体现出来，“德”的完成也落实到了这一过程中。《庄子·天地》描述了“王德”之状：“夫王德之人，素逝而耻通于事，立之本原，而知通于神，故其德广。其心之出，有物采之。故形非道不生，生非德不明。存形穷生，立德明道，非王德者耶?”[①]“形”乃“道”之所生，“窍”为“形”之必备，“形窍”乃是“道”的发用，自“形窍”而起，不离身心本原，而通达“神明”之境，即谓“立德明道”，即是“王德”。“王德”内在地对应着“神明”之身的塑造，身体成为“德”性扩充和“德”性实践的内在保障，在“虚己”的过程中，“王德”之性必然具足。

由于“王德”之性的充盈始终是在世界中完成的，在“虚己”的过程中，外部无限世界的存在并没有因为“虚己”而被遗忘，反而因为“虚己”“扩己”，其视野得到了拓展。原因在于，身体在致向宇宙本原的过程中，并不是离开外部的世界而进行的，我们的形体总是现实地存在于世，无论承认与否，身体之“窍”都会以感觉的方式将外部信息作用于内，作用于我们的心灵。这就决定了“虚己”的过程必然是一个处理“自我与整个世界关系”的过程，也是一个不断趋向“神性”的过程。在这一过程中，由于生命气质的改变，外部世界也因之改变，从而营建出层层递进的世界观景象。借用汤浅近雄的研究心得做总结说明：“……在这种体验（指修行体验。——笔者注）之中，自我被推动并被注入从面对绝对虚无的境界中升起的创造性直觉的力量。自我将会充满从超验的形而上界降临的创造性力量，并与世界合为一体。即，它通过分享所谓‘对表现性世界的自我决定’，而成为一个真正的自我。”“在这种状态下，我、绝对以及整个宇宙相互不可分割地结合在一起。这是真实自我的根本方式。”[②] 这种真实的自我既非意识独白的自我，亦非肉体独大的非理性自我，而是一种全身论的真实的自我呈现。

---

① 《南华真经副墨》外篇《天地第十二》，第170页。

② 汤浅近雄：《灵肉探微——神秘的东方身心观》，马超等译，中国友谊出版公司1990年版，第149页。

综上可知，根身论首先指一种以身为本的哲学观，这种以身为本的哲学观，不仅在本体论层面上坚持认为"道"须借助于身体而得到体现，从而将身体自身看作"道"在人世间的呈现，而且认为"君子之道"的养生须借助身体的行为来实现。也就是说，"道"借助于身体而体现出来，并经由身体而展示出自身的功能属性，此种"道"在与身体的交互性中，以一种身道合一的形式融和了身之两性——身体的主体性和身体的客体性——的辩证统一。一方面，身体借助于"道"的规定获得了价值的根据，另一方面，"道"又在身体的行动中得到体现。如此一来，现象和本质汇通为一，即汇通为"以身体之"的践履大道的实践过程。所以，理解身体哲学的关键之处，在于准确把握"一"的性质，它不是纯粹逻辑抽象规定下的黑格尔式的逻辑起点，而是一个表示动态的矛盾关系的统一体。身体作为这一统一体汇聚的展示者，内在地构成了人类实践的真善美指向：相对于"言"之真，身行之真更接近于身体的真理维度；相对于"言"之教，身教尤为重要；相对于义理疏辩，道德践履具有社会意义。在这样一系列涉身性关系中，身体以原发机制的形式制约着人类实践的方方面面。属于最高范畴的"道"也同样即身而显地落实于身体世界里，为身体的自我超越提供价值根据的作用，"道"的内部即包含着"体行"与"体知"的属性，"道"的这种属性最直接地体现在"以身体道"与"圣人之道"的养成之中。《淮南子》言："阴阳相接，乃能成和，绳之为度也。可卷而伸也，引而伸之，可直而睎。故圣人以身体之。"[①] 它认为，圣人之道乃是"以身体之"之道，离开身体的实践修养，圣人、君子都是空话，唯有落实于身体实践中，按照宇宙的造化之理而行，方可成功。在这种根身性的认识论格局下，认识活动是一种身心境界的觉解过程，而认识的目的就在于对身体的宇宙奥秘的体会和言诠。

---

① 《淮南子·泛论训》，《诸子集成》卷 7，上海书店出版社 1986 年影印本，第 216 页。

二 反身体知的真理观

道教根身性的认识特征，在认识方法方面又自然而然地体现为反身性的特点。道教认为，对“道”的领悟不能离开身体来进行，真理的问题也始终与身体问题缠绕在一起，不可分割。按照反身体道的逻辑进程，下面分别从三个理论环节来说明这一特征所包含的基本内容。

其一，内视（内听、内观等）。“视”“听”“观”都是身体的感官功能，也是生命存在的表现形式，当不能“视”，不能“观”时，生命也就随之流逝。而要保持生命的长久性，就要行内用之方以保养精神。欲要达到长生久视的仙道之境，就更需要内求、内行，以契通天地人我之隔阂，进于“道通为一”的身体情境。葛洪说：“夫求长生，修至道，诀在于志，不在于富贵也。苟非其人，则高位厚货，乃所以为重累耳。何者？学仙之法，欲得恬愉淡泊，涤除嗜欲，内视反听，尸居无心……”[①] 富贵、高位厚货，都只能让人产生无尽的贪欲，损耗人的生命活力，因而只有“内视反听”，才能进入恬愉淡泊的境地。

其二，内契。道教修行中许多个性化的内景都妙不可言，难以言诠，唯靠内契，才能领悟其中的真谛。道教的许多思想主张，精神气象，也都是在长期的修行中才产生的，对这些身心变化的感受，只有靠内契的方法才能明了。著名高道陶弘景依据其弟子周子良在梦中“见”仙的记录，整理编辑出《周氏冥通记》一书，其中记载了大量神仙情境，有心者可研究之。而且，据《梁书·陶弘景传》记载，陶弘景本人出生时就充满异象：“初，母梦青龙自怀而出，并见两天人手执香炉来至其所，已而有娠，遂产弘景。”[②]

类似这样的神仙情境描写在道教文献中比比皆是，如何看待这种文化现象？从宗教体验的角度讲，任何一种宗教都需要以某种独

① 《抱朴子内篇》卷2《论仙》，第17页。

② 《梁书》卷51第3册，中华书局1973年版，第742页。

特的宗教体验为基础，宗教情感共鸣是宗教传播的身体条件。道教崇尚修炼，在修炼中会开发出一些令人难以想象的潜能，对此要以同情理解的态度对待之。不仅如此，在解读道经道书中也离不开“内契”的方法，譬如，《老子》中有很多文句，其实都是老子修炼的心得体验，研究者如果没有这样的经历，尽以现代哲学的方法研究之，恐怕很难领会其中所蕴含的道理。

其三，内证。道家认为，用思辨的方法难以把握“道”的真谛，必须以“内证”的方法进行。老子说：“为学日益，为道日损。损之又损，以至于无为。”① “无为”既是修道的方法，也是与道一体的真理境界，对这种真理之境的体会，在老子看来，不能以理性思考的方法来实现，必须以体知的方式来证明，以达到内在性的觉解为端的。如果将“为学日益，为道日损”中“学”和“道”视为传统哲学中的知行关系问题，老子的这句话还体现了另一层次的关于认识本质问题的理解。可以将这句话做此种诠释：“学”和“道”为辩证统一的两行，“学”乃以不断丰富知识，占有知识为己任，“道”则以智慧之落实为根本，知识和智慧之间是一种否定统一的关系——知识的增长以智慧的觉解为落实，而智慧的觉解又必能够为知识的增长涤除思想上的障碍，从而为知识的落实开辟出生命的源头活水。而“学”和“道”统一的基础，在于坚持不懈、持之以恒的修道、证道的实践活动。

这种充满神秘感的内证境界是一种怎样的状态呢？庄子对此进行了细致的描述：“堕肢体，黜聪明，离形去知，返于大通。”② “堕尔形体，黜尔聪明，伦与物忘。大同乎涬溟，解心释神，莫然无魂。”③ 所以，要想体证“道”的美妙之境，只有立定志向，收拾身心，狠下功夫才行。我们又有几个人能做到这些呢？此正是：古今修仙者多如牛毛，从来成道者又有几人。

---

① 《老子道德经注校释》第 48 章，第 127—128 页。

② 《南华真经副墨》内篇《大宗师》，第 110 页。

③ 《南华真经副墨》外篇《在囿》，第 159 页。

三 比身而用的认识逻辑

道教认识世界的思维方式体现出“比身性”的特征——根于身体的向度体悟人生之理，观察宇宙之则，践行人伦之道，形成了身心、身国、身天同构的思维模式。这种“比身”的思维模式，最鲜明地体现于道教的“身国同构”理论中。

葛洪曰：“君人者，必修诸己以先四海，去偏党以平王道，遣私情以标至公，拟宇宙以笼万殊。真伪既明于物外矣，而加以自闻。象浑穹以遐涛，式坤厚以广载。运重光以表微，致远思乎未兆。资春景以妪煦，范秋霜以肃物。……虚己以尽下情，推功以劝将来。御之以术，则终始可竭也；整之以独，则参差可齐也。”①在治理国家的过程中，“修诸己”对于良性政治而言，占有先决性的地位，发挥着关键性的作用。那么，怎样的一种认识逻辑才会使道教形成这样一种思维逻辑呢？从神道合一的身体本体角度思考这一问题，可以将隐匿其中的思维逻辑大致归纳为几个内在关联的环节。

其一，比身思维适用的本体根据在于万物“同质同构”。万物之间皆以“道”为本，循“气”而变，而无论“道”还是“气”，皆具有根身性的特征，因而万物与身体之间，即同本同根，又存在一种以情为本的主体间性关系。它们之间，即身体与万物之间，乃至万物与万物之间，并不存在主客之别与主从之分，只存在一种移步换景、移情置位的关系，在这一关系的作用下，认识万物与认识身体，其理相通。

其二，在以价值论为核心的思维模式下，道教认识活动并不以占有真理、改造外部世界为根本任务，而认为人的认识活动应该服从和服务于改造生命，修道成仙这种特定的创造“意义”这一根本目标，在这一总体目标的统摄下，道家的认识活动意在实现“意义”而不是实现“真理”。因而，道教的真理观是一种根于身体的

---

① 杨明照：《抱朴子外篇校笺》卷5（上）《君道》，中华书局1991年版，第174页。

意义真理观而不是“事实”真理观，当然二者之间又不可截然分开，只是因为认识的旨趣不同而在认识过程中所发挥的具体作用各自相异。

其三，比身性的认识活动彰显出了一种以身体为原发机制的生活智慧，它以“生活”本身为一切思想的源头活水，将万事万物都置于生活之“中”来看待，并以“中”的方式消解掉一切事物时间所存在的“隔膜”，既使它们各自独立，又息息相关地共存于生活世界里，构成生活世界中不可缺少的有机要素。诚如人以身而起，因身为人，借身成人一样，在比身的作用下，人与人、人与万物之间是一种同情式的理解关系而不是奴役式的规训关系，故言事以明理，言物以喻义，构成了一幅以“意义”为核心的生活图景。

在这种比身性的思维方式作用下，道教形成了一种见微知著、守拙用朴的身体智慧。因为我身与人身、人身与物身皆存在着某种同类相吸的关系，要促成身体进入此种生生之道的宏大场景中去，就要保持身体以一种良性的状态同此种宏大场景共振共鸣地相互应和，从而在一种整体无限性中消解掉因血肉形躯的有限性所造成的诸种人生难题，而使身体展布道身之身，这一过程同时是身体的自我解放的过程。

在身体智慧的形成中，疾病及其对疾病的诊断与治疗起着极为重要的作用，可以说，正是借助于对疾病的深切感受和辩证治疗才形成了道教的身体智慧。在比身性思维方式的作用下，道教关于身体疾病的诊断及其治疗所包含的形而上学意义也就不言而喻了。用西方解释学的观点论之：

> 身体之为身体，就是一个被移位出来的，一直被解释的符号、症候，尤其体现为有着病理学特征的“症候”。在阿尔都塞对马克思之症候学研究启发下，解释学走向了生命解释学，使哲学成为身体的实践，身体的事件。体会身体的症候，健康与疾病，幻想与恐惧，解释学自身实现了一次新的转向：身体

的解释学，这是在马克思、尼采与弗洛伊德那里发端，在福柯、德勒兹与利奥塔等人那里所展开的新的解释学。①

沿着道教比身性的思维方式，随着观察视角的转换，身体疾病及其诊断，实质上已经成为一种修养和治世的解释原则与智慧结晶。道教素有“不为良医，即为良相”的传统，在“良医”和“良相”之间，并不存在不可汇通的天堑鸿沟，而是一种相互周转的亲密关系，究其原因在于道教采取的是一种比身性的思维方式。因此，完全可以根据道教医学的解释原则和治疗思想，开出政治医学、文化医学等不同的身体哲学分支，那样必能极大地丰富道教身体哲学研究的理论视域。

综合上述，在知识生成方面，道教认为知识是内契于身，体悟生命而成的内契性认知行为；在认识活动的过程中，认识是内外交感的关系产物，身体触摸世界所产生的身体感受和身体内观所产生的超越感，二者交互作用，使认识过程呈现出复杂性的特征；在道教看来，真理不是“说”出来，而是“体”和“行”出来的，真理本质上是一种生命践履性的伦理价值观。

第四节 两种不同的认识路径

在前面的论述中，出于论证的需要，笔者对道教的认识论与笛卡尔以来的“主体性转向”的认识论哲学进行了一些简要的比较，对二者之间的差异也做出了一些分析。但这种论述尚欠全面，并未能对二者之间的异同给予具体的说明。为弥补这种不足，特另立一个主题，以提纲性的研究方式对二者之间的差异再做专门的阐释，权作为对本章内容的总结。

① 夏君可：《身体——从感发性、生命技术到元素性》，北京大学出版社 2013 年版，第 138—139 页。

一 “心”有所异致“质”有所别

庄子在《应帝王》中云：“用心若镜，不将不迎，迎而不藏。”[①] 庄子告诉我们，在修行中用心即如用镜子，不泥于外物，不着于痕迹，来则来之，去则去之，心不动念，无摇于外境，即是道心。庄子认为，“心”是能知能思的主体，修道的要害在于操持、调控心的作用使之向着“道”的方向前进。庄子论“心”，在道教中具有代表性。在修道者看来，“心”在修行中如果能保持内观、清静状态，此心即为道心，否则就是心术，而心术之心往往为修道者所鄙视。如葛洪说：“且夫交灵府于造化，运天地于怀抱，恢恢然世故不栖于心术，莽莽然宠辱不汩其纯白。”

从上述所论可以看出，道教的“心”是内摄情意而归之于身，调服道德而归之于静的修养之心。对知识的占有和利用不是道教之“心”的本来所指，此与西方心智哲学之“心”迥然不同。以笛卡尔为例，他提出了一个划时代的哲学命题：“我思故我在。”从他开始，西方哲学的任务发生了重大改变，“我能认识什么”成为此后哲学的主题。这一哲学致思的方式极大地激活了人的理性思考热情，从根本上动摇了中世纪神学的理论根基。但是与此同时，笛卡尔哲学也导致了“心物二元论”的理论后果。“依笛卡尔的二分法，身体是在空间中延展的广延物，是可以分割的；而心灵则是非空间的思，是不可以分割的。”[②] 这种对待身体的态度，显然让道教难以接受。在道教看来，身体不仅仅是肉欲之身，它是宇宙之身，形躯之身与心性之身不可分割，甚至恰恰因为形躯之身的存在，心才具备了成为道德主体的地位。汤浅近雄论之说：“通过修行，日常的自我主体意识便会消失。这样，心便不再主宰身，日常的常识的‘我’也就遵从日常的模式，相反，身支

---

① 《南华真经副墨》内篇《应帝王》，第119页。

② 陈立胜：《“身体”与诠释》，台大出版中心2010年版，第4页。

配着人的‘心’的活动。”[①]

可见，由于对待“心”的态度和方式不同，道教认识论和笛卡尔认识论本质上是完全不同的两种认识论哲学观。正是对“心物二元论”哲学的不满，后现代哲学家们开始了“身”的旅程，重新梳理了心物之间的关系，开出了“身体哲学的转向”。“（哲学）需要从头开始，抛弃反思和直觉给予他们自己的工具，把自己置于尚未经过加工的经验中，这些经验同时地杂乱地向我们提供‘主体’和‘客体’、存在和本质，并向哲学提供重新定义这些东西的手段。”[②] 后现代哲学的主要任务之一，就是力求恢复“身体”在哲学中的地位，甚至流露出一种“反智主义”的趋向，这就从一个思想极端走向了另一个思想极端，是我们在开展身体哲学研究中应注意的现象。

二 “思”有不同致“境”有差异

“重视生活实践和人生体验，把人生境遇视作为一切‘知’和思想的源泉，这是从孔子开始的中国思想之传统。”[③] 这种思想传统广泛地体现于儒道各家中，成为他们思考人生意义与探求生命本原问题的基本的哲学致思方式。孔子说：“知之为知之，不知为不知，是知也。”他将真正的知识视为人们对待知识的一种态度。从表面看来，孔子否认了知识的重要性，只是给出了一种求知的态度，但对于什么是知识却只字未言。但若切入孔子的思想深处，就会发现孔子真正的意图在于，他看到了知识与修身之间的差异，认识到追求知识的活动如果背离了修身的方向，求知与问道就会隔离，知识就会异化。

西方心智哲学注重对知识的创造，形成了以思辨为特点的哲学思维方法传统。它追求对世界的“确定性”把握，期冀借助于概念

① 汤浅近雄：《灵肉探微——神秘的东方身心观》，马超等译，中国友谊出版公司1990年版，第119页。

② 梅洛·庞蒂：《可见与不可见的》，罗国祥译，商务印书馆2008年版，第161页。

③ 林丹：《日用即道》，光明日报出版社2012年版，第68页。

质疑，范畴建构的方式，营建出一个纯粹理性作用下的“逻各斯”世界。此种哲学致思取向，与中国传统哲学、与道家哲学的致思取向背道而驰。截然不同的哲学思维方式所导向的认识境界也各不相同。对此，后现代哲学家庞蒂给予了明晰的阐述：“我思与思想对象的关系，不包含我们和世界交往的全部，甚至不包括和世界交往的重要部分，需要我们把这种关系置于和世界更含糊的关系中，置于与世界的原初关联中。”① 至于如何置于“与世界的原初关联中”，道教早已经给出了答案：“道起于一，其贵无偶，各居一处，故曰三一也。天得一以清，地得一以宁，人得一以生，神得一以灵。”② 人能知一，则无所不知；人能守一，即能体道合一，进入生命的自由之境。

因为道教不以纯粹知识的获得为目的，对于事物的存在之则和构成之理，往往借助于有机生成论的自然观解释之，所以对于事物规律的认识自然缺乏西方实验科学所达到的精致分析效果。但应该认识到，道教的认识论始终服务于人的价值的实现这一根本目标，认识的对象和认识的本质都围绕着人的生命存在来展开，认识的结果也主要体现在对生命价值的觉解方面。老子提出了“为学日益，为道日损”的认识总原则，将“损”和“益”有机地结合在一起，揭示出了认识的本质。从二者之间的辩证关系看，“为学”因不知而学，为不知而学，相对于不知而言，学则为有，自然是越学越多，知识不断地处于增进状态中。然而，对“有”对“多”的占有不是学的根本目的，就如我们的教育一样，其根本目的不在于让学生处于永不停息的学习过程中，为学而学，学习的根本目的在于“不学”，也就是要由“有”回到“无”的状态，为“不学而学”，回到“无”的状态，就是归于“归根曰静”的万物本原处，就是对“一”的体悟与把握，这就是“道”的境界。由此，“为学”和“为道”相互统一，构成了认识的过程机制。

---

① 梅洛·庞蒂：《可见的与不可见的》，罗国祥译，商务印书馆2008年版，第50页。

② 《抱朴子内篇校释》卷18《地真》，第323页。

如果不能全面把握老子的这种辩证的认知观，而孤立地看待老子的为学之道，就会误解老子，以为老子是反智论者，是不分条件地反对人们的认知活动者。这怎么可能呢？老子作为不出世的哲人，他怎么可能会一般地反对人类的认识实践活动呢？他不过是焦心于认识活动中的种种不正常现象所进行的一种无情的批判而已。

针对那种为学而学，不知所以学的错误导向，老子指出，学习的目的应该服务于体“道”这一根本价值导向，不能仅仅满足于对知识的占有，不能仅仅满足于对技术的掌握，而应该将知识的学习渗透于体道的过程中去，这样的学习境界才是幸福快乐、真有所得的学习。而且，即便以体道为目的进行学习，也需要掌握科学的学习方法，在学习过程中注意“转识成智”，否则，学习的过程并不能自然而然地转换为人生的智慧。要达到这样的一种学习效果，老子认为离不开修身之道，需要借助反观于身、内契于己的手段，对知识进行概括和总结，逐渐升华到“静”的智慧之境，从而化理证为身证，达到事理法圆融的智慧之境。

三 “真”相异隔致“能”有所别

老子说：“执古之道，以御今之有，能知古始，是谓道纪。”[①]看待知识的态度不同，认识知识的思维方法不同，导致在真理观的认识方面也各自不同。如老子所言，对真理的透解，对规律的把握需要从“历史存在”中去获得，而心智哲学则认为，真理即“主观和客观”的统一。两种不同的真理观所产生的身心效果也有所差别。季晓峰论证说：“一个专注于认识的思维主体还不是一个获得深层理解的生命，只有返回到一种为反思活动提供了非反思基础的实际体验的身体，‘主体性’的含义才是深刻而全面的。如果‘主体性’是由‘我思’的自身觉知建立的，那么在这种明晰的自身觉知之前已经存在着一种默会的自身觉知。”[②] 也就说，真理观的不同导致对

① 《老子道德经注校释》第 14 章，第 31 页。

② 季晓峰：《从认识主体返回身体主体——论梅洛—庞蒂身体哲学视角下的主体性思维》，《福建论坛》（人文社会科学版）2010 年第 4 期。

生命价值和人生意义的理解与认识不同，进而导致了不同的实践效果：前者因重情而贵人伦建设，后者因重理而崇规范建设。这种差异也大致揭示了中西方两种文化观旨趣各异的思想特征。

从中西方哲学真理观的不同能够进一步深化认识中西方文化的根本差异。以道教认识论为例。道教认为，认识不是要给自己确立一个对象，划定一个范围，或者厘定一种叙说方式，进而确立自己的主体地位。而是恰恰相反，道教主张，在认识活动中要千方百计地泯灭和消除这种以自我观念为核心所建立起来的认知模式，它认为，这样的认知模式会导致严重的后果：要么是纯粹的客观主义，有物无人；要么是纯粹的主观主义，以人代物。为不至于陷入这种非此即彼的泥潭，道教采取了一种相对主义的认识论方式，并沿着内在觉解和内在超越的路子，以体悟生命的大化之则为终极的真理之境。所以道教的认识论始终流溢出一种内契性、根身性和生命性特征。

循着西方理性之思的方式认识自然界和认识社会，求真的活动便自然表现为对一种根本的客观性的占有和把握，认识客观规律，符合客观标准，并能够循着形式逻辑的方式，将这种真理的获取之道普遍适用于人类的社会实践活动，从而推动社会历史的进程，体现出西方认识论所融涵的特有的社会功能。不能不说，这种认识论功能在促进物质文明进步和发展中，起到了不可替代的作用，它揭示出近代以来人类社会迅猛发展的思想奥秘。但这种科学主义的理性认识论在文化语境下仍然潜伏着巨大的发展危机。20 世纪中叶，剑桥大学的斯诺（Snow，1905—1980）就发现西方文化中“科学的”要素与“人文的”要素相互分裂和对抗倾向所造成的危机。[①] 面临可能的文化危机，西方的一些思想家开始将目光转向东方哲学，希望在那里找到自己想要的答案。胡孚琛说：“某些世界一流科学家终于发现，西方机械论哲学的主客二分、物理还原、静态分析、孤立实证等思维模式日益显得陈旧过时，他们开始在东方道家

① Chares Snow, *The Two Cultures and the Scientific Revolution*, 1959.

思想中汲取营养。”①

在新时期，随着人们对工业文明的集体反思，以有机生成论、生命共同体论为核心的道家哲学精神所蕴含的哲学人类学智慧，为民族国家和人类的未来发展提供了新的精神智力支持，这是人类选择的结果，也是道家走向新生的必然。

① 胡孚琛：《道学通论》，社会科学文献出版社 2004 年版，第 721 页。

第五章　汉魏南北朝道教躬身行道的伦理观思想

在以身体道的诸环节中，伦理观所揭示的身体的社会指向是必不可少的重要构成部分，“德”者，“得”也，离开了德的约束和德性的养成，修道养生就变成了虚妄不真的假修行。因此，道教伦理思想下所涵盖的“德”的价值指向既是体道的内容，又是证道的途径和方法。在此视野下，道德理想——修真成仙——植根于生活的现实之中，如此一来所形成的世界图景与生活图景便合二为一，个体修行与生活伦理、神仙世界与生活世界相互交融，小身与大身、道之体与术之用借此而水乳交融地汇合在一起。在道教的视域中，面向世界即面向生活，身体理性的至上境界就是生活理性，是即便在艰苦的生活中也能超拔而出的一种“养生”理性。

从哲学学理层面而言，伦理观研究的主要问题包括善恶之辨及与之相关的人的价值选择问题，价值规范与人的道德义务问题，道德实践与人格养成问题，道德形式与幸福感受问题，等等，其中“善恶之辨及与之相关的人的价值选择问题”是伦理观探究中首先要理清的问题，它以逻辑在先性的形式决定着价值理想的崇向、价值标准的确立与价值实践的进路等问题。这些问题也构成了本章所重点关注的理论问题。

就道教而言，道教的伦理观是一种“躬行主义”的伦理观，此种躬行主义的伦理观将世界划分为身体之内和身体之外两个不同的身体空间，内外有别但又内外交融。在这样的身体伦理观中，天、地、人、我既相互区分，各具其性，又内外相关，连接为一体，构成一个天、地、人三才互盗互体的整体伦理世界。在这个整体中，每一事物的存在都因其有存在的必要性而对他物的生成形成制约，故伦理规范的本质乃是万物一体之自然本性的流露；对伦理规范的守护，既是个体本性的自发作用使然，同时也是身体向着社会，向着宇宙不断敞开的内在条件，是修德积福，体道成仙的道德义务。总之，道教的身体伦理观是一种阴阳互补、相生相成的生态伦理观，自然和社会，个体和群体，小我与大我，“皆为同类”，是互具互体，气息相依，生死攸关地存在于世的。

善的问题是伦理哲学研究的基本问题，善的本质是什么？人如何才能实现善？善与幸福和自由的关系是什么？在善的道德实践中，人类遵循的客观规律是什么？对这一些问题的思考与回答，道教是借助于道和德的关系命题来展开的，而这一命题展开的逻辑过程，始终根于身道本体论基础之上，呈现出身道合一的伦理观特征。

第一节 道教身体伦理的思想景观

经过社会大变革的洗礼，魏晋南北朝时期的道教分化为上下两个不同的阶层，在道教内部出现了有较高知识素养的群体，为道教改革提供了人力资本条件。葛洪、寇谦之、陆修静和陶弘景是其中的佼佼者，他们围绕着“长生久视”“修道成仙”这一主题，各有侧重地发展了道教养生思想，建立了道教的斋醮科仪体制，规整了道家的戒律制度，完善了道教神仙谱系理论，最终促成了道教的成熟。因此，本节研究在体裁结构上主要按照发生论的逻辑关系，分别从道德理想的追求、修道的内外条件、道教的教育思想等环节来进行；在逻辑线索上，则按照根身论的身体哲学思维方式，从“生”和“心”、“行”和“言”等身体的视角做统筹处理；在资料的选择上，则主要依据上述高道的修道思想，对所研究的内容给予甄别和处理。

一 “重生”的价值导向

重视养生是道教一贯的传统，只不过在新的时代背景下，养生实践被赋予了新的思想意境，对“生”的爱惜之情被更多地纳入社会伦理建设的层面来考量，由此促进了道教生命伦理观的形成。与儒家生命伦理观不同，道教的生命伦理观始终建立于对肉体存在必要性的认识基础上，它的生命伦理就是以自然生命为基础所形成的生命伦理。“道教以肉体生命为本位价值取向，具有强烈的个体生命意识，在对个体生命永存的追求中实现自我，获得圆满具足的人生。”① 这种重视生存价值基础的生命伦理，蕴含着丰富的思想，可以从道教关于“生”的认识中看出。生，不仅指生命存在的本体实情，还包含着生生不息、保精养生等多方面的含义。

其一，道教的“生”指尊生贵生，从思想上惜生、爱生。惜生、爱生是从情感上热爱生命，从思想上尊重生命。那么，汉魏南北朝时期道教是如何表达它的这一感情的呢？葛洪明确提出了“天地之大德曰生”的养生思想。他说：“天地之大德曰生，生，好物者也。是以道家至秘而重者，莫过乎长生之方也。”② 葛洪认为，爱生、惜生不仅是个体的选择，而且是天地德性使然，尊重生命，保养生命，就是按照天地的规律来做事情。他的这种思想从宇宙本体的高度说明了养生的意义。

对“生”的价值的重视，也体现于对“道”的作用的重视方面。陶弘景说：“道为生命之要。”③ 他认为，养生与修道是合二而一的事情，不可分开观之。他引《混元妙真经》称：“人常失道，非道失人；人常去生，非生去人。故养生者，慎勿失道，为道者，慎勿失生，使道与生相守，生与道相保。”④

其实，在中国道教中素有“尊生重道”的修行传统，在道家看

---

① 李刚：《重玄之道开启众妙之门——道教哲学论稿》，巴蜀书社 2005 年版，第 4 页。

② 《抱朴子内篇校释》卷 14《勤求》，第 252 页。

③ 《养性延命录》卷上，《道藏》第 18 册，第 475 页。

④ 同上。

来，“生”与“道”是合而为一的。《太上洞玄灵宝法烛经》提出“万物人为贵，人以生为宝”。[①] 将“生”视为人的本质规定，养生就是涵养人性的成人之道。从成人的角度看待“生”的独特意义，并把养生作为道家的成人之道，是道教一贯的主张，陶弘景说：“秉气含灵，唯人为贵。人所贵者，盖贵为生。”[②] 即陶弘景认为，人与物相比，人的价值高于物的价值，而人的价值之最贵者，莫过于生命价值。

本书第一章业已对生命价值的宝贵性和特殊性进行了系统的论证。亦如前所论，按照“生”与“道”之间的内在关系，道教对生命价值的尊重与宝贵，是道教根身论思维、贵身论价值崇向的必然体现。在拙著《道家内丹学说的生命价值观与现代转换》一书中，笔者曾结合对内丹道生命哲学思想特征的考察，对“生”与“道”之间的关系给予了形而上学的揭示：“生命的这种‘返樸归真’，就是生命按照‘道’的规律活动而现实地转换为与‘道’一体的过程，也就是生道合一的过程。”[③]

其二，从方法上重生、养生。道教认为，仅有爱生之情是不够的，还需要落实于养生的实践中，在实践中认识和把握生命的运动规律。为此，就要对生命的运动做出科学的认识，需要对戕害生命的行为及其内在本质做出科学合理的分析。也正是在此意义上方可以说道教是理性的，是一种身体理性。从方法上呵护生命，一方面，需要运用科学的养生方法积极地保养生命。在道教中，“守一”一直是比较重要的养生思想，葛洪发展了“守一”的思想。葛洪说：“一在北极大渊之中，前有名堂，后有绛宫；巍巍华盖，金楼穹隆。”又说：“一有姓字服色，男长九分，女长六分，或在脐下二寸四分下丹田中，或在心下绛宫金阙中丹田也，或在人两眉间，或行一寸为名堂，二寸为洞房，三寸为上丹田也。此乃为道家

① 《太上洞玄灵宝法烛经》，《道藏》第6册，第178页。

② 《养性延命录序》，《道藏》第18册，第474页。

③ 杨普春：《道家内丹学说的生命价值观与现代转换》，四川大学出版社2015年版，第42页。

所重，世世歃血口传其姓名耳。”① 葛洪认为，“一”既是身外之“神”又是身内之“窍”，用之内守可保精养气，用之于外可通灵成仙。他将“守一”的养生方法和仙道结合在了一起。

另一方面，为防止一些错误的言行发生，以避免对生命造成危害，对于道教养生而言也是十分必要的。对于背离身体，危害天道的行为，葛洪在《抱朴子外篇》中进行了细致的列举。“不致养于所生，损道而危身者，悖人也。怀邪伪以偷荣，豫利己而忘生者，逆人也。背仁义之正途，苟危人以自安者，凶人也。……习强梁而专己，距忠而不纳者，刺人也。”根据不同的表现，葛洪共列举了44种离身背道的人品，内容涉及各个方面，包括背离真道而误入养生的邪途，陷入名缰利锁而扭曲人格价值，性情专横而不知避祸，如此种种都是养生修炼中要反对的错误行为。

既然上述种种现象都会对生命造成损害，那么就要从规范的身体行为出发，给予一一纠正。葛洪要求人们：“目之所好，不可从也；耳之所乐，不可顺也；鼻之所喜，不可任也；口之所嗜，不可随也；心之所欲，不可恣也。故惑目者，必易容鲜藻也；惑耳者，必妍音淫声也；惑鼻者，必草臣蕙芬也；惑口者，必珍馐嘉旨也；惑心者，必势利功名也。五者毕惑，则或承之惑为身患者，不亦信哉！”从中可以看出，葛洪对于“身患”的认识，是对老庄思想的继承，他们都将放纵身心所好视之为养生大害。作为对老庄养生思想的发展，葛洪将原本由儒家所提倡的“仁义”等价值规范也纳入了养生的视域中，给予采纳和吸收，这就扩充了养生的范围，形成了物质气血养生思想、道德人性养生思想和信仰养生思想体系，在道教发展史上逐渐形成了一套养生伦理观。

其三，从伦理规范上强化养生意识。围绕着养生主题，陆修静站在社会的角度给予了审视，他认为，单靠行“守一”之法等，是难以修成真道的，因为人毕竟是社会生活中的人，离世孤修，只会导致人格扭曲，所以修道、成仙应在社会生活中进行。他说：“夫

① 《抱朴子内篇校释》卷18《地真》，第323页。

道，三合成德，自不满三，诸事不成。三者，谓道、德、仁也。仁，一也；行功德，二也；德足成道，三也。三事合乃得道也。”[①]“道、德、仁”三者，“道”是形上指涉，“德”是社会生活实践，主要指道德践履活动，“仁”指人性，是修道所必备的人格条件。修道的过程是由“仁”人行善“德”然后才能进于“道”，将内外有机地结合在一起。

为了将这种内外兼修的思想落到实处，结合当时社会发展的需要，陆修静制定了道门斋醮科仪规制，设立了大量戒律，对修道成仙的实践行为给予从内到外的引导和规范。在《受持八戒斋文》中，陆修静对道教修炼应恪守的戒律给予了规定，其内容为：“一者，不得杀生以自活；二者，不得淫欲以为悦；三者，不得盗他物以自供给；四者，不得妄语以为能；五者，不得醉酒以恣意……”[②] 陆修静所制定的这些戒律，其内容涉及道德实践中的各个方面，旨在使人行善去恶。从宗教心理学上讲，戒律可以范导修行者的行为，使之成为一种生活习惯；斋醮科仪等可以强化主体的感恩意识，增进他们的宗教感情。所以说，陆修静所制定的道门伦理规范，使个体养生行为成为一种社会化、有组织的活动，大大强化了道教的养生意识。

二 “行善”以“养德”的道德实践

中国传统思想里有着深厚的价值论情结，它的几乎所有问题都是围绕着价值来展开的，因此，言天道是为生命价值建立根据，言认识是为明人生意义，而言历史则为明善恶，避吉凶。就像金岳霖所讲：“中国思想中最崇高的概念是道，所谓行道、修道、得道都是以道为最终的目标。思想与情感两方面的最基本的原动力似乎也是道。成仁赴义都是行道：凡非迫于势而求心之所安而为之，或不得已而为之，或知其不可而为之的事，无论其直接目的是仁是义，或是孝是忠，而间接的目的总是道。”[③] 在中国哲学的语境中，

---

① 《洞玄灵宝斋说光烛戒罚灯祝愿仪》，《道藏》第 9 册，第 823 页。

② 《云笈七签》卷 40，《道藏》第 22 册，第 281 页。

③ 金岳霖：《论道》，商务印书馆 1988 年版，第 16 页。

"道"本身就是一个价值性范畴，不仅表示宇宙万物的本原，宇宙的规律，而且表示生命的意义和修行的目标；"道"的存在是为人的价值的创立奠定基础的，"道"无德不行，唯有修德才能体道、证道。在《陆先生道门科略》中，陆修静简要地阐发了"行德"的根本价值意义。他说："民有三勤为一功，三功为一德。民有三德，则与凡异，听得署箓。"① 就是说，只有积累一定的功德，才能脱离凡俗，进而有资格授箓。

在南北朝时，"行善""成德"以至于"道"的相关思想广泛体现于该时期的道门典籍中，说明这一思想主张已经广为人们所接受，成为道教修行的必由路径了。如北周时期的重要类书《无上秘要》卷46引《正一法文》"五戒"曰："一曰行仁，慈爱不杀"；"二曰行义，赏善伐恶"；"三曰行礼，敬老恭少"；"四曰行智，化愚学圣"；"五曰行信，守忠抱一"②。"五戒"从修道的高度将人与人之间的道德行为关系做了具体说明，其思想主旨不离"行善积德"为修德成真之大要。

诚如南怀瑾所言："学佛修道要成功得快，那是与行为道德配在一起的。必须要功德，要善行，做好人做好事，慢慢功德与努力两个配合，就成就得快。"③ 这说明，"行善""积德"不仅仅是为迎合社会生活的需要，更有其契合养生规律的实践根据，综合体现了道教内外双修的工夫论特征。

那么，"德"的本质是什么呢？如何"养德"呢？《太平经·天乐得善人文付火君诀二百七》载："'今善人积善又贤。今天上皇洞平气具至，今天上欲有急得，自岂知之乎哉？''行，诸真人安坐，为子悉陈之。今天上乐得善人，可以调风雨，而具生凡物者。初天地开辟以来，人为善者少，少而中天意者。天常以是为忧患，而今地上人无中天上可求者。'"④ 善人能获天佑，为天垂青，

① 《陆先生道门科略》，《道藏》第24册，第781页。

② 《无上秘要》卷46，《道藏》第25册，第165页。

③ 南怀瑾：《我说周易参同契》，东方出版社2010年版，第110页。

④ 《太平经合校》卷177，第652—653页。

可以获得“调风雨”的神通，然后由于地上善人太少，导致天生忧患。这段话的意思明白简洁，认为善是上登仙界的必要条件。至于如何行善，道书特别是道教善书中记载详备，这方面的研究成果也非常多，有心者可做进一步探讨。

三 “不言”而“化行”的道德教育

道教在组织化、社会化进程中，必然要涉及宣传和教育问题。如何让人们了解道教理论，同情道教思想，如何处理与信徒的关系等，都是必须处理的问题。因此，道教教育问题也进入此一时期高道的思想视域中，为他们所重视。秉承道家的家风传统，道教认为，道德教化的根本问题是能否“身行”。

葛洪说：“率俗以身，则不言而化。”他认为在引导世俗风习，教化人心的过程中，身教重于言教。葛洪的这一思想与早期道家的教育思想一脉相承。老子在论述“圣人之道”的时候说：“圣人处无为之事，行不言之教。”河上公注释为“以身师道”意。[①]

庄子也指出：“夫知者不言，言者不知，故圣人行不言之教。”[②] 葛洪在继承早期道家教育思想的基础上，融摄儒家礼教思想，对“不言而教”的教育思想做出了新的诠释。他说：“夫道者，其为也，善自修以成务；其居也，善取人所不争；其治也，善绝祸于未起……其所以为百家之君长，仁义之祖宗也。”[③] 葛洪从礼仪之身的视角出发，将社会仁义道德视为个体之身养成的必要条件，这种认识符合道教社会化发展的趋势。

庄子说：“性修反德，德至同于初。同乃虚，虚乃大。合喙鸣，喙鸣合，与天地为和。其合缗缗，若愚若昏，是谓玄德，同乎大顺。”[④] 如果将庄子的“德”视为“社会道德”的话，则修道当尊礼重法也就是个中应有之事了。

---

① 《道德真经注》卷 1，《道藏》第 12 册，第 1 页。

② 《南华真经注疏》卷 24，《道藏》第 16 册，第 543 页。

③ 《抱朴子内篇校释》卷 10《明本》，第 185 页。

④ 《庄子·天地》。

与葛洪相比，北魏高道寇谦之可以被视为魏晋南北朝时期道教的教育学家。他常以天师之名自居教主，利用统治者的支持，宣扬道教，广收门徒，因而具有长期从事道教教育的实践经历。他在弘道生涯中提出了“道化教育”的观点，体现出“寓道于术”的教育思想特征。汤伟侠曾就魏晋时期的道教问题做专门研究，他将寇谦之“道化教育”思想的内容概括为五个方面：“以道为宗”的认识论；“以德为化”的价值论；“以修为教”的方法论；“以仁为首”的目的论；实施“道化教育”的教育思想。这五个方面的内容较为完整地揭示了寇谦之教育思想的理论面貌。今天我们研究寇谦之的教育思想仍然具有一定的现实意义。

四 身心一如的德性幸福观

追求幸福乃是人的天性，也是伦理道德实践所要达到的实际效果。在伦理道德实践中，如果不能获得持续而长久的幸福感，伦理道德实践就会导致身体和社会之间出现紧张关系，那么，伦理实践也会因为失去基于人体的人性支持而难以得到自觉的维护。用现代心理学的观点观之，幸福是一种个体的心理感受，这种心理感受以身心的愉悦感为特点。然而，幸福感的获得基于个体期望解决的具体的人生问题，正所谓不同的人有不同的痛苦，不同的人有不同的幸福。对于道教而言，生死问题是他们的重大关切，也是引发其心理焦虑的根源性问题。葛洪将其形容为“乐极则哀集，至盈必有亏。故曲终则叹发，燕罢则心悲也。”[①] 基于对生死问题的终极情结，道教的幸福感也就从解决生死问题的过程中获得，因而道教的养生实践与其说是一种养生活动，不如说是道教践行道德，以获取长久幸福感的社会实践活动。

在道教看来，贪婪嗜欲是人性的一大弱点，也是养生的最大障碍之一，因此养生之要即围绕如何处理人性贪婪的问题而展开。葛洪认为，贪婪嗜欲乃人性使然，既不可期冀彻底消解之，又不可放

① 《抱朴子内篇校释》卷1《畅玄》，第2页。

纵贪欲，保持一种适度的状态才是幸福之道，也是养生之道。他说："知足者则能肥遁勿用，颐光山林。纡鸾龙之翼于细介之伍，养浩然之气于蓬荜之中。褴褛带索，不以贸龙章之炜晔也；负步杖策，不以易结驷之骆驿也。藏夜光于嵩岫，不受他山之攻；沈灵甲于玄渊，以违钻灼之灾。动息知止，无往不足。"[1] 葛洪的幸福观在道教中具有代表性，在今天看来这种幸福观仍然具有强烈的现实性，不乏尖锐的现实批判性。今人迷失于私利的追逐之中，苟苟于自我的小天地中，忘乎所以地沉迷于一己之利的得失，由于缺乏理想人格的引领和天地造化之性的涵养，性格扭曲，价值失范，信仰迷失，整个社会场沦为名利场，是非场，导致人格扭曲，社会发展遭受巨大威胁，按照天道规律进行养生，越来越成为一件奢侈的追求。

身体的健康、长寿，乃至长生久视，在道教看来不仅事关修道者的心理问题，而且是一个社会性的问题。人类社会发展的历程业已证明，衡量社会文明进步的基本尺度之一，就是人的平均寿命水平，平均寿命越高，社会文明程度就越高，这是一个无法造假无法掩蔽的事实。因为健康长寿的获取，不仅与个体的心理调节水平有关系，而且与社会的和谐、平安状况有着直接联系。老子将"安平泰"作为社会治理的基本价值目标，正是从保精摄身的视角，对社会发展质量做出的一种高瞻远瞩的智慧洞见。个人的生命经验早已揭示出一个朴实的真理，生命价值是一切人生价值得以实现的前提，它是元价值，决定着其他价值目标实现的长度和质量。当生命价值受到威胁，甚至生命安全难以得到保障时，其他一切价值不仅难以实现，即便实现了，也最终会在个体的心灵深处留下无意义的虚幻感。所以，德性幸福感的获得，在道教的视域中，包括社会的安全感、生命的健康状态和人格的完满感受等多重目标，是道德人格真善美的统一使然。

---

① 《抱朴子内篇校释》卷 1《畅玄》，第 2 页。

第二节　“躬身”“践德”的伦理特征

葛兆光在《中国思想史》一书中曾经做出这样的设疑：“在重建或恢复秩序时，首先遇到的是，秩序的合理性，也就是秩序再次得到共同遵循的依据是什么？源出自‘礼仪’传统的儒门人物当然认定，周代传承下来的仪式、象征及其规定的一整套等级制度是不言自明的秩序基础，但是当人们追问：‘礼’所规定的秩序是怎么来的？它为什么是必然而且必需的？它如何才能成为符合人们需要的可能的秩序？”[①] 葛兆光的设疑包含着一个严肃的问题，也应该是每一个治中国哲学者都应该思考的问题。包括儒家的礼制、道教的科仪范式，及其社会生活中一系列复杂的社会交往礼节，在漫长的文化历史长河中，是如何发展而来的？是根据什么来制定如是的礼仪规范的？其合理性和正当的价值性何在？《周易》将社会伦理道德的来源问题，归结为天地阴阳、男女和合之道使然，而道德生活的本质也无非对天地、人伦之道的顺应。张再林曾以“家族伦理”作为中国式伦理的“元伦理”基础，用以考察中国伦理的原初结构和发生的模式，他说：

> “家”是一切社会的真正的生命母体。而任何民族的伦理取向，都可以从其所侧重的一定的家庭成员的关系中找到生命的原型。
>
> 中国古人的伦理观自突出“父子伦理”的同时，亦始终存在着“父子伦理”与“夫妇伦理”二者孰优孰先之争，这一“元伦理”之争，不仅使中国古人伦理理论较之西人的单维的“男性伦理”或“无性伦理”，以其对两性之间的深涉和包举而更具深度和广度，也更具生态学意义上的自组性和自返性，而且从中也进一步为我们彰显其伦理观的“根身性”“家属

---

① 葛兆光：《中国思想史》（第1卷），复旦大学出版社2013年版，第159页。

性”的深刻特征。①

张再林的家庭“元伦理”说建立于对儒家思想的考察基础上，为我们回答葛兆光的问题提供了耳目一新的感受，也进一步从学理上深刻地认识到根身性思维在中国古代社会和中国哲学中的重要地位。与儒家的家庭伦理相比，道教的伦理则是一种生命伦理，它以养生实践中所获得的养生法则为基础，围绕“长生久视”这一目标，服务于身心和谐、人我和谐与天人和谐等方面，构建出了一种生命伦理哲学，躬身践德成为道教生命伦理的主要特征。

一 承袭老庄，追崇自然

这一时期，道教伦理实践中所秉承的价值规范，仍然承袭了早期道教的自然本体论原则，用“自然论”的价值标准衡量各种社会行为，并用之作为指导修行的基本伦理原则。但十分明显的是，它又根据时代的需要，赋予自然以新的含义。

葛洪说：“道者，万殊之源也。儒者，大淳之流也。三皇以往，道治也。帝王以来，儒教也。谈者咸知高世之淳朴，而薄季俗之浇散，何独重仲尼而轻老氏乎？是玩华藻于本末，而不识所生有本也。何异乎贵明珠而贱源潭，爱和璧而恶荆山，不知源潭者，明珠之所自出，荆山者，和璧之所由生也。且夫养性者，道之余也；礼乐者，儒之末也。所以贵儒者，以其移风易俗，不唯揖让与盘旋也。所以尊道者，以其不言而化行，匪独养生之一事也。”② 大道难行，是因为人们舍本逐末，而造成这种状况的根本原因，乃是由于人们不明白真正的养生之道。真正的养生之道需要执本统末，本是什么？本即生命的来源处，生命从哪里来，就要到哪里去养。就个体生命而言，生命降生于“腹”，则养生就要从此。而且，这里不仅是修炼的下手处，也是生命转换的根本枢纽地。对于人类而

① 张再林：《中国古代身道研究》，生活·读书·新知三联书店2015年版，第77页。
② 《抱朴子内篇校释》卷7《塞难》，第138页。

言，人类是从自然中来的，自然作为养生的根本去处，也要以返回自然为根本之要。这就是道教养生的运思逻辑，也是道教生命伦理规范建构的逻辑框架。

作为道门高真，陆修静自然深刻地认识到道教养生的这一特征，并把这一思想渗透进他的伟大创举中，他在创造性地制定斋醮科仪规制的过程中，积极地吸收道家的自然观思想，对早期道家"自然价值观"进行有目的的改造，使之更加适应道教社会化建设的需要。陆修静认为，持守斋戒，恪守戒律就是对自然之道的践履，由此不仅可以得"道"，而且有着积极的社会效果。他借天尊之口说："修奉清戒，每合天心，常行大慈，愿为一切普度厄世。谦谦尊教不得中怠，宁守善而死不为恶而生，于是不退可以拔度五道，不履三恶。"① 陆修静将"修奉清戒"视为和合"天心"的修道行为，这和早期道家的价值旨趣已经大大不同了。戒律本质上是对身体的规训，但戒律的制定并非天马行空地任意行为，需要反映出本教的教理教义，与本教的价值宗旨相一致。同时，戒律的制定还要符合当时的社会发展情况，与民风民俗相一致。

二 融儒入道，以礼训身

融合儒家伦理思想，建设道门组织是这一时期道教发展的主要特征之一，葛洪、陆修静、寇谦之、陶弘景等都为加快二者之间的融合做出了突出贡献。如葛洪倡导"以有礼为贵"②，寇谦之主张"以礼度为首"③，陆修静强调"内执戒律，外持威仪"为修道之要，④ 他们在融儒入道的过程中，都采取以"礼"言"德"，以"德"宏"道"的致思路径，将"道""德""礼"等统一于修道

① 《洞玄灵宝斋说光烛戒罚灯祝愿仪》，《道藏》第 9 册，第 823 页。

② 杨明照校释：《抱朴子外篇校释》（下）卷 31《省烦》，中华书局 1997 年版，第 80 页。

③ （北齐）魏收：《魏书》（第 8 册）卷 114《释老志》，中华书局 1974 年版，第 3051 页。

④ （南朝宋）陆修静：《陆先生道门科略》，《道藏》第 24 册，第 781 页。

的实践中去，“行”成为贯通形上形下的根本途径，体现出以“行”宏道的“行”本体色彩。

道教对儒家“礼”是沿着两个方向进行变革式的吸收和转化的。一是在“气”的宇宙生成论意义上，赋予礼以天道的根据，反映出此一时期的道教所达到的自觉的理论程度，天道观生成论思想已经成为道教的基本教理和教义，而且深入人心。但无论其礼节仪式多么复杂，其内容都没有违背“善”“慈”等修道的基本理念，是以技术的方式对修道理念的规范化。二是将“礼”的建设与神仙信仰建设紧密联系在一起，作为道教神仙信仰世界实存的体现，为道教修行营建出强烈的现实感。于此意义上而言，道教斋醮科仪已经与儒家规范现实的礼制追求有了根本的不同，是道教以宗教化的方式所进行的入世性改革。

对道教斋醮科仪与身体关系的论述，本书将在第七章“汉魏南北朝道教身体思维发凡”中做专门论述，这里不再展开论述之。

三 内外双修，生命伦理

与早期道家相比，这一时期道教在伦理建设中大胆地吸收了传统儒家“修身、齐家、治国”的道德思想，并从养生的角度给予了合理性的解释。如葛洪说：“长才者兼而修之，何难之有？内宝养生之道，外则和光于世，治身而身长修，治国而国太平。以六经训俗士，以方术授知音，欲少留则且止而佐时，欲升腾则凌霄而轻举者，上士也。自恃财力，不能并成，则弃置人间，专修道德者，亦其次也。”① 在葛洪看来，道德国家，虽然内外有别，但二者并非不可兼得，对于才能卓越之人来说，完全可以将二者结合起来。其实，在早期道家那里，就已经形成了比较成熟的身国同构思想，不过在早期道家看来，身国同构是以遵循自然法则为原则的。但在葛洪看来，礼法制度作为基本的道德规范，完全可用以辅佐道德修行而不会损害生命价值。当然，并非每个人都能将二者统一起来，只

① 《抱朴子内篇校释》卷8《释滞》，第148页。

有那些"长才"之人才可以做到。

尽管倡导"内外兼修"，但在葛洪看来又"内外有别"，他明确提出"道本儒末"，说："道者，儒之本也；儒者，道之末也。"①道教这种"内外双行"的伦理特点，长期以来不为人们所理解，被认为是消极避世的哲学，或者是"投机主义"哲学。在胡孚琛看来，这都是不明道教根本精神的缘故。他指出：

> 道学是以"反"为"动"以"弱"为"用"的哲学，因而是真正强者的哲学。进一步说，道学追求人与自然的和谐和人本身的超越性，反对人和社会的异化，以回归自然为目标。更进一步，道学确认人在自然界和社会上本身的存在价值，将自然规律和个人命运握之于手中，进而悟透生死，还虚合道，融身大化，最大限度地开发人体生命和心灵潜能，追求人同道的一体化。②

借助于胡孚琛的指教，我们就能够对汉魏南北朝时期道教所形成的这种"内外双修""儒道兼行"的价值旨趣做一透彻的理解。

作为一种根身论的哲学观，"内"和"外"构成了道教身体哲学的不同景观，在处理"内景"和"外景"的关系中，道教逐渐形成了"内外双修"的哲学智慧。在道学的哲学视域内，内和外、人和我、身和国都息息相关，绾结于"我"的身体之中，构成"我"的世界。道教修行就是要直面这些问题，从"道"的宇宙视野观察和思考种种人生问题，然后给予究竟意义的解决。如此看来，道教又哪里有半分"消极"性可言呢？还是陈鼓应评价得好："老子思想本是经世治用之学，所谓道家消极之说，乃是不明深意者的浮浅认识。"③ 倘若用今日道德哲学的观点来看待道教的这种

---

① 《抱朴子内篇校释》卷10《明本》，第184页。

② 胡孚琛：《道学通论》，社会科学文献出版社2004年版，第735—736页。

③ 陈鼓应：《道家在先秦哲学史上的主干地位》，《道家文化研究》第10辑，上海古籍出版社1996年版，第95页。

伦理思想，无疑可以从中发掘出极其富有价值的道德思想意义。

四 涵养道德，内在扩充

道教乃以解决生死问题为根本任务，它对伦理规范的建设与践行，都围绕着解决“生死”这一根本问题来展开。那么，如何解决这一问题呢？

道教认为，人之所以会遭遇生死问题的威胁，是因为人生来便拘囿于形躯之身，受惑于外在事物，要从根本上解决这些问题，就必须想方设法克服一切形式性的限制，将生命安置于一种大化之境中，通过融入一种永恒的境地之中，来达到保全生命的目的。基于这样一种认识逻辑，庄子言：“夫藏舟于壑，藏山于泽，谓之固矣，然而夜半有力者负之而走，昧者不知也。藏大小有益，犹有所遁。若夫藏天下于天下而不得所遁，是恒物之大情也。特犯人之形而犹喜之。若人之形者，万化而未始有极也，其为乐可胜计邪？故圣人将游于物之所不得遁而皆存。”[①] 如俗语所说，一滴水只有放在大海里才永远不会干涸，庄子保全生命的思维方式显然与之同理。

当然，道教在做出这种形上设计的同时，也为这种思维建立了本体论的依据。以“气”论身是道教一贯的思想主张，《云笈七签》卷17《太上老君内观经》说：“气来入身为之生。”[②] 在道教中“气”具有贯通形上与形下世界的双重理论品质，其大者，同于天地，与道同体，具化生万物之性；其小者，乃生命之要素，与精、气、神共同构成全体之身。道教用“气”论生，实质上为身体找到了趋入宇宙之境，获得超越性的根据和途径。基于这种认识，道教认为，只要能够保气于身，使气不离身，就能实现长生久视的实践效果。陶弘景在《养性延命录·服气经》中说：“道者，气也。保气则得道，得道则长存。”[③]

落实在道德实践中，要长保身气而不竭，就需要通过确立道德

---

① 《南华真经副墨》内篇《大宗师第六》，第96页。

② 《云笈七签》卷17《太上老君内观经》，《道藏》第22册，第128页。

③ 陶弘景：《养性延命录》卷下，《道藏》第18册，第481页。

主体性的地位，涵养内在的道德品格，扩充自身的生命能力，通过改造生命的气质以夺造化之功，践行神仙之道。《西升经》言：“我命在我，不由天地。”① 在彰显道德主体性的同时，道教又提出了具体的要求，认为要想长生成仙，跳出生死的圈子，取得不死的资格，除了采用各种养生方法呵护肉体健康外，还要在道德上行善去恶，长养自身的道德品格。《墉城集仙录》云：“长生之本，惟善为基。”②《太上老君戒经》云：“入善为生，为恶而死。”它们都将善德的修养视为长生的本要，并强调道德修行贵在从自身的心性出发去锤炼，贵在扩充自我的道德情操。如李刚所言：“道教生命伦理学把人的行善去恶变成一种自由的内心感受，使之出于主体的自由，而不仅仅是被外在压力所逼迫。尽管有外在神的监督，但最终是要形成个人的发自内心的自觉自愿行善，只有这样才能‘成仙不死’。”③

五　身神合一，道德自觉

宇宙论的价值规范功能不仅通过外在的伦理规范形式表现出来，还以身神合一的方式，以由内而外、内外交互作用的道德规范模式，以身神合一的方式消除了道德规范与道德义务之间的紧张关系，极大地提高了道德实践的主体自觉性。而道教寓宇宙原理于伦理道德实践之中的思维方式也由此更加鲜明地体现出来。

《太平经·录身正神法》云：

> 天之使道生人也，且受一法一身，七纵横阴阳，半阴半阳，乃能相成。故上者象阳，下者法阴，左法阳，右法阴。阳者好生，阴者好杀。阳者为道，阴者为刑。阳者为善，阳神助之；阴者为恶，阴神助之。积善不止，道福起，令人日吉。阳处首，阴处足。故君贵道德，下刑罚，取法于此。小人反下道

① 《西升经》卷下《我命章》，《道藏》第11册，第507页。

② 《墉城集仙录》卷1《圣母元君》，《道藏》第18册，第166页。

③ 李刚：《重玄之道开启众妙之门——道教哲学论稿》，巴蜀书社2005年版，第13页。

> 德，上刑罚，亦取法于此。故人乃道之根柄，神之长也，当知其意，善自持养之，可得寿老。不善养身，为诸神所咎。神判人去，身安得善乎?①

依《太平经》所见，“道”受命于天而生人，但它在强调“天”的至上性的同时，又转折于身体之中，言身内之天及其由此而发用的身体之神的养生意义和伦理价值，这种上下循环的诠释方式貌似自相矛盾，但细致推敲之，发现在上下转折的过程中存在着一种否定性的生成之理：即天而言人，乃否定人之“能”而彰显人之“命”，从而明确道德实践的客观性；即人而言天，乃否定“天”的外在性，从而明确道德实践的主体自觉性。通过这种内外否定的循环性诠释，既为道德实践指明了方向，使身体在道德实践中处于一种相对紧张的关系状态中，为道德实践提供了反身观己的本体条件；又因为此种反身的间距性质，乃是根于身体，发用于身体的，所以在道德实践中对伦理规范的遵守与践履又不致因为太过抽象而使它们流于空疏，对伦理规范的恪守与遵循，是本己之身的工夫发用，这种行为是致向悟道、证道之境的必需环节。《太平经》云：

> 为善不敢失绳缠，不敢自欺。为善亦神自知之，恶亦神自知之，非为他神，乃身中神也。夫言语自从心腹中出，傍人反得知之，是身中神告也。故端神靖身，乃治之本也，寿之征也。无为之事，从是兴也，先学其身，以知吉凶，是故贤圣明者，但学其身，不学他人，深思道意，故能太平也。君子得之以兴，小人行之以倾。②

善恶之辨关系到道德实践的效果问题，也是社会治理和社会教

① 《太平经合校》卷18—34《录身正神法》，第12页。
② 同上。

育中应该理清的问题，《太平经》认为，善恶的辨别不能仅仅依靠个人的良知，必须接受“神灵”的监督，而这种“神灵”就居于身体之中，故善恶之辨的本质还是一个能否唤起道德主体自觉性的问题。我们知道，善恶问题是道德哲学研究的首要问题，它关注的理论焦点是，善恶本质的厘定与善恶之行的自觉性问题，具体到道教伦理思想研究而言，即表现为如此之类的问题：在道德实践中能够辨别善恶之分的“神灵”的本质为何？它怎么监督个体，以使他们在道教实践中自觉地从事“扬善去恶”“积功累德”的行为？如果这种“神性”力量来自于外，则必以神性的力量形成对身体的压榨，人的价值主体地位就会丧失，道德自觉性也就无从谈起。

道教提出“为善不敢失绳缠，不敢自欺”，“但学其身，不学他人”的伦理观则很好地解决了上述问题，它将神性的力量安放于身体之中，没有将善恶裁判的标准交给一个与“我”无关的至上神，而是交给身体自己，交给人自己，并以“君子”“小人”的人格差异梳理出道德境界水平的高低，体现出一种躬身性的伦理观特征。站在时代的视角审视道教的这种伦理观思想，完全可以从中开出制度伦理的文明果实，对这一问题当择机再论。

第三节　身道伦理的价值功能

道教的伦理观是一种“躬行主义”的伦理观，此种躬行主义的伦理观将世界划分为身体之内和身体之外两个不同的身体空间，内外有别但又内外交融。在这样的身体伦理观中，天、地、人、我既相互区分，各具其性，又内外相关，衔接为一体，构成一个天、地、人三才“互盗”“互体”的伦理世界。身处此种世界中，每一事物的存在都因其有存在的必要性而对他物的生成形成制约，故伦理规范的本质，乃是万物一体之自然本性的流露；对伦理规范的守护，既是个体本性的自发作用使然，同时也是身体向着社会，向着宇宙不断敞开的内在条件，是修德积福，体道成仙的道德义务。

总之，道教的身体伦理观是一种阴阳互补、相生相成的生态伦理观，自然和社会、个体和群体、小我与大我，皆为同类，互盗互体，气息相依，生死攸关地存在于世。这种特征的伦理学所指涉的人生境界，尽管需要以艰苦的工夫修养为前提才能达到，但其中蕴含的方法论思想却可以作为一种修身之道、治世良策而裨益于当代社会，在社会实践中发挥出积极的作用。道教的这种伦理精神，非但在中国历史上，即便在今日中国，其中的智慧思想在对治理社会弊病，纠正社会文化建设的误区方面，俨然已成为不可或缺的精神良药，滋润着我们的心灵，范导着社会的发展方向，不至于让我们迷失得太远。

一 惜生重命，呵护个体

李刚指出："追求长寿是人的本能，道教以之作为突破点，试图为人类在信仰上提供一套生命永恒的不老的'道'，把人的生命价值神圣化，这就为未来生命科学提供了可取的信仰的动力，而道教仙术也为生命科学提供了可资借鉴的实证的方法。"[①] 道教中蕴含着丰富的养生思想，既包括养生哲学方面的思想，也包括多姿多彩的养生技法，它们是一代又一代道教实践家身体力行的智慧结晶。学习和运用哲学养生思想，不仅可以使我们身心健康，还可以进一步开发出我们的生命潜能，使我们领悟到深层次的生命奥秘，达到彻底转换生命质量的目的。所以说，自觉地体会道教伦理中所蕴含的道学思想，对每一个人来讲，都具有切实的指导意义。

由于道教"比身"思维使然，这种"惜生"之情又必然对外作用于人伦社会，以人文化、道德化为初始性、原发性的伦理规范，作为个体养生、道德践履、国家治理的基本行动准则，对不同的实践主体产生着范导作用。可以说，道教的"善恶"之辨是以对待"生"的立场和态度来判别的，具有"以生摄善"的伦理规范特征。所谓的"以生摄善"就是在进行善恶判别时，以"生"的价值标准作为根本的价值评价标准，凡是不违背"生生之道"原理

① 李刚：《重玄之道开启众妙之门——道教哲学论稿》，巴蜀书社 2005 年版，第 17 页。

的，就是善的，否则就是恶的。葛洪曰：“长生之道，道之至也，古人重之也。”① 既然“长生”是“道之至也”，则长生之理自然要落实于道德实践中，体现出“以生为贵”的价值崇向。葛洪曰：“夫存亡终始，诚是大体。其异同参差，或然或否，变化万品，奇怪五方，物是人非，本钧未乖，未可一也。”② 当然，道教强调“惜生”，并非“唯生”，没有落入狭隘的肉体物质自然生命观中，而是通过彰显“生”的价值，给世俗价值秩序以颠覆性的冲击，从而为人的超越崇向指明了一条起身而用，致向自然的弥伦大道。

二 补益社会，范导群体

在汉魏南北朝道教伦理思想中，有许多规范个人与社会之间关系的内容，其中许多内容即便在今天看来仍然具有可行性。学习和借鉴汉魏南北朝时期道教伦理的相关内容，完全可以用来补益社会主义核心价值观理论体系，指导当今社会生活。

具体论之，道德伦理思想的社会意义在于，它不仅可作用于群体关系中，为营建和谐的人际关系提供精神动力和智力支持，还可以从养生之道中抽绎出治国之纲，为国家治理提供政治伦理智慧资源。

道教的伦理思想充分地继承和发展了中国先民原始道德中的价值自觉思想，它根据神仙道教建设的需要，依托修道的工夫体验，将这种价值自觉意识发展为完整的伦理观思想，形成了包括形神关系、人我关系、身国关系及身天关系在内的身本论伦理观。刘文英曾就原始道德的内容来源进行了说明，他说：“原始道德的自制力，主要表现为原始人对其生物本能的克制和调整。它来源于原始先民的精神心理与其群体社会生活的互动机制。具体包括两种生产活动的社会制约，神灵信仰的敬畏心理，自我观念的发生与发展，原始理解的能力与机制等因素。”③ 根据刘文英所论，一切原始道德都

① 《抱朴子内篇校释》卷16《黄白》，第288页。

② 《抱朴子内篇校释》卷3《对俗》，第49页。

③ 刘文英：《原始道德的自制力从何而来?》，《伦理学研究》2003年第3期。

来自于原始先民的生产与生活经验，是原始先民在群体生活中所觉解到的自我意识的主观反映，包括神灵信仰观念，对实践能力的认识等内容，都会以道德观念的形式体现出来，但从总体上看，这种道德认识还停留于“生物本能的克制和调整”层面，也就是说其道德意志尚未能达到道德自觉的高度，与此相关的伦理规范性建设也缺少形而上学的理论支撑。

道教伦理观的建设，由于经过了先秦道家的思想洗礼，并充分借鉴了儒道诸家伦理建设的有益经验，逐渐达到了一种理论自觉的高度。它在继承原始先民“生物本能”条件下所形成的原始道德自觉意识的基础上，形成了一种根于“身患”意识的身体伦理观，“神仙道教”伦理就是身体伦理观的思想结晶。

在《人生哲学讲义》中，方东美说：“人类到了这严重关头（指人类生命如幻影，不可捉摸，转瞬即逝这样的严重关头。——笔者注），这时还要再前进，以什么资格去生活？只有两种资格：一是以脆弱的人的资格去生活，一是以悲剧英雄的资格去生活。但脆弱的生命转瞬即卷入万劫不复的漩涡中，悲剧英雄则要走此险道，‘壁立千仞，争此一线’。然而，他的人格是否够伟大，够担当罪恶呢？”[①] 面对生死问题——这一人生的本原性问题，道教不仅没有退却，反而迎难而上，张扬出一种“我命由我不由天”的英雄气概。但与方东美所说的“悲剧英雄”不同的是，道教的英雄都是真善美的化身，道教神仙就是此类英雄的人格展现。

神仙人格的伦理意蕴及其所内含的人文意蕴，在“道教身体思维与神仙信仰”中已有专论。此处所要强调的是，道教对于人我关系的处理方式，是建立于身体同情感基础上的，而不是建立于“经济人假设”基础上的，因此它处理人际矛盾的方式是借助于化外为内的工夫手段来实施的，此种道德自觉需要以个体修养的较高境界为保证。如何在制度伦理的语境下汲取境界伦理的思想资源，以补益于当代社会？此一问题确实值得治中国伦理者深入探究之。

① 方东美讲，黄振华笔记：《方东美人生哲学讲义》，中华书局2013年版，第124页。

汉魏南北朝伦理思想中还蕴含着一种极具道教特色的智慧思想，可以丰富关于社会主义国家治理的方略政策，那就是继承其道家的身国同构思想。葛洪说：“故一人之耳，一国之象也，胸腹之位，犹宫室也。四肢之列，犹郊境也。骨气之分，犹百官也。神犹君也，血犹臣也，气犹民也，故知治身则能治国也。”① “身国同构”是道教的重要思维方式，它视国家如己身，视身体如国家，将养生之理视为治国之方，将治国之道寄居于养生之理中，其中所蕴含的智慧思想即便在今天仍然具有较强的指导价值。《太平经·安乐王者法》曰：

> 君者当以道德化万物，令各得其所也。不能变化万物，不能称君也。此若一夫一妇，共生一子，则称为人父母。亦一家之象，无可生子，何名为父母乎？故不能化生万物者，不得称为人父母也。故火能化四行自与五，故得称君象也。本性和而专，得火而散成灰。金性坚刚，得火而柔。土性大柔，得火而坚成瓦。水性寒，得火而温。火自与五行同，又能变化无常，其性动而上行。阴顺于阳，臣顺于君，又得照察明彻，分别是非，故得称君，其余不能也。土者不即化，久久即化，故称后土。三者佐职，臣象也。②

循着身道的逻辑，道教坚信，国家的实质不过是个体的放大与拓展，个体与群体、个体与国家，都是由一个个仿若“单子”的要素构成，它们之间遵循着一定的“定律”，都有一定的“定数”，其奥秘隐藏于道教的阴阳五行学说之中，生命的生克制化，人际关系的分合离疏，万物之间的生灭轮回，都是五行关系作用的结果。国家存在的元结构，早已经在生命创生的那一刻得以奠定，社会、国家不过是个体生命放大后的大生命体而已，国家的治理之道等同

---

① 《抱朴子内篇校释》卷18《地真》，第326页。

② 《太平经合校》卷18—34《安乐王者法》，第20—21页。

于养生之道，国家的长治久安与身体的长生久视，并不存在根本的不同。道教认为，国家的构成和治理都是以身体为原发物质而展开的，自然，国家治理之道也需要按照“道者反之动”的规律，在身体—历史合一的认识本质性中去把握。

近来学者们对道教这一政治哲学思想的研究，呈现出一种显学的态势。其实，从中国社会历史发展的兴衰规律来看，道教的政治哲学思想与中国社会历史的演变关系密不可分，如果能从中虚心汲取有益养分，完全可以用来为社会主义国家的治理提供思想智力支持。胡孚琛说：“道家政治管理学的要害在于善变易，其术因时制宜，挽危难于逆境，可以弱致强，导强归正。因之政治家在国家危难之时，都注意从道家经典中汲取智慧。道家之学静可以守，动可以变；静可以无事无为因循自然，动可以力挽狂澜革故鼎新。”① 道教政治哲学的这种思想魅力，在中国社会历史实践中证明具有巨大的生命力，在现代民主社会能否发掘其中的智慧光华，无疑是一个值得研究的重要课题。就道教身国同构的思想特点及其理论价值，李刚和胡孚琛都曾撰文加以专门论述，詹石窗更有专著问世，这些研究成果都可资以借鉴，有心者可参考研究之。

三　尊重自然，美化整体

美国哲学家罗尔斯顿忧心忡忡地指出：“人们对他们栖息于其中的生态系统几乎没有什么工具价值；相反，他们表现出来的是某种工具性的负价值，打乱生态系统以便获取自然价值并把他们变为文化所用。”② 这种现象在发展中国家表现得尤为明显，已经成为威胁这些国家和民族可持续发展的巨大阴霾。在这样的背景下，学习道教伦理思想就显得尤为重要。重“生”是道教伦理价值的基本导向，在身天一体的宇宙论格局下，道教的“生”已经溢出了人的生命的狭隘规定，具有一种宇宙论的宏阔视野。在神仙道家的精神世界里，

---

① 胡孚琛：《道学通论》，社会科学文献出版社 2004 年版，第 49 页。

② ［美］霍尔穆斯·罗尔斯顿：《环境伦理学：大自然的价值以及人对大自然的义务》，杨通进译，中国社会科学出版社 2000 年版，第 304 页。

因为“自然”“天地”等都具有神格的气象，所以道教的身体伦理的投射范围也早已溢出了今天伦理学所界定的“社会关系——人与人之间伦理规范、道德义务关系”的苑囿。在神仙家们的精神世界深处，天地、自然万物都具足身性，个体生命与天地万物之间，同样存在着内在相关的伦理关系。自然不再是意识哲学之“心物二元论”视域下单纯的客体之物，不再是异于“我在”的“他者”之在，而是从情感方面与“我”相互融通，与“我”互文对话的主体之物。这种情理交融的特征落实在修身实践中，遂显现出一种极具生命气息的身体智慧：对自然的爱护就如同对自己身体般的爱护，养护自然就是养护身体，就是养护生命；对自然的保护本身就是一种躬身而行的身体修行实践，具有义务和规范合二为一的特征。

道教对于自然的尊重与爱护，乃是基于身体之感、生命之情而做出的一种道德选择。山水自然、自然环境已经超出了经济理性的范畴，作为一种审美对象被认识。在经济理性的驱使下，自然作为人类实践活动的对象，处于被认识和被改造的地位，与此相关的人类活动甚至被界定为一种“改造和征服自然”的活动，与此相关的哲学价值观被称为“人类中心论”的价值哲学观。尽管，在“改造和征服自然”的过程中，人类也会因为自然的报复等灾难性后果而反思自身行为的确定性，甚至因此提出一种生态伦理的发展观，或者所谓的“可持续发展观”，但只要人们视野中的自然还被看作一种纯粹的“客体对象”，则以“趋利避害”为根本特征的经济理性自然观及其实践后果就不可能得到根本性的扭转。

在道教看来，尽管在其自然观中也包含着“客体自然”的意蕴，但是，此种“客体自然”仅就其外在于人身而言，具有“非我”的属性，因而谓之“客体自然”，但此种“客体”是以情为本的“他者”之在，而绝非“主客”之物。老子曰“道法自然”①，“自然”具有大美不言的品格，具有生成之德和超越之性，无论是

① 《老子道德经注校释》第25章，第64页。

相对于个体生命存在而言，还是相对于类生命而言，自然都以时间在先性的方式融涵着生命存在的奥秘，成为一切生命的源头和归宿。

道教在继承和发挥老子自然观的基础上，建立起“道—神—自然—身”模式的神仙自然观，从而极大地提升了自然的道德美和自由美品格，自然已经成为一种彻底的审美自然观。道教的审美自然观，以“不死”的超越性与生动活泼、生机盎然的生命创造力为秉性，成为展现中华人文精神的一个标志性符号。潘雨庭在论道教神仙“昆仑仙山”的人文特征时说：

> 这些传说（指昆仑山西王母“不死之药”的传说。——笔者注）都被后来的道教全盘吸收，蓬莱三岛、昆仑玉山成了道教中神仙洞府的代名词，后又发展为洞天福地。此类神话的逐渐形成和变化，和人类对时空认识的智慧逐渐深入发展有关。而且道教的仙境与其他宗教的彼岸世界的最大不同，在于它不是一个纯粹空虚死寂的世界，而是和充满了活力的人间相似。①

在洞府福地中，人与自然、人与人之间各自独立，但这种独立不是建立于误解、利用和奴役基础上的，而是建立在互通体贴、情感交流基础上的，如此的自然就是人类性的社会憧憬借助于自然的形式而自我描述和自我认同的结果。

所以，道教的自然观是人类做出的一种自我拯救式的设计方案，其意在借自然之客观性来表征人类之理想追求的现实性，是人在茫茫宇宙之中体会到的唯一不因人之多变而自移其性的形上根基。作为唯一可以信赖的对象，道教的自然观是借助自然的无为、常变之属性而论人之修养和道德践履的价值根据。《元始无量度人上品妙经》载：

---

① 潘雨庭：《道教史丛论》，复旦大学出版社2012年版，第59页。

元始洞玄，灵宝本章。上品妙经，十回度人，百魔隐韵，离合自然。混洞赤文，无无上真。元始祖劫，化生诸天。开明三景，是为天根。上无复祖，唯道为身。无文开廓，普殖神灵。无文不光，无文不明，无文不立，无文不成，无文不度，无文不生。”①

将灵宝经视为天根，视为道身，实质上是将灵宝经置于宇宙本体、价值根据的地位来看待。它借以挺立自身至上性的条件，仍然是借助于对自然的超越来完成的，在这种思想观念下，自然既然能成为神性成立的前提条件，就说明自然本身即本具神性，然后方能以其至上性而彰显出“灵宝经”的无上功能。如此的自然观，是人类尊重的对象和行动的纲领，哪里又有一丝“客体”的影子呢?!

总之，道教的自然观显然已非“客体自然”意义上的自然观，而是一种具有根身性的自然观。这种自然观所包含的内容，包括天、地、人、我、万物都是自然之构成要素，自然是人类的“母亲”，对自然的爱护和尊重不是基于“两害相权取其轻”式的平衡之理，而是基于身体自身的历史发生逻辑而做出的一种情感选择；这种自然观的致思方式，乃是一种以整体思维为显著特征的完整身体论的思维方式！汲取这样的生命智慧，践行这样的生态伦理，必然能够实现我们建设“生态优美”自然环境的发展目标。

① 《元始无量度人上品妙经》卷1，《道藏》第1册，第3页。

“身体”思维篇

本篇乃运用身体哲学的研究范式和思维方式，在系统论述道教身体哲学思维特征的基础上，选取魏晋南北朝道教走向成熟过程中的三个代表性节点作为考察对象，以期在对魏晋南北朝道教身体哲学思想做整体把握的基础上，以“典型事件”分析的方式，对道教思想进行分析与认识。当然，之所以选择“炼养”“斋戒”“神仙”这三个节点作为考察对象，主要出于两点考量：一者，魏晋南北朝时期道教处于由“早期道教向成熟道教”过渡、发展的时期，在这一时期，道教教理教义、炼养方术、教门组织、道教组织与社会、民间的关系都在经历了两汉时期复杂多变的社会变革洗礼后趋于系统化、成熟化、稳定化，道教文化的典型特征、道教思想的核心价值和道教走向社会化的基本方式等问题都已经朗现而出，其自身的“自组织、自调节”功能得到强化，自此以后，道教才真正作为一种有代表性的文化形态步入中国社会历史。道教炼养理论、道教斋戒思想、道教神仙思想是道教建立和建设过程中不可或缺的三个要素，分别关涉道教个体修养、组织关系和道教生活世界等不同维向的问题。选取这三个节点作为考察对象，即是基于对道教演变、发展历史规律的认识前提所做出的选择，也是基于本书身体哲学视野，以身体发生的内在逻辑即从个体之人到群体之类再到生活—意义世界这样一个身体实践的过程所做出的选择。这也是本篇内容结构安排的逻辑线索。

二者，在魏晋南北朝道教演变的过程中，葛洪、寇谦之、陆修静和陶弘景在促进道教走向成熟性宗教组织的过程中居功厥伟。具体分析他们的思想特征和历史贡献，可以发现，作为道教史上的杰出代表，他们对道教发展的促进作用，重心各有不同，存在着程度上的差异，如寇谦之和陆修静即以其对道教斋戒制度、道门科仪的整顿和建设为其长处。葛洪和陶弘景的宇宙论、炼养理论和神仙思想则意蕴深邃，体系广博，需要予以重点关注。故本篇选取“炼养”“斋戒”和“神仙”三个节点作为考察对象，也有在兼顾整体的基础上，通过合理处置研究重心，对该时期的杰出代表人物做重点关注和专门解读这样一种研究目的。

第六章　汉魏南北朝道教身体思维的融通性特征

身体是道教神仙家们体认世界，思考人生，解读社会的思想出发点，是神仙家们品评吉凶善恶的价值源泉。与西方哲学的异隔性、分析性不同，道教身体哲学思维的突出特征是融通性、综合性。无论是在身体与宇宙、身体与认识、身体与伦理的关系层面，还是在个体、群体、社会等不同的文化视角中，身体都无所不在地浸润其中，根身论思维、反身论思维和躬身论思维共同构成了道教身体思维的整体面貌，这种融通性的、整体性的身体思维有其产生的社会根源，它所蕴含的思维经验和思维教训，对于今人从事道学文化研究而言，依然具有重要的启示意义。

第一节　身体思维与宇宙本体的融通

何为身体思维呢？张国启指出："人们通过身体行为的惯常规范性形成身体思维，即凭借亲身体验、体悟而趋于致知，身体成为人的生命存在和生活实践的中介……"① 即是说，身体思想是在长期的身体行为基础上稳定下来的一种规范性的行为习惯。在此行为习惯作用下，人们以体验的方式感触世界，契悟事物的本质，并以身体为中介形成对生命和生活的透解。吴光明说："身体思维用情

---

① 张国启：《身体哲学视域下修身理论价值的现代阐释》，《南通大学学报》2008年第1期。

景和思考两种方式，自然而然地超越它自己，从而使具体情况呈现出来。”① 吴光明从“情景”和“思考”的统一性上厘定身体思维的特征，意在说明身体思维具有寓理于情、“行”以载“身”的特征。在各种具体的身体事件中呈现出身体自身，而不是在思辨中构建出我们的身体，故而身体思维即是一种“以身体知”的思维方式。

以此种观点考察中国传统哲学，杨儒宾曾就儒家的身体特征做出这样的阐述：“儒家身体特征是四种体的综摄体，它综摄了意识的主体、形气的主体、自然的主体与文化的主体，这四体绵密地编织于身体主体之上，儒家理解的身体主体只要展现，它即含有意识的、形气的、自然的与文化的角度。四体互摄互入，形成有机的共同体。这共同体中的任一体表现出来时，即自然地以其他主体为背景依据。”② 杨儒宾所要表达的意思非常明确：从静态的层面讲，儒家身体由意识、形躯、宇宙（自然）与社会（文化，或者如杨儒宾所说的“礼”）思维因素构成。此四种因素相互融摄，发用于生命实践中则各有所本但又互相诠释，它们交互作用，构成了整体之身。

上述学者对身体思维的体认和厘定，对于从整体上把握道教身体思维特征而言，不无裨益。但是，道教的身体观又与儒家的身体观不同，其中最大的差异就在于道教身体观是一种神身性的身体观，他们尊重肉身，重视身体价值。在理论着力点上道教乃以当下即在的肉体身为基础，儒家则以心性身为基点，由此导致二者所产生的人文效果也各自相异，道教乃自然化人文之教，儒家则以人文化自然为能。

在道教的身体景观中，宇宙处于思想前提的地位，影响着道教神仙信仰世界的构建基础，也对道教修炼和道教伦理等发生着极为重要的作用，能否将身体置于宇宙的情境中，和宇宙的生生之德相

① 吴光明：《庄子的身体思维》，蔡丽玲译，杨儒宾主编：《中国古代思想中的气论及身体观》，巨流图书公司2009年印行，第411页。

② 杨儒宾：《儒家身体观》，中研院中国文哲研究所筹备处1996年版，第9页。

互契合，直接关系着修道的方向，也影响着修道的结果，所以身体与宇宙的融通，既确保了身道价值的本体地位，也从认识论和价值论、历史观等理论层面为身体敞开了无限境界，使人的道德实践活动获得了至为完满的规定性。具体而言，仅就汉魏南北朝道教考察之，身体与宇宙的融通体现在不同的思想层面。

其一，从理论属性上看，无论身体还是宇宙，都不是纯粹的表达事实存在或者事物关系的范畴，而是借对万物和人的存在的客观性进行规定的基础上，更为真切地表达着一种价值情感，本质上是一种价值存在，这种价值功能，除了借助于宇宙的生生之德来表达之外，更为集中地表现为宇宙和道的关系。汉代的道教经典《太平经》对此说得非常清楚："夫道何等也？万物之元首，不可得名者。六极之中，无道不能变化。元气行道，以生万物。天地之大小，无不由道而生者也。"①

再如宋代道教类书《云笈七签》叙述"道生气"言："两仪未分之时，宇宙溟涬蒙鸿，如鸡子状，名曰混沌玄黄。无光无象，无音无声，无宗无祖，幽幽冥冥，其中有精，其精甚真，弥伦无外，湛湛空虚，于幽原之中而生一气焉。"② 道本身具有本体论和价值论的双重意蕴，它是"万物之奥"，又是"善人之宝"，以道统领的宇宙和天地万物，是利、真、善、美的统一体，身体不仅是宇宙造化之产物，更是"四大之一"，同样是利、真、善、美的统一体。可见，身体与宇宙在道中的融通，是自然而然的事情。

其二，从物的也就是客观存在的层面分析，天道运化的规律和生命运行的规律内在一致，身体与宇宙之间不仅同构，而且相互感应，交互影响，当然，二者之间关系的主要方面，表现为身体对于宇宙规律的敬畏和遵循。"老君曰：凡人求道，勿犯五逆六不祥，有犯者，凶。大小便向西，一逆；向北，二逆；向日，三逆；向月，四逆；仰视天及星辰，五逆。夜起裸行，一不祥；旦起嗔恚，

① 《太平经合校·守一明法》，第 16 页。

② （宋）张君房编，李永晟点校：《云笈七签·混元混洞开辟劫运部·混沌》，书目文献出版社 1992 年版，第 7 页。

二不祥；向灶骂言，三不祥；以足向火，四不祥；夫妻书合，五不祥；怨恚师父，六不祥。”① 日月水火，在道教看来，都是宇宙构成的基本要素，具有生生之德，对它们的敬畏和尊重，就是崇道修道。

不仅如此，道教在养生实践中更是将宇宙的这种生生之性和生生之道进行积极改造，将宇宙之性和生命之德反演于自身，形成了最具道教特色的养生智慧。《养性延命录》引《仙经秘要》云：“常存念心中有气，大如鸡子，内赤外黄，辟众邪延年也。欲却众邪百鬼，常存念为炎火如斗，煌煌光明，则百邪不敢干人，可入瘟疫之中。暮卧，常存作赤气在外，白气在内，以覆身，辟众邪鬼魅。”② 当道教在一种万物有情、万物各用的总体思想格局下，通过这种内观反身的方式与宇宙进行有机对话和交流的时候，它认为就打开了身体与宇宙之间进行彼此交流的途径，随着宇宙的信息和能量进入身体，身体就会发生生理和性理的必然变化，从而完成修行的任务。

其三，汉魏南北朝时期，伴随道家道教化的建设进程，神仙道教信仰建设成为道家此一时期所要完成的时代使命，为此，道教进行了一系列的努力，逐渐建构成了以神仙信仰为基本理念的神仙道教思想体系，作为教理基础的宇宙论自然也就被改造成为神仙信仰的宇宙论。气化宇宙的生成论宇宙观转换为以气化三清为特色的神学宇宙论，宇宙的神仙超越性、伦理价值规范性被加强。这一时期的宇宙论，在理论形态上呈现出复杂性，既有作为养生规范的客观宇宙论，也有作为神仙道德实践的神仙宇宙论。但到了后期，二者之间的分界线越来越模糊，宇宙兼具了养生规律和信仰对象的综合性功能。其中，神性宇宙论是汉魏南北朝时期道教宇宙论建设的主导思想。

在美轮美奂的神仙世界中，宇宙代表着一种理想化的境界，既

① 《养性延命录校注》，第133—134页。

② 同上书，第132页。

是修身成仙的理想之境，也是生命解脱后的存居之所；既是对现实道德世界的反映，又是道教艺术加工的产物。神仙宇宙的存在，既对现实的人生充满着无限的吸引力，召唤着人们趋向修行，又蕴含着浓郁的人间气息，让人们感到可亲可爱，从而为凡俗世界营建出一种虚化的真实性。在这种虚化的真实性中，身体与宇宙相互映照，身体的实在性经由身性宇宙的洗练而被神化，宇宙的虚无性和超越性经过身体的触摸而进入现实的人生中，赋予人在现实人生中以强烈的意义感和使命感。

《登真隐诀辑要》之《已上道君宫殿杂宝玄堂在上清妙境》为我们描述了上清境的神幻景象和道德功能，其载："上清之境有丹城紫台，上皇大帝君玉尊陛下集群真于其中，以定天下万民之罪福也。七灵台在上清境，玉晨道君所居。灵上光台在上清境，太师彭君所居。明真台在上清境东海八停山上，太帝所居。拂那瑶台自上清境方诸东华山上，青童君所居。"[①] 在整个上清境中，分布着各等神仙，各司其职，各显其能，从中我们既能够看出世俗世界的影子，等级有序，管理有方；又能够感受到道教神仙境界的理想景象。这里需要注意的是，由于道教在形成过程中，充分吸收了包括易学和医学在内的各学科知识，在它所描述的世界图景中，浸润着身体的光辉，充满了象数气息。我们可以通过关于神仙世界中象、数、方、时任一要素的描述，推测出这一神仙所可能具备的自然属性和价值功能，这是道教文化形成中值得研究的课题。笔者将另行撰文研究之，此不赘述。

对比早期道家和此一时期道教宇宙论所反映的基本的价值主张可以看出，与早期道家那种张扬个体价值、崇尚个性自由的价值观相比，道家的宇宙论更多地将社会道德秩序放于价值构建的中心地位，突出强调了道德训诫对身体的调节功能，但即便如此，它仍然保留了传统道家那种尊道贵德的基本价值导向，是对尊道贵德价值主张的宗教化改造。

---

① 《登真隐诀辑要》，第126页。

第二节　身体思维与真理之境的融通

“静”是一种修身的工夫状态，在道教的视域中，同时也是把握规律，致向生命澄明之境的必然之则。那么，由老子开启的道家学说，是如何对待知识生成问题的？在道家看来，真理的本质是什么？如何趋入真理之境，实现转识成智的效果？进而，如何评价道家的这种认识机制，它是不是一种纯粹神秘主义的认识论呢？这是哲学认识论研究的重要问题，也是研究道家认识论时需要着力思考的问题。在“身体”原理篇“汉魏南北朝道教反身体道的认识论思想”一章中，对道教身体认识论的发生机理问题已经做出了详细的论述，故本节仅从身体思维的视角重点说明身体是如何进入认识的真理之境，研判真理之的的。

认识行为是人成长过程中所获得的基本的实践能力，在道教看来，以身体为界限，可以将认识对象分为内外两个层次：一是以形躯身为界限所限定的内景层次；二是以形躯身为界限所构成的外景层次。认识的过程是不断使这两个层次的内容走向统一的过程，并且伴随着主体认识内景的转换，内外统一的层次以移步换景的方式发生着变化。正是根于此种原因，形成了道教的相对主义真理观。

以形躯身为界限，认识活动的发起有赖于身体意识的觉醒和身体要素的参与，“内观”是唤醒身体意识的必要工作。在通常状态下，由于世界处于“欲”的包裹状态，身体意识以潜在的方式存续于人的精神世界中，当人在特殊的机缘下走进道的世界，意图以“修”的方式体证大道存在，以获得终极意义上的生命安全保证时，“观”变成转换身心的不二法门。赖于“内观”之观，以形躯身为基础，本质上是身心一体的完整身体开始进入人的视野，作为认识对象而存在。

那么，在“观”的主体认知过程中，如何研判观的效果呢？也即如何在“观”中体悟道的绝对存在和宇宙的大化之理呢？又如何在把握宇宙大化之则基础上解决长生久视的终极关怀问题呢？此类问题，又何以能够借助观身的方式来完成呢？

老子云："视之不见名曰夷，听之不闻名曰希，搏之不得名曰微。此三者不可致诘，故混而为一。其上不皦，其下不昧，绳绳不可名，复归于无物，是谓无状之状，无物之象。是谓恍惚，迎之不见其首，随之不见其后。执古之道，以御今之有，能知古始，是谓道纪。"① 在这段话中，老子为我们精彩地描述了内观至耳目之识退位——道教叫识神退位，形体界限混而为一——道教称作元神显现，即身内的情景及其身体的认识体验。此时，一切由感官引发的经验认识，包括万物的边界——空间感和事物的始终——时间感，都"混而为一"，道境自现，真理自明。老子把这样一种认识状态称作"静"，在功至静时，再看宇宙万物，与感官经验世界中的万物之状是截然不同的。

在身体的认知逻辑中，一切经验世界之所以不可靠、不真实，皆是因为经验知识本身赖以生成的身体基础的不可靠性，或者说虚妄性。人的经验感受及其所形成的常识世界，皆因外缘而起，是身体的感官在触摸外界的过程中所产生的身体反映，其最大的特征是分离性、边界性和有限性。它们既是造成错误认识的根源，也是产生道德偏见的根源，是长生久视的大敌。因此，要修身保命，要体道归真，就要消除来自于经验世界的困扰。与西方传统认识论不同，道家运用身体思维的智慧，彻底规避了西方认知论哲学的困境。用道家的身体思维来检讨西方传统认识论哲学，存续于经验世界中的种种"洞穴假象"② 之所以难以根除，是因为在意识论的思维模式下，作为实体，如果彻底融入"变体"之中，则其自身也必然会陷入经验主义的巢穴，成为有限之物。如果将此实体推出于语

① 《老子道德经注校释》，第31—32页。

② 四假象说由英国哲学家培根提出。显然，人们之所以只能看到事物的假象，不仅仅是因为受错误观念的作用和影响，主要的还是因为这种错误观念的产生是同认知主体的幻觉相关联的。培根把这些虚幻的成分分为四种，即"种族""洞穴""市场"和"剧场"，并形成了这样四种假象，即"种族假象""洞穴假象""市场假象"和"剧场假象"。

言可表达的经验世界之外，则此实体由于不可说而导致认识上的不可知论。这种认识中的困境一直笼罩于西方传统认识论哲学中，直到康德那里，才以二律背反的形式展现于外。

道家则从一开始就选择了一条完全相反的认知道路，由于道家坚持身患的根源性，始终认为身体的问题是一切问题产生的根源，因此重塑身体价值就是人类思想活动和实践活动的终极使命。而要完成这一使命，不能依赖任何的外来价值，身体的问题必须交给身体来解决，包括认识真理的活动，也理所当然的是关于身体自身的理解与认识问题。

从本体论意义上论之，道家这种身体思维的认知论，自有其坚实的本体根据。“体知”性思维方式之所以能够合乎其理地推衍于身国、身天等逐层关系中，乃是因为它认为，家国天下本就同构同治，群体于天下，无非都是身体的延展与“比用”而已。借用西方后现代哲学的语言方式表达之，这种“身体借用”的思维方式之所以能够合情合理地得到尊重和运用，是因为其思想根基仍然源于身体自身的构成与生成之理中。按照后现代身体哲学的说法，身体之所以能够走出自身的狭隘视野，形成一种“大身”性的文化与思想格局，归根结底是因为身体器官本具一种能所兼备的客观属性，在这种能所互用的辩证关系中，身体走出了个体生命的狭隘格局，而养成了一种天地之身的认知智慧：“身体的各部分之所以能和谐一致地运作，是因为它们同属于一个正常的身体，某一器官的经验能自然地转为其他器官所掌握和利用。正是因此，身体的各个器官不是外在地相互排列的各个小世界，而是‘共同组成了一个在一般的可感（Sensible）面前的一般的能感（Sentient）’。”[①] 由此可知，道教认为养生之道能够适用于治国之理，是有其笃实的本体论基础，以及在这一本体论基础上生成的认知逻辑的。这种认知逻辑不是建立于理性的推导基础之上的，而是建立于身体生存论基础之上的，

---

① 张尧均编：《隐喻的身体——梅洛—庞蒂身体现象学研究》，中国美术学院出版社 2006 年版，第 147 页。

即身体之存在不是因身而存在，而是借助于各种关系而存在的。更为明确地说，身体世界不是一个孤立而独化的抽象存在，而是一个开放性的、不断生成的世界。

对事物本质的把握，随着内观层次的递进而纷纷纭纭，日常与身体相互缩合的世界万物，包括作为身体存在的整体场景的宇宙自身，都会由动入静地伏于静观而生的场景之中，成为“一”，归于“道”。老子云“致虚极，守静笃，万物并作，吾以观复”①。“观复”就是观照到事物往来复反，有始有终的客观规律，就是掌握了宇宙运化的真理之道。当观身至此时，造化之道、万物生命之理，人事运行之则，都了然于胸，吉凶自明，祸福避之，长生久视可待，长治久安可期。

第三节 身体思维与生命价值的融通

道教的修身不仅仅是为获得生命健康，也不仅仅是为长寿而为，这些价值目标追求的背后，包含着道教实现自我生命价值的不懈努力。道教的认识论实质上也是道教的价值论，因为认识万物规律的根本目的在于实现生命的“长生久视”，把握规律的目的意在深化对生命之道的体悟。道教修性命，重塑生命价值的过程，实质上是一个转化血气之身为道身的过程。

自我生命价值的实现包括对生命本质的觉解与认识，生命价值实现路径的设计与实践，个体生命价值与人类生存价值的关系问题等多层次的内容，生命价值思考的核心问题是生命存在的意义问题。健康、长寿、幸福、平安等固然是生命价值实现中必不可少的内容，但生命价值的本质非限于此。在道教看来，生命价值能否实现取决于生命与道的关系，能否经过长期的身体修炼，在艰苦的道德实践中实现性命双修，体道证道，与神合一，直至生命得到终极的解脱，才意味着生命价值的完满实现。

---

① 《老子道德经注校释》，第31—32页。

人降生于世，便以身体的方式呈现出世，它兼具血气之身的自然规定和神性之身的超越性质，二者合而为一地构成一个周全的“小宇宙”。生命中孕育的道性即生命的超越之性，并不会自然而然地展现出来，相反地，在交互性的社会关系中，形躯之身、血气之身最先展现出来，并极有可能流失于单向度的生存境遇中，使生命的超越性永无呈现的可能，这就是世俗社会对身体的遮蔽及其对生命的扭曲。所以，道教认为，实现生命价值的本质就是在保全和尊重形躯身的前提下，发挥超越身的功能，引领形躯身趋向无限之境，从而实现生命价值。

我们说，从哲学层面上而言，所谓的价值是人对自我存在意义的一种思考和内在觉解，包括我何以为我，我如何活着这两个层面的问题。道教对生命价值的思考，内在地包含着对这两方面问题的回答。对待形躯之身，道教并非像一些宗教那样，将之视作原罪之源，或者将之视作苦的集合体，而是把它视作人生在世的必要的构成向度，对形躯之身的修复和呵护，是实现生命价值，完善人的意义的必要前提。道教还进一步明确表达出，生命的意义恰恰在于以此种形躯身为基础所构成的身体的改造——使其不断克服世间生活中的层次束缚，实现生命的无限延长，达到以长度赢得生命价值质量的效果。

作为生命价值实现的基本方式，道教提倡内修和外行，即通常所说的内外双修这两个环节。其中，内修就是强调身体的炼养，它始终是道教实现生命价值的一条基本的线索，也是增益身心的根本途径。在内修的基础上，道教又注重外行，即高度重视“德”在生命价值实践中的地位和作用，提出了道无德不传，德无道不立的重要关系命题，说明道教充分认识到人作为社会关系的人，正确处理好社会关系，既是完满人格建立的必要条件，也是实现生命价值的必经环节。

笔者曾在拙著《道家内丹学说的生命价值观与现代转换》一书中，就道教生命价值的实现问题做出相关的阐述，现引用之以说明道教看待生命的基本立场：

> 从生命存在的意义上讲，“生”首先就是指自然的生命个体，它是由精、气、神构成的生命实体，精、气、神之间的相互作用就是生命存在的具体方式。……生命的“返璞归真”，就是生命按照道的规律运动的过程。在这一过程中，对道的体悟不断地促使个体生命走进世界，向世界敞开。而个体对生命的觉解，本质上也就是自我对于人生意义的认识境界，不断由个体向群体、由群体向宇宙大化之境转换的过程。而伴随这一过程，身体也以直观的形式影像出修行的奥秘，健康、长寿、神仙，成为生命价值的内在规定，演绎出道教生命价值自我实现的优美画卷。①

立足于神仙不死的基本立场，道教又建立起我命由我不由天，神仙可学亦可做的生命价值主体论，主张在生命化育历程中艰难跋涉，勇猛精进，这是将人的主体性高扬的生命价值观。

道教身体思维的融通性特征还体现在身体和道教历史观融通方面，老子云“执古之道，以御今之有”②，基本上奠定了道教历史观的整体运思特征。在道家看来，历史的本质不过生命运演的历程而已，个体生命的历程与人类生活的历程之间并没有本质的差异。所以，在道教的叙事中，历史叙事承担着为叙事话语提供本体根据的功能，如《太平经》“东壁图第一百六十三”篇云：“上古神人戒弟子后学者善图像，阴佑利人常吉，其功增倍。”③何谓“上古神人”，对此并未有确切的所指，但在叙事中使用之，即表示一种威权性的叙事经验，代表正确和必然的价值判断，宛如客观规律一样，在实践中违之则必然会招致“凶”的后果。所以道教的历史观逻辑地包含着这样一种潜在的认定：当下的直观经验总是有限性的

---

① 杨普春等：《道家内丹学说的生命价值观与现代转换》，四川大学出版社 2015 年版，第 41—42 页。

② 《老子道德经注校释》，第 32 页。

③ 《太平经合校》，第 455—456 页。

反映，它虚幻不真，唯有经过时间长河的洗涤，以历史选择和惯性累积的方式所形成的历史经验，才是真正可靠的。这与中国传统文化中“盖棺定论”的历史评价论不谋而合。

如从宇宙发生论的视角审视道教的这种貌似复古主义的历史观，也就不难理解道教为什么会形成如此特色的历史观了。道教认为，无论个体生命的演化，还是人类生活世界的转换，都不过是宇宙生生之道的运动轨迹罢了。即便在道教的神仙信仰世界里，历史的创生过程充满着劫世和救赎的情怀，但从本质上看仍然是“道生万物”思想的一种模式而已，是道教历史观的一种神学化的表述。

历史的发展规律与“生生之道”只是对同一个问题的不同叙说，在道教的历史视域中，尽管历史现象看起来纷繁复杂，其实只是芸芸万物的一个动象而已，它们各有所本，各归其根。如果能紧紧抓住人是身体的存在这一主题，以“归根曰静”的方式观察世界，就会惊异地发现，历史不过是由生命的始基出发，循天地之道生成变化的过程。无论人类在这一长河中走多远，都改变不了一个基本的事实，即生命总要回来，回到他的家园，在自然的大化之境中栖息。是故老子谓“能知古始，是谓道纪”①。反其道而理解之，则是“不能知古，亦不知今！”因此，在20世纪七八十年代以来的中国哲学研究中，存在着一种历史复古主义的道家史观，认为道家史观是一种消极避世的，反对进化发展的历史观，这是不明道家之“道”的真精神之故，也是不明道学文化的整体意境之故。

---

① 《老子道德经注校释》，第32页。

第七章　汉魏南北朝道教身体思维发凡

在身本论的道教哲学观视域下，根身的宇宙论、反身的体知论和躬身的伦理观作为身体哲学的三个维度，既是“以身体道”的过程中身体所指涉的三个基本情境，又是身体内在觉解和自我构成的三重规定。因此，在根身的意义上探寻事物生成、演变的价值根据，在反身的意义上体味考察认知对象的解释原则和认识标准，在躬身的意义上觉解事物的精神旨趣和理论思想境界，即是道教身体哲学思维方式的具体应用。

其中包含的一个理论层面的问题是，根身的宇宙论、反身的体知论与躬身的伦理观是如何有机地衔接为一体，构成身体哲学的整体理论景观的？

> 人，栖居在天空下，仰望苍穹，因惊奇而探究宇宙之奥秘，因敬畏而感悟造物之伟大，于是又可学和信仰，此人所以为万物之灵。①

神仙，就是人们栖息于大地之上，有感于宇宙之苍茫和人生之拘囿，而给自己营建出的一种理想的世界景观。或许，在宗教理论家们看来，道教的神仙世界无非一种虚幻的精神产物，是人们用以缓解身心痛苦和生活苦难的“精神鸦片”！然而，用哲学存在论的

① 周国平：《人生哲思录》，上海辞书出版社2011年版，第10页。

手术刀去解剖人自身，又有谁不是生活在存在的“焦虑”中的呢？又有哪一个人不渴望获得永恒呢？只不过，你有你的焦虑，我有我的永恒，这就是大千世界，芸芸众生。

故庄子说：“子非我，安知我不知鱼之乐？”① 在仰望苍穹而有感于宇宙之大，触摸生命而有感于人生之无常的真切体会中，道教直面“生死无常”这一本根问题，倾一代又一代人的身心之力，为自己也为人类勾勒出了一幅灵动缥缈而又多姿多彩的世界图景，就宛若在生活的沙漠中为我们精心打造出了一块人生的绿洲一样，她之美，有谁能体会？

第一节　道教神仙信仰的身体意蕴

从来神仙有人做，道教的神仙信仰，尽管因谱系复杂、地域特征明显，而被人们视作繁杂多端，但无论哪一层次的道教神仙，无论哪一地域的神仙信仰，都因其道德高尚而为人们所敬仰，亦因其功能强大而为人们所敬畏，更因其所秉具的亲民性、近身性而让人们感到和蔼可亲。那么，道教神仙信仰来自何处？与世俗的关系为何？从身体的视角看，奥秘就在于道教神仙有情、有理地存在于世，是真善美的化身。

一　“身”“神”合一：可感

在道教的思想视域中，身体是世界之于我的直接呈现，也是人置身于世界的必要方式，可以说，人存在于人的身体，无身体则无人。道教的这种思想情结，并非毫无根据的情绪呓语，而是建立于对身体的独特认知基础上的。在道教看来，身体既是自我与外部世界的界限，又是自我和外部汇通的桥梁。它既需要借助于现实的物质基础而存在于当下的多元关系中，又本质地包含着一种化身为神的可能性，道教的神话世界就是对身体的这种可能性的描摹、憧憬与追求。

---

① 《南华真经副墨》外篇《秋水》，第 252 页。

当代著名哲学家孙正聿在阐述神话世界产生的思想根源时说：“人在神话世界中，既把人的世界宇宙化了，又把宇宙的世界拟人化了。在那个被拟人化的宇宙世界中，人找到自身存在的意义和价值。所以人总是给自己构成一个神话世界。”[①] 这说明神话世界是人从宇宙的视角审视人自身的生活，然后把自己的生活内容投射进宇宙情境中，借以赋予自身以无限的创造性产物。给自己营建一个神话世界是人类的本性使然，离开神话世界，“意义”问题就失去了自身的“意义”。孙正聿说：

> 在人的“精神世界”中，超越“对象”的“表象”能够创造出人所要求的观念中的“对象”，超越“映象”的“想象”可以“不用想象某种真实的东西而能够真实地形象某种东西”，超越“表象”的思想可以使“表象”围绕思想的概念运转并用思想的概念去创造人所憧憬的“对象”，超越“知识”的“智慧”更是能够使人的思想与行为“保持必要的张力”和“达到微妙的平衡”以实现人与世界的和谐，超越“现实”的“理想”则使人类永葆自我超越的活力去追求对人类来说更加美好的未来。这就是人类的超越意识所构成的五彩缤纷的人的“精神世界”。[②]

道教的神仙观之所以能够成为人们精神崇拜与道德实践的对象，从文化心理学的角度讲，是因为道教的神仙以其完美性而激发出了人们对于和谐的价值观的憧憬，是因为道教的神仙已经成为一种美的情态生命的文化人格象征。借助于这种文化象征，人们不难从中感受到飘逸灵动的身体之美和生命之珍贵，还在于道教神仙表达了潜藏在每个人灵魂深处的那种终极情结——又有谁不愿意长久而快乐地生存于世，在“天地同寿”中欣赏造化的美景呢？然而，

---

① 孙正聿：《孙正聿哲学讲演录》，长春出版社 2011 年版，第 178 页。

② 同上书，第 280 页。

除了神仙之外，又有谁能够常驻于世呢？这样的身体感受蔓延于每一人的生活中，遂化为一种文化精神，蕴于我们的心灵深处，以生存智慧的形式启迪我们，让我们在琐碎的现实生活中保有一点理想的清泉。

那么，人是根据什么来为自己创造神话世界的呢？人又是如何来描绘神话图景的呢？道教对这两个问题的处理思路，一是以“道”为体，在“万物一体”的格局下确立道教神仙的地位；二是在“身”“神”同源的理论前提下，以“身”言“神”，以“身”造“神”。

《老子想尔注》说：“一者，道也。……一散形为气，聚则为太上老君常治昆仑，或言虚无，或言自然，或言无名，皆同一耳。今布道诫教人，守诫不违，即为守一矣；不行其诫，即为失一也。”[①]以“道”论“神”，将“神仙”视为“道”的化身，赋“道”性于“神性”之中，就将“神”提到了“道”的地位上，从而具有了“道”的一般属性。赵馥洁在论述“道”的价值品格时说：“作为‘万物之奥’的本体，‘道’是指天地万物产生、存在、发展变化的根本根据和普遍规律。作为‘善人之宝’的价值，‘道’则是指应该追求的崇高境界和达到的理想目标。”[②]“道”“神”合一后，神仙也就理所当然地成为万物之本体和人生之理想了。

如本书第一章所论，“道”和“身”之间存在着异常紧密的关系，“道”寓于“身”，“身”“道”合一，故而有“人体小宇宙”之说。道教将“道”做人格神化的处理后，自然也就消除了存在于“身”和“神”之间的异隔性，使“神”“身”融为一体了。

在以“道”论“神”的同时，道教以“气”论“道”，对神仙世界进行了动态的勾勒和描述。《太上升玄三一融神变化妙经》卷下称：

---

① 饶宗颐：《老子想尔注校正》，上海古籍出版社 1991 年版，第 12 页。

② 赵馥洁：《中华智慧的价值意蕴》，中国政法大学出版社 2002 年版，第 112 页。

一者，大也，故名之为道母。是故称玄一者，天尊位；称玄母雌一者，天皇位；称真一帝一者，道君位；称三一者，赤子真人位；称正一者，大法师位；称无名常存三一者，是混空虚无道炁未分，形相未立，浑沦无有形影，故名混沌无名，常存三一道炁，分形变化，百亿神通，故称空洞变化。①

道教在建设神仙世界时，常用“道”以立“神”之位高，常用“气”以明“神”之能。变化万端，功用无穷，皆是“气化”之所现。我们知道，在道教中“气”既是一个自然性的概念，又是一个身体性的范畴。道教以“气”论述神仙的形态、功能，就进一步拉近了身体和“神仙”的距离。如果说以“道”论“神”让“身”和“神”在本体层面有了共同的理论基础的话，以“气”论“神”则在日常经验的层面打通了“身”和“神”的交通路径。

梁启超在论述“中国佛教形成之原因”这一问题时说：“我想我们中国哲学上最重要的问题是‘怎么样能够令我的思想行为和我的生命融合为一，怎么样能够令我的生命和宇宙融合为一？’”② 与哲学家们以思辨的方式探索“生命和宇宙融合为一”的方式不同，道教是以“神仙信仰”的方式将生命和宇宙融合为一体的。它以“道”言“神”，使“神”成为宇宙在人间的代言人，让人因其高远而畏其大，惧其能；它又以“气”论“神”，在“神”和“人”之间交流汇通，让人不能不对其产生真切的“获得感”。李泽厚言：“存在的奥秘正在诗意地生存，这是中国哲学的传统。”③ 这一传统在道教神仙文化中得到了很好的体现。由于逍遥无待地存在于世间，与自然无待，不受物累；与社会无待，不入纷争；与身体无

---

① 《太上升玄三一融神变化妙经》卷下，《道藏》第1册，第853页。

② 梁启超：《论胡适之〈中国哲学史大纲〉》，《梁启超哲学思想论文选》，北京大学出版社1984年版，第362页。

③ 李泽厚、刘绪源：《该中国哲学登场了——李泽厚2010年谈话录》，上海译文出版社2011年版，第6页。

待，不沦生死。人生在世的一切矛盾都不过是生命本质的直接呈现，就如彻底现象学所描述的那样，我存在就是我的意义本身，其情其景，温润甜美。

二 寓理于情：可亲

后现代著名哲学家梅洛·庞蒂在其代表作《知觉现象学》中说：“现象学的世界不属于纯粹的存在，而是通过我的体验的相互作用，通过我的体验和他人的体验的相互作用，通过体验与体验的相互作用显现的意义。”① 道教神仙在中国人心目中，总是让人觉得可亲可爱，形成这种文化现象的原因，在于道教神仙总能进入人们的生活世界，与人们形成一种“体验性”的关系。正是因为其所具有的这种“彻底现象学”的认知特征，道教神仙信仰才没有以“主客二元对立”的方式形成对人们生活世界的压制，而是以“主体间性”的方式入于生活世界之中，让人觉得可亲、可爱。

道教的神仙尤其是早期道教的神仙，大都具有两个基本的特点：一是精通养生之术，并获得超凡的养生实效；二是有情有义，堪为道德楷模。

李刚曾说：“为什么活着？生命的意义何在？道教徒对自己为什么要活下去的坚定信念，就是追求神仙不死，就是得‘道’飞升，此即生命的意义之所在。”② 其实，道教的这种终极情结潜伏在每一个人的精神深处，只不过当道教将这种情结置于“人生意义”的形上境遇中进行审视的时候，所达到的那种彻底觉解境界会一下子把我们置于宇宙洪荒中而令我们不知所从。所幸的是，道教在激发起我们“活着”的意识后，又给我们提供了解决问题的方案——修道成仙，长生久视。这种生命否定辩证式的情感交流方式总会因为太过犀利而让人萌生无常之感，但又因为此种情感辩证法内蕴于每个人的生命体验中，又总会惹人同情，让人向往。

---

① ［德］梅洛·庞蒂：《知觉现象学》，蒋志辉译，商务印书馆2005年版，第17页。

② 李刚：《中国道教文化》，长春出版社2011年版，第53页。

所以，道教神仙中蕴含着这样一种生命诗情：

> 在大千世界中有一种透明的声音，曼妙清凉，从一切有情、无情身上流泻出来，你能听见吗？在娑婆世界中，有一种语言超越世间的听觉，深沉辽阔，大音希声，从一切生命、物命心中发抒出来，你能听见吗？[①]

道教的神仙种类繁多，有农神、海神、政治神、社神等，数不胜数。诚如李刚所论："道教与中国人的日常生活休戚相关，满足人们生活的各种需求，如儿孙满堂、升官发财、健康长寿、光宗耀祖、富贵平安、幸福好运等"。[②] 缘于这种世俗需求而形成的道教诸神世界，极其容易吸引人们的注意力，并愿意去拜奉它，或在心底接受它。

海德格尔以诗意的手法表达出了他对生活世界的憧憬："人建功立业，但诗意地栖居在这大地上。"[③] 道教神仙世界中流溢出的精神情趣，完全可以让我们一方面从事生活的创造，以担当起社会的责任；另一方面，又可以让我们在纷繁的生活中保持一颗清凉的心境，不致因为生活的琐碎而迷失生命的航程。

总之，与儒家"以礼训身"的道德哲学不同，道教展现出的是一种"以情化身"的生命哲学旨趣。它的目的是让我们从社会出发，再回到自然的"赤身"之境，以婴儿的人格状态诗意地存在于世。"与儒家不同，老庄道家从追求'自然无为'、生命自由的人文价值取向出发形成其'赤身'思想。""所谓'赤身'是自然之身的形象表述。这种赤身理性认为，婴孩那种赤身裸体，未被礼仪、文化过度规范修饰，保有自然之趣的童稚状态是人之存在的真

---

① 萧宏慈：《医行天下》（上册），橡实文化有限公司 2013 年版，第 10 页。

② 李刚：《中国道教文化》，长春出版社 2011 年版，第 57 页。

③ ［德］海德格尔：《海德格尔诗学文集》，成穷译，华中师范大学出版社 1992 年版，第 194 页。

理状态。”[①] 在这种婴儿般的人格状态下，识无所识，因为万物为一，生无可怜，因为身无所患，死亦无所惧，因已同于自然，通于化境。

三 显隐无间：可敬

道教中的神仙既注重个体生命的保养，又注重社会责任的担当，洋溢着“躬身”“履德”的主体精神。他们敢于担当的社会责任意识令人可亲、可敬！

道教认为，立“德”是证“道”的前提条件，修“道”当先从积“德”做起。对此，葛洪做了详细论述：

> 欲求仙者，要当以忠孝和顺仁信为本。若德行不修，而但务方术，皆不得长生也。行恶事大者，司命夺纪，小过夺算，随所犯轻重，故所夺有多少也。……积善事未满，虽服仙药，亦无益也。[②]

他认为，立德对于修道而言起着关键性的作用，服食仙药虽有效果，但那是建立在立德基础之上的。在道教神仙世界中，神仙都是德馨圆满之人，他们是善德的神格化的象征，能够成仙自然也就代表着极高的道德修养水平。

当然，“立德”仅仅满足于不做恶事还不够，尚需以积极的态度进入社会，主动为人们消灾解难，这才是真正意义上的行善积德。当然，道教认为，道教行善积德的方式有多重，帮助“生民”解除生命的痛苦和人生的灾难，是行善积德的表现，而在“道”的精神指导下，运用道学智慧辅助统治阶层建立太平社会更是大善行为。道学中素有“身国同构”的智慧传统，若追问为什么会形成这种传统，除了可以从道教“身本论”哲学层面予以诠释外，从

---

① 方英敏：《修身与赤身：两种不同的处“身”理想——先秦身体哲学的一个核心命题》，《贵州大学学报》（社会科学版）2011 年第 7 期。

② 《抱朴子内篇校释》卷 3《对俗》，第 53—54 页。

“行道”之实践的角度也可以给出合理的答案。

在早期道家那里，与“道”的多样性含义相适应，“德”也涵盖了多个层面的内容。尊重自然，爱护生命是“天德”；行善去恶，助人为乐，是人德；个人修行，不染凡尘，是私德；布道化民，治国理政，是公德。“德”的复杂性反映了躬身履道的艰难性，而面对艰难困苦仍然敢于担当，神仙道教伦理中所蕴含的这种主体精神确实令人钦敬！

神仙不仅可爱也可学，怎么学呢？道教也给出了答案：一是坚持不懈地进行生命炼养，践行修道的宗旨，体悟仙人的旨趣，以进入仙人的境界。《庄子·天地》言：“有仙人‘千岁厌世，去而上仙，乘彼白云，至于帝乡，三患莫至，身常无殃’。”然而憧憬仙境仙人还不可贵，中国文化的特色在于将此一憧憬和修炼的具体实践相结合，以一种不“绝地天通”的优雅方式将形上追求与个体生活结合起来，从而让人在现实的生活中体会到人生“意义”的真谛，此“乃中国文化至为可贵之处”①。

二是培养卓尔不群的道德品格。《太真玉帝四极明科经》言：“供奉尊亲，崇敬胜己，宗礼师君。腹目相和，如同一身，心无妒能，口无轻言，内外齐并，动止合真。”② 这种品格砥砺于生活之中，遂将个人修行与亲身实践结合为一体，涵养成了一种“大身”式的思维方式。

《赤松子中诫经》云：“人生堕地，天赐其寿四万三千八百日，都为一百二十岁，一年主一岁，故人命皆合一百二十岁，为犯天地禁忌，夺算命终。”③ 道教敢夺天地造化之功，敢行人伦自然之道，这种主体性精神与道教的“比身”“大身”的思维方式密不可分。

总之，道教所坚持的“道法自然”和“仙道贵生”的价值旨趣使道教文化在演变过程中逐渐形成了一种“相互感应”“通情达理”“万有皆真”的身体智慧特征，这使道教神仙文化中蕴含着鲜

① 潘雨庭：《道教史论丛》，复旦大学出版社2012年版，第60页。
② 《太真玉帝四极明科经》，《道藏》第3册，第417页。
③ 《赤松子中诫经》，《道藏》第3册，第445页。

活的生活气息。道学文化总能伴随着时代的变革而进行自我调适，“隐显无间”地续存于世，并逐渐渗透进百姓生活之中，化为民俗，积淀为民族性格，这就是道教神仙世界虽然缥缈逍遥，但又总为人憧憬，成为激发人们生活灵性的源头活水的根本原因。

第二节　道教生命炼养的身体思维发凡

生则生，死则死，本就是再自然不过的事情。然而，道家却提出：“域中有四大，人法地，地法天，天法道，道法自然。”① 于是，无论生还是死，对于人而言，都成为一个问题。因为“生”被纳入了“道”视域下，与“人”的意义产生了关联性。而从“道”的层面看待道教养生，养生的过程就不单单是对“术”的操纵那么简单了，而是一个“生道合一”的过程。在道教看来，所谓的人，其实是由多个生命元素构成的复杂集合体，而非单一意识的生命，修道的根本目的是修成“自我”，以“体道合真”！

魏晋南北朝时期，道教养生思想得到了长足的发展，形成了蔚为大观的养生思想成果。但理其根源，其所遵循的养生法则概未出于老庄之外，因而依循老庄之理，探析这一时期养生思想中所蕴含的身体思维特点，是本节研究的基本方法理路。

一　“精”“气”“神”：一种宇宙景观

在道教养生学中，对“精”“气”“神”的内涵、“精”“气”“神”在养生中的地位和作用、“精”“气”“神”之间的转换关系等内容，前人已着墨较多，也形成了非常丰富的研究成果，因而本节不再停留于这一层面进行分析，而是着重运用身体思维的方法去解读此中所包含的哲学意蕴，特别是宇宙论意蕴。

从身体哲学的角度发掘“精”“气”“神”三要素背后的哲学意蕴，需要思考的一个重大理论问题是：身体在致向“道”的形上

① 《老子》第 25 章。

之境的过程中，“精”“气”“神”各自发生了怎样的变化？因为“精”“气”“神”是身体构成的基本物质，它们之间相互作用，构成了生命运动的过程机理，欲探析身体形上学问题，必然绕不开对这三要素的分析，或者说，探讨身体形上学的问题就是对“精”“气”“神”及其相互关系做哲学性考察的过程。因此，如果仅仅停留在技术层面，对“精”“气”“神”给予一般的养生学意义上的考察，就难以揭示出三要素中的哲学意蕴。那么，“精”“气”“神”是如何层层递进，并入于宇宙大化之境的？或者“精”“气”“神”自身即为宇宙大化之境的一种呈现？如果是后者，它们如何显现？对这些问题的思考与回答，涉及中国传统哲学研究中两种不同的哲学思路。

一种是以新儒家牟宗三、冯友兰和劳思光为代表的哲学家们采用西方二元论哲学的方法，对问题做知识论的处理，或采用一种精神的超越法，以心性超越的方式对上述问题做出处理。对此种研究路径，李泽厚曾提出批评：

> （中国哲学）传统自上古始，强调的便是“天地之大德曰生”、“生生之谓易”。这个“生”或“生生”究竟是什么呢？我以为这个“生”首先不是新儒家如牟宗三等人讲的“道德直觉”、“精神生命”，不是精神、灵魂、思想、意识和语言，而是实实在在的人的动物性的生理肉体和自然界的各种生命。其实这也就是我所说的“人（我）活着”。①

在李泽厚看来，“生生之谓易”的真实意思在于揭示生命机体自我实现与自我创造的生命规律与生命运动状态。按照李泽厚的理解，“易”是变化之意，“生生”是“使生命生成”之意，因而“生生之谓易”的过程即“生命自我创造和自我实现”的过程。

---

① 李泽厚、刘绪源：《中国哲学如何登场——李泽厚 2011 年谈话录》，上海译文出版社 2012 年版，第 4 页。

再结合“天地之大德曰生”来看“生生之谓易”，显然，“生生”即“天地”之“生生”，天地之大德即“生生”之德，“生生”就是世界万物的本原状态。与西方二元论哲学视域下关于“世界本原”问题的提问方式不同，传统西方哲学以追问“世界的本原是什么”为基本的问题意识。在这种问题意识的驱使下，传统西方哲学总是自觉或不自觉地将哲学思考的方向引入设定本原性实体的方向上去——世界是各种现象的集合体，现象之后存在着一个本体的东西，它决定着世界存在的方式和发展的方向。康德将这种隐匿于世界之后的“本原”称为“物自体”，黑格尔则以“绝对理念”来表征世界的“本原”。西方传统哲学的这种致思方式对近代以来中国的哲学研究产生了深远的影响，李泽厚所批评的，正是那种以西方本原论思维方式来研究和处理中国传统哲学的致思取向。

中国哲学的基本精神不以追问“世界的本原是什么”为己任，而以领悟世界存在的本原方式为己任，呈现出一种内契式的本体返还论特征。在中国哲人看来，我的身体的当下存在就是世界之于我的全部呈现，认识我自己即是认识整个世界。这就是道教将人体称作“小宇宙”的哲学意义。汤浅近雄指出：“人本来就是宇宙万物的一部分，体认了内在于人身心之气的作用后，便能理解宇宙万物内部的作用原理（人是一个小宇宙）。”[①] 所以，中国哲学的“有限”和“无限”关系问题，实质上是“小我”和“大我”的关系问题，中国哲学的“绝对性”和“相对性”关系问题，实质上是个体生命的有限性与宇宙大化的无限性问题。

因此，中国哲人对“道”的思考，目的在于恢复个体生命的完整性，将生命由“不在场”的状态延伸到“在场”之中：

> 这整全的世界连同其永恒的生命流程，与我们自身的存在是连成一体且息息相关的，却又是现时的人的有限生命与实际

① 汤浅近雄：《灵肉探微——神秘的东方身心观》，马超等译，中国友谊出版公司1990年版，第74页。

> 经验所无从概括的。要从自身立足的有限世界存在进入直面无限的探究与思考，仍然属于“形上”对“形下”的超越，不过不是由“现象”超越至虚幻的“本体”，却是由“在场”（直接打交道的世界）延伸到“不在场”（未能直接打交道的世界），由局部（属人的世界）提高为整全（本然的世界）。①

在这一过程中，最先遭遇到的困境来自于经验有限性所导致的思维的困惑，生命的价值、人生的意义往往因为受其限制而仅看到眼前的东西，并信以为真。老子说“圣人为腹不为目”，其实就是对常人这种经验主义的批判。普通人只以为“眼见为实”，宛若庄子笔下的“河伯”，不知大海之肆逆，天地之广阔。殊不知，眼前之见之于生命存在而言，它所看到的东西，既非生命之所来，也非养生之本根，恰恰是这些眼前之见，遮蔽了诸如生命来源、人生本质这样的大本大原的实质性问题。因此，只有回到“腹”这一生命的本原处，才能真正树立起人的生命地位，进而体味到人生在世的实在感、安全感。

人生在世最直接也是最切要的问题便是“我活着”的问题。只要“我活着”，“世界”就与“我”同在。然而，人生最大的问题也恰恰在于，“我活着”总是处于被遗忘的状态。于是，人便追逐于功名利禄，轮回于爱恨情仇，生命因之而总是处于“不在场”的状态，“我活着”的现实问题也总是在生命即将失去时才被人们所认知。因此老子说：“反者，道之动。”② 从存在论意义上讲，这不就是让我们回到生命的本原问题上重新思考“我活着”的问题么？

由此可见，以“长生久视”为根本旨趣的道教炼养实践，抓住了“人生在世”的本原性问题，是一种真正正正地“直面现实”的学问。如田诚阳所感：“‘中华道家’不是消极避世的厌恶人生者，道以生为贵，所谓‘仙道贵生’，对于人生的热爱和对本体生

---

① 陈伯海：《回归生命本原》，商务印书馆 2012 年版，第 15 页。

② 《老子》第 40 章。

命的珍惜，决定了中华道家所倡导的‘长寿’和‘长生’的合理性，同时也使中华道家修炼学具备了青春常在的强大生命力。”①这种强大的生命力源自于直面本根问题的巨大勇气，这样一种行为，不仅是以个体之力夺造化之功，而且是以个体之力承载人类使命的恢宏壮举。试问：人世间有什么问题比“长生久视”更能打动人心，为人所敬仰呢？而人世间又有什么问题比“长生久视”更令人质疑甚至耻笑的呢？而道教却偏偏以“明知山有虎，偏向虎山行”的自信去挑战这一不可能的生命难题，又有谁能具有道教这种真精神，真气魄呢？

那么，如何达到“长生久视”的境地呢？道教提出了“精”“气”“神”合修的认识：“三气共一，为神根也。一为精，一为神，一为气，此三者共一位也……故人欲寿者，乃当爱气、尊神、重精也。”②“精”“气”“神”是人体构成的基本要素，合“精”“气”“神”于一体，就能做到“长生久视”。故而修炼“精”“气”“神”，合三者于一体，就是体道合一，就能递进于生命的澄明之境。《太平经·圣君秘旨》指明了“精”“气”“神”修炼的过程及其意义：

> 本于阴阳之气，气转为精，精转为神，神转为明。故欲寿者当守气而合神，精不去其形。念此三合为一，久则彬彬自见身中。形渐轻，精益明，光益精，心中大安，欣然若喜，太平气应矣。修其内，反应于外。内以致寿，外以致理。③

可知，以“精”“气”“神”为要素，三者相互作用，就是“人体小宇宙”的“生生”之道。而随着修炼过程中“精”“气”“神”之见的转化，生命的境界就会发生由内到外的转变，人生也就不断由“出场”返回“在场”，终究臻于宇宙大化之境，这就是

---

① 田诚阳：《中华道家修炼学》，宗教文化出版社 1999 年版，第 33 页。

② 《太平经合校》卷 154—170《令人寿治平法》，第 728 页。

③ 《太平经圣君秘旨》，《正统道藏》65《太平部》，涵芬楼 1923 年，第 192 页。

“精”“气”“神”显现出来的宇宙景观。

在这种细腻和恢弘的宇宙景观中，万物皆具生命，皆是一生命的存在，它们之间存在着一种“阴”“阳”生克变化的关系属性。“天地自能化生万物，万物自能在天地间化生；而这一切又均属自然而然，并非有意作为。”[①] 人首先作为万物之一而存在，然后才作为人而存在，且相对于万物而言，人与万物之间并不存在本质的差异。杨朱言：“人肖天地之类，怀无常之性，有生之最灵者人也。”[②] 人与万物之间在根本上是统一的，人和万物之间，只不过是一种“度”的差别。道教的“精”“气”“神”学说，既揭示了人与万物一体之性，又揭示出人之为人的本体论根据。

进言之，在道教炼养过程中，伴随着“精”“气”“神”的关系转换，天地自然的流变机制与生命化的身体构成有机地衔接在一起，身体世界呈现出两种不同的“客观真实”状态：一是以“精”为物质基础的生理、血气之身，二是以“神”为本位的超越之身。后者借助于存思、内观的方式与道教的“宇宙”“神仙世界”相衔接，构成一个汇通天地的超越之身。血气之身为表象，其中内蕴着致向神圣的超越性，是道教炼养的基础，也是“修身成人”的根据。身体的这种二重性在修炼中表现为两重天地下生命的聚合流转，真俗之判由而见之。

二 聚散之间：两重天地

根据修道、证道的不同层次，胡孚琛在《丹道法诀十二讲》中将世界分为先天虚空世界和后天实体世界两重天地，并用以指法身和色身两重境界。他说：

> 先天之世界（古称世界为天地）为虚空世界，在人体为法

① 成复旺：《走向自然生命——中国文化精神的再生》，中国人民大学出版社2004年版，第30页。

② 《诸子集成》第3卷，《列子》卷7《杨朱第七》，上海书店出版社1986年版，第85页。

> 身。后天世界为实体世界，在人体为色身。《参同契》这六句话，将“两重天地，四个阴阳”的真谛和盘托出。两重天地分虚无的天地和实有的天地，四个阴阳即先天阴阳和后天阴阳。从另一方面说，宇宙是一大天地，人体是一小天地，各有阴阳对应关系，也称“两重天地，四个阴阳”。[①]

从胡孚琛的论述中可知，道教的两重天地包含着多重含义，既指生与死两重天地，也指先天和后天两重天地，同样常用来表示高低不同的修养境界。在道教炼养中，“两重天地”用来指生与死两重天地。

陶弘景在《养性延命录》中说：“夫神者，生之本也；形者，生之具也。神大用则竭，形大劳则毙。神行早衰，欲与天地长久，非所闻也。故人所以生者，神也；神之所托者，形也。形神离别则死，死者不可复生，离者不可复返，故乃圣人重之。”[②] 陶弘景认为，形神之间的关系直接决定着生死问题，形神相合则生，反之则死。因而养生的根本在于保持形神相合，防止二者分离。陶弘景的这种思想主张和《太平经》及《黄帝内经》从“精”“气”“神”一体的角度论述生命本质的思想并不存在根本的差异，也反映出在道教内部，对于形神合一的观点抱有高度一致的认识。

按照形神相合的修炼原则，道教开辟出一条“玄之又玄”“损之又损”式的证道路径，体现出“反身体道”的理论特色：在“精”——形躯身——的层面，主张“啬精”；在“气”的层面，主张养护“内”气；在“神”——意识身层面，贵在“少思”“息虑”。总之，如陶弘景在《养性延命录》中引《太史公司马谈》言：“夫养生之道有都领大归，未能具其会者，但思每与俗反，则暗践胜辙，获过半之功矣。”[③] 一言以蔽之，“每与俗反”，将道教

① 胡孚琛：《丹道法诀十二讲》上卷，社会科学文献出版社2006年版，第130—131页。

② 陶弘景：《养性延命录》卷上，《道藏》第18册，第476页。

③ 陶弘景：《养性延命录》，张君房：《云笈七签》卷32，第713页。

养生之要尽数概括之。老子言：“众人熙熙，如享太牢，如春登台。我独泊兮，其未兆，如婴儿之未孩。累累兮，若无所归。众人皆有余，而我独若遗。我愚人之心也哉！沌沌兮！俗人昭昭，我独昏昏。俗人察察，我独闷闷。澹兮其若海，飘兮若无止。众人皆有以，而我独顽似鄙。我独异于人，而贵食其母。”① 养生之要，即存乎“俗”“异”之间，两重天地，两重身体景观，何去何从？每个人都应该考虑这一严肃的问题，并给出他自己的选择。

道教除了用“精”“气”“神”论养生之外，还用魂魄思想来表达生死之间两重天地的变化。《参同契》云：“阴阳为度，魂魄所居。阳神日魄，阴神月魄，魂之与魄，互为室宅。性主处内，立置鄞鄂。情主营外，筑完城廓。城廓完全，人物乃安。于斯之时，情合乾坤。乾动而直，气布精流；坤静而翕，为道舍卢。刚施而退，柔化以滋，九还七返，八归六居。”② 在身体中，魂魄相当于阴阳，它们互为作用，维护着身体的健康，当魂飞魄散时，生命健康就会受到严重威胁，甚至导致死亡。

在生命炼养中，随着“精”“气”“神”相互关系的转换，身体与万物之间的关系也发生着不断的变化，“我活着”也就展示为一种景观转换、意义迭生的美妙景象，身心境界遂呈现出高低不同的两重天地。

庄子说：“天地有大美而不言，四时有明法而不议，万物有成理而不说。”③ “天地之大美”中之“大美”，既归根于“天地”融涵万物、行而不言的质性，更因于“天地”本所具有的“身体性”特征。诚如李泽厚所说：“美远不止于审美，而是以人的践行为本从而与宇宙协同存在的‘天地之大美’。这大美不只是静观，也不只是自然界。没有人类和每个个体的活生生的存在、生活、实践、

① 《老子道德经注校释》第20章，第46—48页。

② 转引自胡海牙总编，武国忠主编《中华仙学养生全书》（上），华夏出版社2006年版，第49—50页。

③ 《庄子·知北游》。

奋斗，宇宙将是毫无意义的一片荒凉。”① “天地” 在修炼的过程中成为“我”的存在，是一种超越个体而升华为宇宙“全体”的“身体”情境，因此之故，“天地”即是“我”的“天地”，“我”即是“天地”之“我”。“天地”与“我”交相辉映，构成了一个有“情”的世界。

张再林在论“中国古代宇宙的身体性”问题时说：

> 显而易见，这一区别于实体主义的“肉身”的行为主义的“宇宙身”的理念，既是一种身体观又是一种宇宙论，故“《大易》不言有无”（张载语），中国古代宇宙论从来就不是什么“存有论”的（无论是把这种“存有”视为“物质”还是“意识”），而是一开始就是一种“身体论”的，它是一种根身的宇宙论，或毋宁更准确地说，乃一种根身的生态学。②

道教生命修炼就是以一种身体实证的方式现实地诠释了“大易”之美，有“情”之宇宙和有“理”之身体，缩结为一体，组合成了情理交融的生命世界。在道教修炼中，这一“情”“理”交融的世界又是通过“精”“气”“神”的相互作用关系来体现的。

汉魏之后兴起的道教内丹学，根据心性的不同变化，提出了识神、元神的双重身体观思想。张伯端说：“夫神者，有元神焉；有欲神焉。”③ 其中，元神是“指人一念未生时，未被意识、情绪活动所扰乱波动的寂定心体。”④ 识神则指欲望意识主导下的身心状态。内丹家根据修炼中身体内景的不同，将其分为识神、元神两重天地，实质上与以“精”“气”“神”为基本要素划分的两重天地，

---

① 李泽厚、刘绪源：《中国哲学如何登场——李泽厚2011年谈话录》，上海译文出版社2012年版，第122页。

② 张再林：《作为身体哲学的中国古代哲学》，中国社会科学出版社2008年版，第6—7页。

③ 《道藏》第4册，第364页。

④ 陈兵：《道教气功百问》，今日中国出版社1989年版，第70页。

并无本质上的不同，只是所依据的标准不同而已。

与西方经验和先验世界不同，道教的两重天地是内贯于身，随“精”“气”“神”的转化而上下汇通的两重天地，二者之间并不存在难以僭越的天堑鸿沟。在道教看来，无论是经验世界，还是元神主导的先验世界，无非都是人的生命运演的不同层面，道的世界归根结底是人的世界，是可知、可证的状态，而不是处于传统西方认识论哲学下先验世界的不可知、不可证的异隔性状态，这也是道家哲学认识论和西方“逻各斯主义”主导下的认识论的根本不同。

三 寓“道”于“术”：生活世界

道教养生术，内容繁多，方法各异，充分反映出道家重视养生的思想特色。葛洪说：“道家之所至秘而重者，莫过于长生之方也。”[①] 又说：“生可惜也，死可畏也。”[②] 重视长生，自然而然地就会围绕“长生久视”的价值追求开展身心方面的实践探索，经过累世积累，慢慢形成了道教蔚为大观的养生方术体系。

对道教养生方术做分类研究，可以发现它几乎涵盖了人们日常生活中各个方面的内容，与日常生活有着息息相关的联系。“大致分来，有服食与辟谷、导引与行气、缘督与按摩、内视与守一、存神与坐忘、医药与饮食、房中与起居等。可谓方法众多，于人们的日常生活内容无所不及。”[③] 这充分说明，道教养生思想已经与人们日常生活有机地结合在一起，成为一种生活化的实践行为。这也从一个侧面给出了“何以中国根柢全在道教”之问的答案。

不同的养生术所适用的条件、环境往往不同，因而在养生实践中，必须多闻而体要，实现“藉众术以共长生”的目的。葛洪说：

> 凡养生者，欲令多闻而体要，博见而善择，偏修一事，不

---

① 《抱朴子内篇校译》卷 14《勤求》，第 252 页。

② 《抱朴子内篇校译》卷 18《地真》，第 326 页。

③ 杨普春等：《道家内丹学说的生命价值观及其现代审视》，四川大学出版社 2015 年版，第 34 页。

> 足必赖也。又患好事之徒，各仗其所长：知玄素之术者，则曰唯房中之术可以度世矣；明吐纳之道者，则曰唯行气可以延年矣；知屈伸之法者，则曰唯导引可以难老矣；知草木之方术者，则曰唯药饵可以无穷矣。学道之不成，由乎偏枯之若此也。①

尽管道教养生术内容众多，方式各异，但又有所旨归，都以“道”为其理论根据，是“道”下贯于生活的具体体现。在养生实践中，既要准确把握每一种养生方术的使用特点，又要从整体上领会各种方术之间的内在关系，于“术”中见“道”。

“道”“术”不离的生活特征，包含着道教信仰建设的独特的思想意蕴，是对“道教信仰的作用何在”这一问题的思考与回答。人们修道，是为求得生命的究竟解脱，获得大自在，从人升华为神。人世间的各种诱惑，人自身对名、利、情的本能需求，都是修道之人的束缚和障碍，只有通过艰苦修炼来冲破这一切，人才能获得超越于人的智慧和力量，才能明悟生命之真谛，才能知道真正的幸福是什么。而这一切都需要在当下的生活中，在有情世界中来观照和体悟；离开了生活，修道就成为无源之水和无土之木，因而修道与践德须臾不可分离。

道教认为，实现生命关怀的最为直接也最为笃实的方式莫过于修炼，它构成了中国文化的身体底蕴，道教文化不尚空谈，不尚理论的疏辩，而认为人生之要务在于宝身全生，践行这一目标的最好方式就是养生修炼，反映出道教强烈的工夫本体特征。詹石窗结合自己的修行体验说：“经过了半个多世纪的人生历练之后，我重新回忆童年往事，感到我们的祖先对于生命由来的认识是很有智慧的，在他们心目中，人的生命并不是在天地产生之后才形成的，而是与天地一起孕育、一起‘孵化’出来的。”② 道教依托个体修行

---

① 《抱朴子内篇校译》卷6《微旨》，第124页。

② 詹石窗：《道教修行指要》，宗教文化出版社2006年版，第48页。

的生命体验，将之发显为一种生命主体创造精神，并凝聚为一种文化品格。

道教“贵身”的价值主张和“体道”的方法路径，将生命与生活互置，给我们浸润出了一种独特的生活智慧：生活因为有了生命的感受而成为有情生活，生命因为有了生活的支撑而化为有理生命，“有情”又“有理”的道教哲学，将生命的形上追求寓于形下的生活世界中，不出世间而诗情自溢，身居闹市而诗意盎然地栖居其中，从而真正实现了“诗意栖居”的人生情怀。

道教对生活世界的关怀，还体现为政治思想方面，李刚称之为“生命政治学”。他说：“所谓生命政治学就是道教的‘身国同治’论，即从治身的原理出发向外推到政治之道，以治身之道来治理国家，天下太平。这就是道教常讲的‘理身理国之道’。”[①] 自老子以来，道家素有政治关怀的思想情结，道教继承道家的无为而治、“身国同构”的思想，将之与道教炼养思想充分结合，形成了道教的医世观，反映出道教所具有的浓郁的社会现实感。

第三节 道教斋醮科仪中的身体意蕴

在许多人的思想观念中，常常将道教视作文化的代表。他们的这种判断往往建立在对道教“斋醮科仪”制度的直观感受上。那么，是否就如他们所认为的那样，道教“斋醮科仪”就是一种毫无意义的宗教迷信行为呢？

张泽洪指出：“道家斋醮科仪，蕴含着道教的神学理论、哲学思想、祭祀观念、信仰习俗，涉及道教文化的诸多层面，并对中国民俗、少数民俗祭祀文化有着深刻的影响。研究道教斋醮科仪，有助于正确认知和评价道教，弘扬中华传统文化，准确把握道教文化的现实意义。”[②] 在魏晋南北朝时期，道教最终成长为成熟的宗教

---

① 李刚：《重玄之道开启众妙之门》，巴蜀书社 2005 年版，第 24 页。

② 张泽洪：《道教斋醮符咒仪式》，巴蜀书社 1999 年版，“引言”第 2 页。

组织，其中一个极为重要的标志，就是道教斋醮科仪等独特的礼仪规制的形成。因此，对这一时期斋醮科仪思想做身体哲学的考察，能够很好地回应上述问题。笔者即从身天一体的本体论前提出发，按照身体哲学的思维方式，对道教斋醮科仪中所蕴含的身体意蕴给予提纲挈领式的解读。

一 斋醮根据：身天一体

斋醮科仪为什么具有解灾化厄的功能呢？在斋醮科仪中人们具有怎样的“获得感”呢？

试以《太上玄灵北斗本命延生真经》为例说明之。经云：“北辰垂象，而众星拱之，为造化之枢机，作人神之主宰。宣威三界，统御万灵，盼人间善恶之期，司阴府是非之乂。”[①] “北辰”具有主宰造化、规范人伦的功能，祭祀“北辰”，获得“北辰”所拥有的能力，可以达到化恶唯善，解厄除灾的效果。在道家斋醮科仪中，上章服符、请官法术等最为常用，道士们常用之驱鬼治病。按照道教文献记载，它们都具有较高的实用价值，用之得当常常会产生出人意料的效果。《登真隐诀》记载：“章符。若急事上章，当用朱笔题署。若欲上逐鬼章，当朱书所上祭酒姓名；若欲上治邪病章，当用青纸，三官主邪君吏贵青色也；若注气鬼病当作击鬼章。上章毕，用真朱二分，合已上之章于臼中捣之，和以蜜成丸，分作细丸，顿服之用。平旦时入静北向再拜。服之垂死者皆活，勿令人知。”[②] 又载：“请官：若有急事上章，当上请天君黄衣兵十万人，亦可入静，东向，口请令收家中百二十殃怪……若面目有患，当上章及入静，请天明君五人官将百二十人在南纪宫下，治面上诸疾。”[③] 从“章符”“请官”记载中可以梳理出几个理论要点：根据诉求内容不同而明确不同的上章对象；根据诉求对象的功能不同而使用不同的介质，如有用青纸者，有用黄纸者等；上章结束后服用

① 《太上玄灵北斗本命延生真经》，《道藏》第11册，第347页。

② 《登真隐诀》卷下，《道藏》第6册，第620页。

③ 同上书，第621页。

所上之章；虔诚祈请神灵护佑。如能按照上述步骤和要求去做，则自能达到良好的实践效果，谓之曰："服之垂死者皆活。"从上面的步骤中不难看出，章符实际上起到沟通人神关系的中介作用，它之所以具有一种神奇的力量，是因为经过一系列仪式的洗涤，章符自身已经发生了质的变化，具有了一种超人的神性功能。

那么，我们试着追问：如果"章符"和"请官"的实效确如所言，其发生作用的内在机理机制是什么呢？

诚如盖建民所言："在道教医学的病因理论中，鬼神致病说相当流行。这一理论认为患有某种疾病是由某种祸鬼所致，因此需要通过一定的上章、请官之类的法术，禀告上届天灵，呈请天神排遣主治官将下降，收捕、驱逐作邪鬼怪，医治疾患，道教疾病、请官自有其一整套严格的法规程式。"① 道教认为，在斋醮科仪过程中，能否在身心合一的安静状态下默会天神，而后反用于身（自身或己身），使身（自身或己身）具神性神能，而后达到驱鬼辟邪的功能，这实质上是道教神仙信仰在宗教实践中的一种具体应用，是以身神一体、身道合一的神仙本体论思想为理论前提的。

道教以神仙崇拜为特征，在长期的历史演变中逐渐形成了多神崇拜的显著特点。借助于形形色色的斋醮科仪方式，与特定的神仙进行沟通，从而获得该神仙的庇护和保佑，是道教举行斋醮科仪的直接目的。又由于道教的诸神都是"道"这一本体的化身，与"神"沟通也就是"与道合真"的过程。

如道教对于"斋"的定义是："斋者，齐也，齐整三业。外则不染尘垢，内则五脏清虚，降真致神，与道合真。"② 他们对于"醮"的认识是："醮者，祈天地神灵之享也。"③ 无论对于"斋"的定义，还是关于"醮"的认识，都表达出道教神仙崇拜的基本特点。道经言："窃寻经者，河图有披告之文；检阅真科，灵宝有忏

---

① 盖建民：《道教医学》，宗教文化出版社 2001 年版，第 279 页。

② 《斋戒》，（宋）张君房编：《云笈七签》卷 37，中华书局 2003 年版，第 805 页。

③ 《正一盟威经》，《道藏》第 18 册，第 257 页。

祈之典。敢缘慈训，式备醮仪，延降尊灵，祀崇真圣。”[①] 这更加具体地表达出这一思想主张。

如前文所论，在道教中宇宙是根身性的，宇宙和身体具有互感互训的基本特征，它对于宇宙的崇拜既是基于对宇宙的敬畏之情，也是敬身思想的宗教化表征，这种理论特征使道教神仙崇拜活动兼具“身体的亲切感”和“理性的神秘感”的思想魅力。李泽厚说：

> 理性的神秘是指宇宙为何存在这个问题是人的理性认识所不能解决或解释的，也就是我说的“物自体”不可知。它本身并不是神秘经验，但由对理性限度的认知而产生出来的情感体验或情怀、心境，因人的不同文化背景、个性、气质、经历等等，却可以（但不一定）产生非常近似于感性的神秘经验。[②]

在道教的斋醮科仪活动中，借助于种种规训手段，使身体入于一种“忘我”的情景中，从而以“身”“神”合一的方式彰显出身体的“无限性”特征，这是道家斋醮科仪的基本特点。这种运思方式将身体的理性和宇宙的神秘性合二为一，使彼岸世界与此岸世界和合于修行过程，呈现出鲜明的“理性的神秘”色彩。

个体的能力极其有限，要扩充自身的能力，达到日常生活中难以期冀的目标，就要借助“神性”的力量，而道教对此中神性力量的祈求与获取并不是纯粹寄托于“上帝”或“天命”之上的，它认为，“神性”的获得必须经由坚持不懈的身体修炼来达到。在斋醮科仪中，物象、人事、程序都具有一种神性色彩。毕竟，在人世生活中，人需要借助于特定的形式来表达自身的存在。

如《无上秘要》卷53《金箓斋品》言该斋使用时机时曰：“天有重灾，国祚不安，星宿越错，四气失常，兵寇疾厄，帝王不宁，

---

① 《解禳星运仪》，《道藏》第31册，第864页。

② 李泽厚、刘绪源：《中国哲学如何登场——李泽厚2011年谈话录》，上海译文出版社2012年版，第62页。

毒疠流布，天人死伤。”[①] 凡遇这些情况，就可以开坛设斋，以禳除灾厄，安镇国祚。那么，在金箓斋仪中，如何调动神灵力量以禳灾避难呢？一般而言，斋醮科仪都包含礼拜祈祷，“披头散发，依诀涂炭”[②]，身形步法，叩首忏悔等内容环节，对在不同的环节里需要干什么，怎么做都有明确的规定。如在金箓斋仪中，法师东拜礼称：“烧香燃灯，照耀诸天，下映无极长夜之中，九幽之府，开诸光明。以是功德，为帝王国主、君臣吏民，解灾却患。三景复位，五行顺常，兵止病愈，国祚兴隆，兆民欢泰，人神安宁。”[③] 在法师礼拜称颂的内容中，包含请求对象、诉求等内容。其实，对这些内容进行分析，不难发现道教斋醮科仪是以一种特殊的身体姿态向至上神表达诉求的过程，决定这种诉求能否实现的条件之一，在于施行斋者与请求对象之间能否进入一种神灵合真的氛围。

当然，在斋醮科仪中，除体现出道教身神合一的思想特色外，还充分吸收了天文学、易学尤其是象数易学思想，体现出在天人合一构建下斋醮科仪汇通天人的特征。

在道教发展史上，与易学的结合对于道教而言，具有极为重要的意义，象数思想的运用，不仅极大地增强了道教仪式行为的思想说服力，完善了道教修炼和道教仪式的理论根据，而且极大地拓展了道教思想诠释的空间，提高了道教宗教叙事的可信性。如前例所载，在斋醮科仪中，罡步的依归，咒语的使用，方位的选择，都包含着深刻的易理知识，建立于以阴阳五行、先后天八卦为主要理论的易学基础上。对易学与道教关系的研究，尤其是对斋醮科仪易学思想的研究，亟待进行。

二 运演机理：以“礼”训身

魏晋南北朝时期，援“儒”入“道”，以“礼”训“身”是道教改革的基本内容，斋醮科仪制度的建设也基本上循此理路进行。

---

① 《无上秘要》卷53，《道藏》第25册，第193页。

② 同上书，第194页。

③ 同上书，第195页。

中国古代常将“礼”“履”互训，谓：“礼，履也。”① 即“礼”是“履”的内容，“履”是“礼”的目的。其意在说明，由“礼”而“履”，是成人之道。道教斋醮科仪的建设也基本上依循了这种“礼”“履”互训的路子，将斋醮科仪视作修身成仙的基本手段。《上清灵宝大法》言：“陆君主张教法，立万代之范模；考定经典，别千古之真伪。身得度世，名列仙阶。”② 教法和经典都是修道成仙的重要媒介，依照教法和经典进行修行，可以正身而度世。斋醮科仪是教法教义和经典思想的程序化体现，依照一定的规范参与斋醮科仪的过程就是接受教法教导，修身正身以成仙度世的过程。

对道教斋醮科仪中身体思维运用问题的研究，可以很好地切应葛兆光之问。葛兆光在《中国思想史》中，就儒家礼制问题追问道：

> 在重建或恢复秩序时，首先遇到的是，秩序的合理性，也就是秩序再次得到共同遵循的依据是什么？在源出自“礼仪”传统的儒门人物当然认定，周代传承下来的仪式、象征及其规定的一整套等级制度是不言自明的秩序基础，但是当人们追问：“礼”所规定的秩序是怎么来的？它为什么是必然而且必需的？它如何才能成为符合人们需要的可能的秩序？③

从哲学的角度而言，葛兆光对儒家礼制的追问无疑属于一种思想前提式的追问，它涉及天文学、易学和身体哲学等多方面的知识，但从身体入手分析包括儒家在内的礼制问题，对于理解儒家礼制建立的根据和贯彻的运思逻辑问题，必能得一透彻的理解。

礼制及其斋醮科仪中的仪礼规范，是一种形式化的行为规范，是人们在生产活动、生命炼养和社会道德实践中所形成的制度化、科学化的行为系统，其中包含着人们对天地万物、道德人事规律的

① 《周礼·说文》。

② 《上清灵宝大法》，《道藏》第9册，第475页。

③ 葛兆光：《中国思想史》第1卷，复旦大学出版社2013年版，第159页。

深刻认识。借助于这些仪式化的行为，人们既可以为社会实践活动的正常有序开展，提供一种国家制度之外的补充性规范，又可以在这些仪式的运演中，舒展出一种生命情怀，从而愉悦身心。所以，无论儒家的礼制，还是道教的斋醮科仪，都具有训身明理、导身向道的性质，其中“蕴含着道教的神学理论、哲学思想、祭祀观念、信仰习俗，涉及道教文化的诸多层面”。就“礼”对身体的规训功能而言，道教斋醮科仪的基本功能可以概括为四个方面的内容。

（一）以“礼”训“形”

“形”包括身体形态和语言符号两方面的内容，借用身体和语言的方式传情达意，是人们在日常生活中常用的两种基本手段。在道教斋醮仪式中，对身形和语言的使用都有特殊的规定。如《涂炭斋品》指出：“谨相携率，为承天师旨教，建议涂炭，漏身中坛。束骸自缚，散发泥额，散头衔发于栏格之下，依灵宝下元大谢清斋，烧香稽颡乞恩。”① “束骸自缚，散发泥额”就是斋醮中关于身形使用的具体规定，在道教的许多斋醮仪式中都会出现。在《三国演义》中，诸葛亮借东风时“散发仗剑，面东而坐”的艺术形象，就是对道教斋醮科仪中身体姿态使用的生动描写。

在醮坛仪式中，发愿、赞颂、唱偈、念咒是必不可少的内容。它们与形体语言一起，构成了斋醮仪式中的重要内容。如《真武灵应大醮仪》中宣五方卫灵咒之第一首：“东方——九炁青天，明星大神。烛照东方，洞映九门。转烛阳光，扫秽除氛。开明童子，号曰玄卿。备卫我轩，上对帝君。收魔束妖，讨捕凶群。奉承正道，赤书玉文。九天符命，摄龙驿传。普天安镇，我得飞仙。与道合真。”② 咒语对东方神的描写，有形有象，有名有号，具体而细致，让人不由自主地生发出一种亲切的身体感受。

从哲学语言学意义上讲，语言是“历史文化的水库”，不同的语言形式和语言风格，实质上是人们对于自身与世界关系的独特的领

① 《无上秘要》卷50《涂炭斋品》，《道藏》第25册，第183页。

② 《真武灵应大醮仪》，《道藏》第31册，第907页。

悟。“人类的语言是历史文化的‘水库’，历史的文化积淀去占有个人。人们使用语言，就是被历史文化所占有。语言是历史变化的，规定着人们对世界的理解，因而也就体现着人的历史性变化和规范着人的历史性发展。”① 在斋醮仪式中，符箓、咒语等特殊的语言形式一旦形成，便会对信众的心理产生洗涤、规范和引导的作用，有助于激活他们的宗教情感，体悟神仙世界的真实性和真切感。

（二）以“礼”传“志”

在以“礼”训“形”的基础上，通过存思、观想等方式，可以进一步激发出独特的宗教信仰体验，提高身体的神性意识，为“与道合真”奠定基础。张泽洪说：“道家的存想，是对神仙世界的又一种追求形式。它的宗教意义是：经法师的存想，醮坛化为神仙境界的三清圣境，成为真实的神圣净坛，法师的步、诀、念、唱，也俨然是与神灵的真实交通。”②

譬如，《道门通教必用集》卷9记法师出官存想内容时说：“临目，先存三清在顶，道德众尊皆会于前，青龙、白虎、朱雀、玄武在左右前后，己身长丈余，遍体作金华之色。……然后开目启事毕，叩齿三通，咽液三过。”③ 存想在斋醮仪式中起着沟通身神的作用，正是借助于这种方式，心地得到涤荡，身神得以合一。

道教斋醮科仪是“精”“气”“神”的综合运用，或者说是道教特有的“内功外行”实践活动，进一步揭示出道教何以能够经由身体炼养而致向超越的内在机理。如程乐松所言：“以人神互动为基本内容和程式的科仪，其施演是以肉体的象征化为前提的。在科仪施演之前，物质性的身体通过象征化的身体与超自然力量相连接成为可能，进而展开具体的科仪仪式。”④ 道教斋醮科仪存想法的运用，诚然就是以观象取物、神通天地的方式，营建出身体的内景氛围，在身化肉身的同时实现了“与神灵的真实交通”的效果。

---

① 孙正聿：《孙正聿哲学讲演录》，长春出版社2011年版，第185页。

② 张泽洪：《道教斋醮符咒仪式》，巴蜀书社1999年版，第126页。

③ 《道门通教必用集》，《道藏》第32册，第52页。

④ 程乐松：《身体、不死与神秘主义》，北京大学出版社2017年版，第229页。

（三）以“礼”明“神”

“神”在道教中指涉的范围比较广泛，可以指自然神，也可以指道德神，道教科仪中最常见的则指身内神，是“身神合一”的身本论思想的生动体现。葛洪在《抱朴子内篇·地真》中论存想之法时说：“道术诸经，所思存念作，可以却恶防身者，乃有数千法。如含影藏形，及守形无生、九变十二化、二十四生等，思见身中诸神，而内视令见之法，不可胜计，亦各有效也。”道家在改造早期道家神人、至人人格的基础上，建立起神仙道家谱系，并围绕神仙信仰，确立了道教修行的伦理秩序。这种运思模式将身和神、知和行有机地统一在一起，展现出道教身体修行的实质含义。如杨儒宾所言：

> 礼安居于身，反过来，身亦安居于礼，身礼同化为一。此种模态使身体变成了文化的承载者。承载文化价值体系的身体以后只要一展现，它即会因为身体与世界早有一种相应调整的构造，所以它自然而然地会带出一种意义的空间。换言之，身体的展现到哪里，空间的意义也到了哪里，一种人文化、意义化的世界于此而形成。①

礼身之间浑然相契，礼为身之范，为身之“履”，是身体的外用和发显；身是礼之端，只有借助于“礼”的建立，道教神仙才确立了本体地位。

三 价值功能：净身化民

在社会人文层面，道教斋醮科仪是道教进入世俗社会的重要传播方式，对于道教步入世俗生活而言意义重大。用笔者的话来说，道教斋醮科仪是道教在“修身成人”的基础上，进一步实现“身化人文”的必然结果，此为道教修行所必须开展的双重使命，是道

① 杨儒宾：《儒家身体观》，中研院中国文化研究所筹备处 1986 年版，第 18 页。

教自身“内圣外王”建设的必要环节。因此，在“身化人文”的视域下观照斋醮科仪，斋醮科仪遂成为道教向社会传递关于真善美理念的重要途径。宛如儒家之诗经，其本意在于诗教，是社会化的诗之象征。“自周公制礼作乐，《诗》与音乐就紧密相连，作为周代乐舞的主要构成存在。无论采《诗》以观风俗，还是《雅》《颂》的祭祀宴飨、颂赞先王，不单单出于审美的需要，更把礼、乐与文采凝汇而成‘诗教’，用于贵族子弟礼教的启蒙。”① 道教的斋醮科仪也是道教教化民众的重要方法。

“道教斋醮科仪仪式，能表达炎黄子孙的生存需求和美好愿望，神圣醮坛那虔诚的诵经，默默的祷告，寄托着人们的宗教幻想：祈求上天护国佑民，风调雨顺，群生康乐，天下太平；期望亡灵冤魂拔度，万罪永消，用脱沉沦，早升天界，这是斋醮永恒的主题。”② 由于道教斋醮科仪的内容紧密地联系着人们的日常生活需求，容易激发出人们的参与热情，它发挥出的道德教化效果自然非纯粹的道德说教可比。

在实践中，道教斋醮科仪的具体作用主要体现为四个方面。

（一）净化身心

《斋戒录》载：“上清斋有三法：一者绝群独宴，静气遗形；二者清坛肃侣，依太真仪格；三者心斋，谓梳瀹其心，澡雪精神。”③ 从中不难看出，道教的斋醮仪式实际上是通过存神、咒语等方式，净化身心，然后以心通神，最终达到体道成仙的目的。在这一过程中所形成的身体感受，是体认神仙、追崇信仰的心理基础，也是落实神仙信仰实践的重要途径。如吴光明所说：“身体感觉同时是造成意义的东西；也是传达感觉的和具有意义的。”④ 在

① 任梦一：《弦歌〈诗经〉的礼乐传承》，《光明日报》（文史哲周刊·文学遗产）2017 年 12 月 18 日第 13 版。

② 张泽洪：《道教斋醮符咒仪式》，巴蜀书社 1999 年版，“引言”第 3 页。

③ 《斋戒录》，《道藏》第 6 册，第 1003 页。

④ 吴光明：《庄子的身体思维》，蔡丽玲译，杨儒宾主编：《中国古代思想中的气论及身体观》，巨流图书公司 2009 年印行，第 406 页。

斋醮仪式中所获得的身心感受，既是情感认同的基础，又是超越世俗、归于仙道的实践基础。

陆修静说："人能宏道，非道宏人。"① 斋醮作为宏道的重要途径，充分地发挥出道教神仙信仰的主体性原则，为道教信仰提供了从内到外的规范和保障。借助于斋醮科仪的形式，不仅内在的身心关系得到了协调，身神关系也借助于各种规范的礼仪形式而得到了从外到内的确认，可以说，斋醮科仪极大地提高了神仙实存的现实感，道教文化的传承如果失去这种现实感的支撑，很难想象道教能够作为文化瑰宝，影响着许多中国人的生命情感和生活意识。

（二）规范教门

斋醮科仪在道教的社会化过程中发挥着弥足珍贵的功能，在促进道教社会化的过程中起着不可估量的作用。如美国哲学家乔治·H. 米德所说：

> 没有某种社会制度，没有构成社会制度的有组织的社会态度和社会活动，就根本不可能有充分成熟的个体自我或人格体；因为社会制度是一般社会生活有组织的表现形式，而只有当社会与该过程的个体各自分别在其个体经验中反映或理解这些由社会制度所体现或代表的有组织的社会态度或社会活动时，才能发展和拥有充分成熟的自我和人格。②

道教斋醮仪式的制度化建设，在整顿道门秩序的过程中的意义斐然。

《中华道教大辞典》对"科仪"的定义是：

> 常与"斋醮"连用，称斋醮科仪。科，原意为量度，后引申为品类、等级、法令和条例等。南北朝时期，道教常以

① 《洞玄灵宝斋说光烛戒罚灯祝愿仪》，《道藏》第9册，第824页。

② ［美］乔治·H. 米德：《心灵、自我与社会》，赵月琴译，上海译文出版社1992年版，第231页。

> "科"和"戒"、"禁"等连用，表示对于道士行为的规定。《陆先生道门科略》中有句称："虽奉道法，不遵科禁"、"愚伪道士，既无科戒可据"等等，均以"科"作为道教徒行为的规定。《道藏》有《洞玄灵宝道学科仪》，据考为南朝刘宋时之作，"科仪"连用，内容包括道士修道生活和建斋设醮的各种行为规定。①

对威仪的解释是："道教仪式的总称，威，指郑重庄严。仪，指科仪。唐代道教仪式渐趋完整严肃，并且多以人间君臣之礼丰富道教仪式的细节。"② 从道家科仪制度所包含的具体内容看，道教科仪由内到外地对身体内外关系做出了较为细致和详细的规定，如仪表装饰、心理状态、步履手势、耳目动作等，可以说每参加一次道教斋醮科仪活动，对于道士们来讲就是一次修道、证道的宗教修行活动，是一次体证大道、与神灵交流的宝贵机会。他们在身心得到净化的同时，自然对于科仪中的礼仪规范也形成了一种敬畏的情感，将之作为宗教实践的一部分来看待。既强化了神仙信仰建设，也凝聚了道门人心，规范了道门教制，对于道教建设而言，起到了规范教门的作用。

（三）教化社会

张泽洪指出："道教教义思想体现在斋醮科仪的诸多层面，从某种意义上可以说，斋醮法会的举行，就是神仙对此道教教义思想的公开宣讲。"③ 通过这种宣讲，神仙信仰深入世俗人心，对于社会风俗习惯和伦理规范的发展走向，意义重大。概括而言，道教斋醮科仪在教化社会中主要发挥着两种功能。

其一，导人向善。

陆修静在阐述斋法功能时说："夫感天地，致群神，通仙道，洞至真，解积世罪，灭凶咎，却冤家，修盛德，治疾病，济一切，

① 胡孚琛主编：《中华道教大辞典》，中国社会科学出版社 1995 年版，第 507 页。
② 同上书，第 508 页。
③ 张泽洪：《道教斋醮符咒仪式》，巴蜀书社 1999 年版，第 249 页。

莫过去斋转经者也。”[①] 在道教斋醮科仪中充满着因果报应，积善成德的思想，人们参与斋醮科仪的过程，就是一次心灵洗涤的过程。

在斋醮科仪中，通过向神灵忏悔以获得神灵的同情和帮助，是诸多斋醮科仪制度中必有的一道程序，从现代心理学的角度着，这种罪过忏悔和内隐诉说的方式是调整心理压抑状态，释放不良意识的有效途径。《无上秘要》卷52《三元斋品》记载了道教斋醮中常见的斋醮形式，用于向天地水三官谢过，以解厄化灾。其中列举了一些常犯的罪过，大都由不遵道门科法和戒律而引起。这些罪过包括：“欺师罔道，秽藉天经，盗窃圣文，改易灵音。宣传正法，贪利入身，私相化授，五帝无盟，谋图反逆执行，不忠、不慈、不孝、不爱、不仁，上逆君父，下杀众生。掠夺人物，淫犯人妻，骨肉相加，门族交通，嫉妒胜己，竞争功名。口是心非，攻击贤人，饮酒食肉，浊注五神。骂詈咒诅，自作无端，八斋吉日，喜怒无常。轻孤贱寡，弃薄老人，凌践贫穷，逐宠豪强。诸如此罪，不可胜计。”[②] 从其细致乃至不厌烦琐的叙述中可以看出，这些罪过内容涵盖的范围非常广泛，几乎无所不包地涉及了日常修道和生活中各个方面的内容，然而，尽管内容烦琐但主旨却一致，即都是告诫人们要遵守礼仪规范，向善去恶。

其二，引领民俗。

作为本土性的宗教，道教与民众生活联系的基本方式之一，就是通过斋醮科仪的方式，将道教信仰渗透于世俗生活中，以风俗习惯的方式熏染着大众的心理情结。生老病死，春种秋收，四时起居，都与每一个个体的生命存在、生活愿景息息相关，针对世俗社会人们生产与生活的需要，道教建立了种类繁多、功能各异的斋醮仪式。如广泛见之于民众日常生活中的斋醮习俗有请福斋醮、度亡斋醮等，这些思想已经渗透于民间习俗中，对中国人的心理品格发

---

① （刘宋）陆修静：《洞玄灵宝斋说光烛戒罚灯祝愿仪》，《道藏》第9册，第824页。

② 《无上秘要》卷52，《道藏》第25册，第190页。

生着长远的影响。

（四）身化人文

道教的斋醮科仪制度是道教极富特色的文化景观，已经成为道教的一种文化符号，深深地渗透于中国传统文化的整体大观园中，发挥着长久的文化影响力。在斋醮科仪实践的过程中，包含着诵、演、思、观等多种身体行为，每一种身体行为的完成都需要娴熟的技能做保证，施法的效果也建立于施法者对其中的思想精髓有较为透彻的体悟基础上，因而道教斋醮科仪客观上起到了一种传承文化的历史和社会功能，它已经成为延续于道教文化中根深蒂固的身体记忆。通过这种身体记忆，道教一遍又一遍地向历史回归，并在历史回归中返本开新地以时代的姿态面对现实的生活世界。

不仅如此，道教斋醮科仪作为一种身体化的符号集合，承担着善道人心、转化人文的功能。文化符号学认为，人类存在于由各种符号构成的世界中，并以符号的方式向他者展示自己的存在，同时人也在符号的历史传承和历史记忆中不断地发现自身的意义，并创造出新的文化符号，因而人是一种符号性的动物。"符号是至少两个人，或者人与人之间，在对一个对象的理解上面能够达到'相符'的标志。"① "符号的使用使人类在意识中把世界分为主体和客体，使人类自身能够脱离主体的躯壳，站在客体的位置去审视自我的存在。这样，人类不仅可以活在当下，还可以回到过去，思考未来。"② 道教的斋醮科仪，是道教教理教义的身体化表征，是显现的文化艺术符号，成为道教区别于世界其他宗教的最为显著的特征之一。在斋醮科仪中，道士们通过身体的演练，礼仪的操守，创设出身神对话的独特语境。无论身处于这种氛围之中还是作为观众身处于这种语境之外，都已经成为这种独特的符号世界的一个个符号的象征，他们之间及其他们与神性之间，都彼此感受着对方的存在，并在这种独特的情感共鸣中体会道教神仙世界中所蕴含的磅礴

① 邓晓芒：《哲学起步》，商务印书馆 2017 年版，第 111 页。

② 丁建新、刘向东：《身体的言说——身体作为社会符号》，《天津外国语大学学报》2015 年第 11 期。

雄伟的生命活力，潜藏在人性深处的那种超越性的本质诉求也因之而被激活，身化人文的过程遂得以完成。

总之，道家斋醮科仪是道教身体的仪式化表征，是道教神仙世界在现实世界中的一种身体符号展示。对于个体而言，道教斋醮科仪是超越常意识开发灵意识，个体之身通达神仙之身，将生命修炼与社会行为规范结合为一体的一种身体实践活动。对于社会而言，道教斋醮科仪制度中蕴含着“天、地、人、我”同构同体，同情同感的生命智慧，这种生命智慧思想深深地影响了民众的文化心理走向。至今，道教斋醮科仪制度仍然是道教演法传教、禳灾避难的主要方式，它在传播正信，净化世俗民心方面所发挥的作用，应当得到肯定。

结　语

《道德经》中蕴含着一种人类性的深层焦虑意识，以此为底蕴，老子以“圣”“常”之辨的方式，针对常情、常理展开了尖锐的批判[①]，意在天地之间挺立起身体的地位，确立人道的价值。与儒家对待身体的态度相比，如果把儒家的身体观称作一种超越论的身体观，则道教的身体观无疑是一种返还论的身体观。在道教的人文视域中，人是被抛入人世的，从他降生时起，便必然地进入社会境域中，名利、富贵、自我、家庭、国家，成为身体存在的基本形式。它们相互交织，构成一个“我”的世界。“我”也似乎乐在其中，作为社会大众中的一员，追逐着功名利禄、富贵亨通，也享受着它们带给“我”的快感。老子给我们当头棒喝：“大道甚夷，而民好径。朝甚除，田甚芜，仓甚虚；服文采，带利剑，厌饮食，财货有余，是为盗夸。非道也哉！”处于名利包裹下的身体，随着欲望之流上下起伏，人亦因此患得患失，身心难安。在道家看来，处于此情此景中的身体，违背了天地生生不息的精神，不符合道的价值要求。身体的这种被遗忘、被遮蔽、被扭曲的状态，实质上是人自身的异化。因此，唤醒身体，让其在自身的沃土中为自我立法，并在自然的场景中重获自由，便成为道家哲学的真精神。

汉魏南北朝时期既是先秦两汉道家在叙事主题和运思逻辑上发

① 笔者研《道德经》的基本心得，认为作为哲学的老子而言，他开出了中国式批判哲学的先河。在老子哲学中，通过圣人立象的方式，对个体、社会和儒家学派的价值观进行了尖锐的批判，这种批判有认识层面的，有价值层面的，有历史层面的，借助于这种思想的批判，老子确立了身道价值观。

生重大转换的时期，也是制度化道教走向成熟时期。[①] 此一时期，伴随着《大洞真经》《太平经》《黄庭经》《真诰》等道教经典的涌现，先秦道家那种作为人性和人道价值的身体，在思想功能和表述形式上发生了重大转变，呈现出三大特征，或者说表现为三种理论形态。其一，具有身神合一的特征，身体作为道教神仙寄居的承载者和表达者，承载着沟通仙俗两界的功能，是超越之神和平实之人交感汇通的门径。汉魏南北朝神仙谱系逐步健全，既是世俗道德世界的神仙化表达，又是世俗世界秩序化的表征；既是对身体构成规律认识的深化，又是身内认知和道德世俗双重作用的结果。其二，技术化、模态化身体日益成熟。道教在继承方仙道、黄老道的基础上，与中医实践、象数易学充分融合，形成了系统的养生方技，对身体的训练、认知更加系统，基本上奠定了后世道教养生的技术格局。除此以外，模态化的身体还表现在道教斋醮科仪中对身体的符号化、易象化建设方面，身体的神性功能、媒介功能和隐喻功能得以强化，提高了道教的神秘性，强化了道教存在的形式感。其三，值得注意的是，道教继承了先秦两汉道家身国同构的思想传统，并吸收和发展包括天人感应和全息同构在内的中医学思想，形成了特色鲜明的医世治国论思想，成为道教入世的重要推手，表现出道教宗教化、世俗化一体发展的趋向。

西方后现代身体哲学的基本思想主张是，人是身体的存在，身体是人之为人的根据，也是人成为人的依据。围绕这一命题，包括叔本华、尼采和一些存在主义、现象主义哲学家们，意图借助于非理性的方式，唤醒身体在世界中的地位，首先是人在生活世界中的地位。在他们那里，或者以非理性的酒神精神、超人意志的方式来彰显人的存在价值；或者以现象还原的方式，意图确认人在世界中

① 与长期以来学界所公认的东汉为道教的产生时期的观念不同，著名道教研究学者詹石窗提出了不同的意见，认为东汉道教只是伏羲氏以后肇端的道家学说的宗教化表达而已，从而将道家和道教之间的内在渊源汇通为一。本书认同詹石窗的观点，认为道家和道教本出一端，道教只是道家学说在特殊时期的独特表述方式而已。无论道家还是道教，都可以统称为“道学”。

的地位；或者将身体作为一种“技术模态”，通过对身体的观察和训练，对包括人的心理和社会交往进行一种身体叙事式的解读与研究；或者在修行主义意义上研究身体，把身体划分为明、暗两种不同的存在层次，期冀在身心一元论中发现身体的神秘性，从而赋予身体以超越性的理解。西方身体哲学的研究视角和所取得的成果，为道教身体哲学研究提供了必要的理论参照，开拓了道教身体哲学研究的视域，为道教哲学研究提供了比较对象，这对于深化认识道教身体哲学的理论特征而言，是十分必要的。但应当认识到，生成于中国本土文化传统的道教身体哲学，不是要通过心物一元的叙述构造来消解或否定自然的生死过程，而是要以根身于内的道性为基础展开神仙实践和修行之术。因此，道教的身体完全不同于西方的身体，在道教看来，身体本具道性，自本自根地存立于世，它是人生在世的元价值，修身即是成人，身行即可化文。

思之弥深，行之弥艰。随着研究的深入，我越来越深刻地认识到，我的研究只是对道教身体思想进行了一种整体景观的描述，属于一种释义性的研究，对其中一些问题的论证及所得出的论证结论，对道教思想的认识而言，也许能够达到一种同情的理解效果，但由于缺乏严格经学史意义上的考证性支持，对这些问题的探讨还需要从微观层面继续展开。而且，从当代哲学发展的态势上看，精通中西方哲学史意义上的比较哲学研究已经成为时代哲学研究中所必须夯实的“地基”性工作，否则，许多哲学问题就会因为缺乏“世界视域”而黯然失色。当然，哲学研究的“世界视域”和哲学研究的“西方化”并不是统一的概念，对此必须保持清醒的研究意识。

在本书的撰写中，我同时认识到，一些问题之所以难以展开，之所以难以说透，归根结底是因为我的哲学学养能力的欠缺。质言之，由于驾驭中西方哲学思想史和哲学问题史水平的不足，对道教身体哲学研究中所涉及的重大哲学问题缺乏深度比较意义上的论述，导致许多哲学问题说得不清，论得不明。除此之外，本书中的许多所谓的“研究结论”，与其说是一种思考、论证的结果，不如说只是我阅读道经的一种体验，一种经验的汇报，因为尚缺乏研究的资料支持和逻辑论证。

同时，我也深刻地感受到，立足于道家思想资源，对西方传统哲学发展中的重大理论难题，对与当代哲学紧密关切的基本问题，完全能够进行系统的论证和回答。比如对西方传统认识论哲学中的经验主义难题问题，在道教身体观的视域内，根本就不成立。再比如当代哲学中的“学以成人”问题，在道家身体哲学中也都有详尽的考察和说明。

相信如果能在中西哲学的沃野上对道教身体哲学研究中的诸多问题再加雕琢，再深思之，必能够呈现出更好的理论形态，更为鲜明地揭橥出道教思想资源中所蕴含的丰富的身体智慧，然而，由于这样或那样的因素，虽然万般不舍，但也只能留待以后探究了，“心有所向，力有未逮”也许是每一个哲学人都曾遭遇的状态吧，那种欲罢不能欲说还休的感觉只有在今后的哲学研究中倾吐之，诉说之，抒发之了。

附　　录

一　道家身体哲学研究有感：理性的突破，身心的洗涤

（一）以“身”言理：由身而发的理论自信和理论自觉

“如何弘扬中国传统文化之一的道教文化呢？最主要的，是要对道教的教理教义在进行系统总结的基础上，对其中精华和合理的内容，结合现实的需要进行新的阐释，使道教文化能够适应当代社会的发展而得以发扬光大。”[①] 卿先生的阐释告诉我们：“要弘扬中国传统文化之一的道教文化”需要具备两个要件：一者要对道教的教理教义进行“系统总结”；二者要对道教的精华结合现实进行“新的阐释”。对道教文化的身体哲学阐释就是从事“弘扬道教文化”的一种思想探险工作。

从事这种哲学思想的探险工作，要努力做到“以理服人”，用理论所蕴含的思想魅力去感染人，用理论论证的逻辑力量去激活人们的理性思考热情。只有这样，才有可能达到“以理服人”的效果。从身体哲学的角度而言，要真正达到“以理服人”的效果，首先就要做到“以理服己”。自我在成长的过程中所遗留下的生命印痕，在哲学思考中所长期积聚的理论困惑，在养身体验中所生发出的心灵迷惘，以及在阅读道教文本中所涌现出的思想难题，都会以思想“集结号”的方式，一次又一次地向我发起冲击，使我欲罢不

① 卿希泰：《道教文化与现代社会生活研究》，巴蜀书社 2007 年版，第 2 页。

能，欲说还休。就在这种集身心体验与理论反思于一体的身体感受过程中，一种理论自信心也会由衷生起：明乎道教的演变历程，便会明白道教教理教义之形成自有其思想根源、理论根基；证乎道教修行之精神，便会深解道教自有其独立之形上智慧。在跨文化的视域下审视这种形上智慧，别有一番理论的洞天。否则，囿于哲学的名词之分，限于道术的枝节之中，便难以以一种理论自觉的方式开出道教哲学的新气象。因而在道教哲学研究中“以理服己”就是要笃实这种理论自信，达到一种理论自觉的自由状态。

在这种理论自觉状态下继续追问道教作为一种成熟的文化形态，其作为“意义”的社会自我意识，其赖以为据的理论基础何在？这种理论发生的思维逻辑如何？在此种问题意识的催化作用下，思想所关注的范围自然地由“个别”进入“一般”，意识也由“个体意识”进入一种“类意识”之境中。道教哲学研究欲求达到“以理服人”的理论效果，就要对这种“类意识”给予“一般”性的探究和分析。如此，才可称之为“哲学”的研究；如此，才能以其所蕴含的人类性的思想魅力去说服人。

孙正聿指出：“哲学作为‘意义’的社会自我意识，它的巨大的生活价值，首先在于它把人类以各种方式所创造的‘意义’，‘聚焦’为照亮人的生活世界的‘普照光’。”① 道教在中国人的生活中长久地发生着作用，影响着他们的人生态度和人生取向。作为一种文化样式，道教文化早已经浸入中国传统文化的方方面面，与其他文化交织在一起，构成了中国传统文化的整体格局。道教能够在文化历史的长河中成为不可或缺的一个有机要素，成为传统文化典型的符号标志，是与道教文化中所融涵的“‘意义’的社会自我意识”不可分割的。当代西方著名文化哲学家卡西尔说：“它（指哲学。——笔者注）能使我们洞见这些人类活动各自的基本结构，同时又能使我们把这些活动理解为一个有机整体。语言、艺术、神

① 孙正聿：《崇高的位置——世纪之交的哲学理性》，吉林人民出版社 1997 年版，第 21 页。

话、宗教绝不是互不相干的任意创造。它们是被一个共同的纽带结合在一起的。”① 正是借助于道教文化中所蕴含的这种哲学思想，道教才始终没有沦落为一种纯粹的“技术模式”，没有因为迎合世俗而失去根于人性的超越性品格。它总能以“普照光”的方式给接触它的人以思想的启迪，这恰是道教文化的根柢所在！

追求“长生久视”的道教哲学，是一种在“身”的实修中体悟生命大道的智慧学问。“言”“听”“行”等，既是身体存有的标志，又是身体实践的基本方式，因而兼具“材质”和“属性”的特征；“精”“气”“神”等，既是生命构成的基本要素，又是生命由个体生命致向宇宙生命的必由之路，因而兼具生成和转化二重义；“天”“地”“人”等，既是一种“有我”之“实在”之物，又是一种“无我”“虚象”之状，因而兼具实然和应然之属性。“道生一，一生二，二生三，三生万物”②，在道生万物的统一性中，万物之间存在着有无相关、即自和对自否定统一的矛盾关系，即成即毁、即有即无，世间万物皆因“对待”而生，万物的背后并不存在一个永恒的“上帝”。因此之故，有学者称道教文化并非一种“技术模式”的文化形态，而是一种根身性的“生命模式”文化形态。③ 它的一切方面的内容都深深地浸润着一种生命气息，流淌着一种生活情怀，即便是承担着认识功能的主要范畴“心”，也只是整体之身的一种功能表征而已。心感与身行，须臾不可分离，构成了道教的整体之身和有机之身，亦是本体之身。上清派的代表性经典《上清大洞真经》卷 1 这样描写了“存思日月”功法的内容：“口吸日月一息炁，分三九咽，结作二十七帝君”，其中“九帝下入绛宫，穿尾闾穴，上入泥丸；又九帝亦下穿绛宫，入下关之

① ［德］恩斯特·卡西尔：《人论》，甘阳译，上海译文出版社 1985 年版，第 87 页。

② 《老子道德经注校释》第 42 章，第 117 页。

③ 德国学者彼得·科斯洛夫斯基在《后现代文化》一书中指出：关于文化的思想不应该以“技术模式”为导向，而应该以“生命模式”为导向。“技术模式”的文化观认为，世界是“造”出来的，而“生命模式”的文化观则认为，世界是“生”出来的。由“造”和“生”的分歧进而派生出一系列文化观念的分歧。参见［德］彼得·科斯洛夫斯基《后现代文化》，中央编译出版社 1999 年版，第 79 页。

境；又九帝入中关之境，令日月使照一身，内彻泥丸，下照五脏肠胃之中，皆觉洞照于内外，令一身与日月中之光共合。良久，叩齿，用‘嘻’字吐息。”① 在“存思日月”功法的运用中，行功的要害在于需要在身体内景中将“存神”“吸炁”“叩齿”等方法依照一定的数理规律有机地结合起来，按照身体内景次第秩序的不同，内演内炼，以达到凝结身心，升华气质，改造体质的目的。在这一过程中，“心感”与“身行”以“存神”“叩齿”等身心操练行为结合在了一起。

道教炼养中的这种整体之身与有机之身，在道教文化的视域中滥觞为一种身体思维，以身体“普照光”的方式为人们提供了一种精神的张力。它以一种自身否定性的方式将人生的意义建立于个体身体活动基础上，借助于以身观身的方式形成对生命态度和生活方式的评价，最终彰显出一种身体理性智慧之光。在这种“普照光”的照耀下，不仅貌似散乱的道教文化得到了一种统一性的理解，道教文化中所蕴含的丰富的形上学思想也获得了现实的价值。如卡西尔所说：

> 在神话想象、宗教信条、语言形式、艺术作品的无限复杂化和多样化现象之中，哲学思维揭示出所有这些创造物据以联结在一起的一种普遍功能的统一性。神话、宗教、艺术、语言，甚至科学，现在都被看成是同一旋律的众多变奏，而哲学的任务正是要使这种主旋律成为听得出的和听得懂的。②

追求“以理服人”的道教身体哲学研究的目的之一，就是努力使道教文化在当代人们的生活中仍然被理解和被接受，并在新时期焕发出新的生命力。

已故哲学家高清海曾指出：

---

① 《上清大洞真经》卷1，《道藏》第1册，第518页。

② ［德］恩斯特·卡西尔：《人论》，甘阳译，上海译文出版社1985年版，第91页。

> 哲学思维方式是以理论形式表达的生存状态和存在方式。人是什么样的，人与外部世界的关系是怎么样的，人们对待世界的方式、看待事物的方法也就基本上是怎么样的。哲学思维方式提供给人们的，就是这样一种适于人们存在状态和发展需要的用以对待世界的“人”的观点，遵循并贯彻这种观点，人在自身活动中才能充分发挥作为人而有的能动创造作用，这就是哲学思维方式的根本价值。①

在道教看来，人的存在是一个不断生成、不断创造的过程，人即是人的身体，人的生成过程就是身体的创造过程，真人、神人、神仙都是身体的一种存在样态。这种根身论的思维方式反对将事物做简单的一分为二的分析，反对肉身化的庸俗哲学观，更反对一种无原则的泛身主义方法论主张，它力求在“我的世界就是我的身体”中开出一条独特的身体景观。

（二）以“身”明理：道教身体哲学的整体理论景观

牟宗三指出：“任何一个文化体系，都有它的哲学。否则，它便不成其为文化体系。”“哲学是文化的核心，是指导一个民族文化发展的方向与智慧，即慧明所在。”② 沉潜于道教的精神世界中，对它做一种同情式的观照，就会情不自禁地发现，在貌似凌乱、芜杂多端的道学世界中隐匿着一种不可遏抑的身体情结，贯穿着一种若隐若现的身体理性之线。以身明理、即身即理成为道教自我理解和自我建构的思想真谛，不仅“道”意蕴含于身，“道”理也依身而显，“道”和“身”构成了道教意义世界的理论基础。文化哲学家卡西尔在论述哲学的特征时说：

① 高清海：《哲学的创新》，吉林人民出版社 1997 年版，第 82 页。

② 牟宗三：《中国哲学的特质》，上海古籍出版社 2007 年版，第 6 页。

我们全神贯注于对种种特殊现象的丰富性和多样性的研究，欣赏着人类本身的千姿百态。但是哲学的分析给自己提出的是一个不同的任务。它的出发点和它的工作前提体现在这种信念上：各种各样表面上四散开的射线都可以被聚拢来并且引向一个共同的焦点。①

在道教中，这个“共同的焦点”是按照身体的发生逻辑而展开的，即便对于具有至上性的“灵文”“天书”而言，也需要遵循有情之身的生化运行规律，借助于身体的规范和约束为修道提供一条康庄大道。《太上洞玄灵宝真文要解上经》言：

灵文妙重，出于自然，故标其至德，以贵其真。夫灵宝五文，皆天地之根。化生五老，上总五星，下镇五岳，运导五行，通人五脏，安气养神，保国宁家，使帝主兴隆。……元始之旨，其微其深，今故相告，秘而勿宣，勤加修诵，道自成焉。②

“灵文”之所以“妙重”，从身体的角度讲，是因为其具有生成之德、生命之性，此种生成之德和生命之性，与人五脏之性、神气之理，微妙契合，人只要“勤加修诵”，即可“道自成焉”。可见，从身体的角度讲，“灵文”与其说为修道提供了一种价值根据，不如说为人提供了一种修道的方法。这无疑为我们从哲学的角度审视道教文化提供了一种“共同的焦点”。

人自被“抛入社会”始，自由便成为具有人类性的一个永恒课题，与儒家不同，道教将社会性视作当然而然的类本性，而将真正的自由视作对自然性的追求和回归，因而自由之路是在“相反相

---

① ［德］恩斯特·卡西尔：《人论》，甘阳译，上海译文出版社1985年版，第281页。
② 《太上洞玄灵宝真文要解上经》，《道藏》第5册，第904页。

成”中实现的。自然，作为身体的母亲而成为生命的终极之本原，又作为身体的镜子成为身体自我关照的参照物，为身体指明了修行的方向。道教的身体自然观从整体上体现出了道教哲学思维方式的基本特征，使其从根本上迥异于其他哲学观。周国平说：

> 人类天性中有一种不可消除的冲动，就是要对世界和人生的问题追根究底。这种冲动虽说提升了人的存在的精神品质，但并不有利于人类在生物学意义上的生存。仿佛是为了保护人类的生存，上天就只让这种冲动在少数人身上格外强烈。①

周国平意在说明，哲学从本质上讲是一种精神性生产活动，它萌发于人类与生俱来的一种终极问题意识，自其本性而言，哲学研究是少数人的专利，因为“这种冲动”对人类“生物学意义上的生存”而言，并非有利。如果将“生物学意义上的生存”与“精神品质”并列看待的话，周国平显然是说哲学思考是一种纯粹的精神性活动，超越物质性，超越自然性，超越形躯性等一切物种意义上的存在乃是其固有属性。从道教身体哲学的视角解读周国平的这句话，显然会得出不同的结论。

因为道教对于终极问题的追求，并不是以纯粹精神之“思”的方式来完成的，而是以“体”的方式来“载道”的，道教对“终极问题”的追问，恰恰以对“物种意义”的人类性存在进行探索和实践为己任。这是道教哲学区别于其他哲学观点的显著特征。正是基于对身体的一种退入式的观察和思考，道教形成了身体宇宙论的哲学景观。在此宇宙景观上，主体形成了对万物的本根性的领悟和把握能力，也就是老子所说的“致虚极，守静笃，万物并作，吾以观复”的境界。由于身体以剥落式的方式进行自我去蔽，循着内在扩充的路子最终进入无待之境。在此过程中，社会生活与文化环境皆构成了身体活动的现实境遇，对身体的退入具有切实的“意

① 周国平：《善良 丰富 高贵》，万卷出版公司2009年版，第189页。

义”。毕竟，身体不是一个抽象的、孤立的个体，它要在各种具体的社会生活环境中展示自身，并以此作为自身存在的必要条件。所以说，道教的身体观是一种自我认识和自我实现的身体观，而不是机械的身体观。尽管，在持机械身体观者看来，身体作为造物主所创造的产物，仍然蕴含着无穷的审美奥秘，但与道教相比，这样的身体毕竟只是作为精美的机器构造进入人们的视域的，而不是世界本身。如达·芬奇写道：“哦！我们的身体仿佛一台机器，埋头研究摆弄它的你，通过别人的死才能了解它，但不要因此而伤心难过。我们的造物主以无上的智慧创造出这般卓越的用具，你应当为此感到欣喜。”① 身体宛如一幅精美的油画一般，但你要了解它，认识它，只有通过研究死人的身体才可。这样的身体观和道教的身体观显然存在着天壤之别。

综合而言，道教的身体，既是血气之身，又是精神之身；既是天地之身，又是主体之身；既是生命之身，又是生活之身；既是个体之身，又是群体之身；既是凡俗之身，又是神仙之身。总之，道教的身体蕴含着多重意蕴，是我们存在于世的标志，也是我们创造意义的切入点，它是“我”之为“我”的身份表征，也是“我”与“万物”、“我”与“人”、“我”与“社会”交往的媒介。身体作为世界的纽带，认识了身体也就是认识了“我”，也就是认识了“人”，更认识了“天地”之理，因而，身体即本体之身。老子云：“夫物芸芸，各复归其根。归根曰静，是谓复命。”② 世间万物万象，看似纷纭复杂，但各有其本，各有其源。人亦是万物之一，他置身于万物之中，生于天地之间，所享有的时间有限，所占有的空间有限，在有限的时空里，要想悠闲地享受生命，必须回归本原，回到本体，才能安然，才能与“必然”合二为一。而要回到本原，回归本体，就需“堕肢体，黜聪明，离形去智，同于大通”③。因

---

① 转引自［法］大卫·勒布雷东《人类身体史和现代性》，王园园译，上海译文出版社2010年版，第56页。

② 《老子道德经注释》第16章，第35页。

③ 《南华真经副墨》内篇《大宗师第六》，第110页。

此，在万物之内观身，身与万物一体，以身观万物，万物之理即身体之理。站在万物一体、身天一体的角度看待人的行为，“言”和“闻”都是身体的一种特殊发用，其所掌握的内容都未必真实，而真理须有全体之身来呈现，对此唯有谙守中道才可会及。老子曰：“虚而欲屈，动而愈出。多言数穷，不如守中。”[①] 只有“守中”才能不为“耳目”之感所迷惑，才能进抵澄明而和合的生命至境。

庄子曰：“视乎冥冥，听乎无声。冥冥之中，独见晓焉；无声之中，独闻和焉。故深之又深而能物焉，神之又神而能精焉。故其与万物接也，至无而供其求，时骋而要其宿，大小、长短、脩远。”[②] 校者释曰：“盖本原者，道也。道可视乎？然冥冥耳，不可视也。道可听乎？然无声也，不可听也。”[③] 身体呈现于世界之中的，首先是被今人称为“器官”的身体结构，身体结构的互涉和互置是身体性内在涵养的一个基本前提。单独的任何一个身体器官所感受的，只能是它所把握到的，这就是“器官”的单向性，要克服它们的缺陷，唯有内观己身，让之作为整体的存在而显现出它们本来的面目。

由这种身体观而衍生出的道德教化论和国家政治观，表现出鲜明的价值崇向：身教重于言教，身行重于言说。老子言：“天下之至柔，驰骋天下之至坚，无有入无间，吾是以知无为之有益。不言之教，无为之益，天下希及之。”[④]《淮南子·览冥训》云：“故物类之相应，玄妙深微，知不能论，辩不能解。……故圣人在位，怀道而不言，泽及万民。”[⑤] 在道德教化中，导致道德教育失败的根本原因，在于人们总是通过咄咄逼人的说理活动力图让受教对象接受某种道德主张，而殊不知最好的道德教育恰恰在于教育者自身的

---

① 《老子道德经注校释》第5章，第14页。

② 《南华真经副墨》外篇《天地第十一》，第171页。

③ 同上。

④ 《老子道德经注校释》第43章，第120页。

⑤ 《诸子集成》第7卷，《淮南子注》卷6《览冥训》，上海书店出版社1986年版，第90页。

道德垂范行为，那才是“不言之教”。在国家的治理中，阶级的对立，政权的更迭，探究其根源，在于统治者对“万民”缺乏“类”的同情，缺少“泽民”的实际关怀。

在跨文化、多元哲学的视域下考察道教身体哲学，其与意识身、工具身、心性身和符号身都存有区别。在道教身体观研究中，要始终与西方后现代主义身体观保持一种距离，防止道教身体观研究滑落至后现代主义身体观的泥潭里：

> 将身体看作人可分离的一部分，身体向人提供一张脸，这一观点只有在个人主义的社会结构中才可以想象，因为，只有在这样的社会里，人们彼此分离，各自有着自己的主观能动性和价值观。身体犹如一块边境里程碑一样，在他人面前确立主体的存在。……人与宇宙，与他人甚至与自己割裂开来。当代的身体是民间传统衰退及西方个人主义来临后的产物，标志着个人与他人之间的分界线，意味着将主体封闭，只为自己开放。[①]

身体“名副其实地成为累赘，身体变成普通的商品，与其他东西并无二致，同样的设计，同样的外观要求，同样的吸引点等等。身体成为个人身份组成部分之一，而不再是个人身体的必要根基。”[②] 在身体与身份的甄别中，彰显出道教以身传情的真切情感，以身观身的通透智慧与以身为美的超越志向。

这样，道教就可以在纷繁复杂的文化大观园中以高度的理论自信的姿态唱响文化哲学家勒布雷东的这句话：“无身体的人类是没有感觉的人类，被剥夺了世界的味道与生活的乐趣。这样的人类不能代表我们未来的方向。”[③] 因而，道教必将“代表我们未来的方向”！

---

① ［法］大卫·勒布雷东：《人类身体史和现代性》，王园园译，上海译文出版社2010年版，第15页。

② 同上书，第323页。

③ 同上书，第326页。

（三）以“身”涉险：道教身体哲学研究中遭遇的问题

运用身体哲学的解释原则诠释道教，有两种不同的路径可供选择：一种是循着西方彻底经验学的路子，在身体所能展示出的各种具体情景中发现身体的价值；另一种是从“人与世界关系问题”的视角，以身体为中介对“人与世界关系问题”给予形上的研判。本文选取了后一种研究路径。但在如此这般的思考中，又必然会遭遇各种不同的身体情境，譬如，由身体之听、身体之观、身体之思等呈现出来的各种身体情境，都会进入“人与世界关系”的思想境遇中，如何在道教身体哲学的整体景观中融摄它们，以避免思想内部的抵牾，遂成为我费力最多，但又遗憾最甚的问题。

运用身体哲学的思维方式来研究道教，在理论层面会遭遇到诸多的风险，能否意识到这些风险并尽力用理论的方式克服之，会对研究的进程和研究的质量产生直接的影响。在汉魏南北朝道教身体哲学研究中有三个方面的理论风险是我时刻提防的。

一是竭力规避蹈人覆辙的理论风险。

在现时代的背景下，国内身体哲学研究尤其是儒家身体哲学的研究已取得了长足的进步，在某些问题上所形成的研究成果已经比较成熟。由于儒道的思想体系中包含着许多同构同质的文化基因，在研究中如何避免理论沿袭，以建筑起个性化的理论景观？这一问题不能不引起注意。

二是竭力规避陷入“体系哲学”的研究误区。

美国哲学家罗蒂指出：“将万物万事归结为第一原理或在人类活动中寻求一种自然等级秩序的诱惑”，对于每一个从事哲学研究的人来说，都会遭遇到这种思想的诱惑。[①] 拒绝这种诱惑对于道教哲学研究而言，所要面对的挑战更加艰巨，因为道教哲学研究尚未

① ［美］理查·罗蒂：《哲学和自然之镜》，生活·读书·新知三联书店 1987 年版，第 15 页。

建立起其“学科帝国”，现在却要接受“学科帝国”[①]之后的思想训练，直接进入“后现代乃至后现代之后”的语境中去建构其思想家园，其中所要遭遇的理论风险是不言而喻的。处理不当就会陷入非此即彼的二元论认识误区：要么满足于对文献的枝节性描述，只见树木不见森林，把握不住道教哲学的思想意蕴和理论特征；要么离开道教哲学思想所发生的历程和身体基础，迷恋于空阔的知识论形而上学的构建，触摸不到道教哲学思想的灵魂。

三是竭力克服自身哲学素养不足的能力缺陷。

在长期的历史发展过程中，道教不重视理性训练，也没有形成理性“思辨”的特征，在历次佛道之争中道教往往落于下风即说明了这一点。思辨能力的不足所导致的后果，体现为道教的理论建构质量不高，缺乏系统的理论构建这两个方面的问题。在当代哲学的语境下开展道教哲学研究，客观上需要将隐匿于道教文献中的哲学命题整理出来，将深藏于其中的哲学意蕴发掘出来，然后将其用现代哲学的思维方式表达出来。在这一过程中就需要处理好“接着讲”和“照着讲”的矛盾关系问题，否则就会留下“以文害意”的嫌疑。为此，千方百计地提高哲学素养，提高思考和回答“什么是哲学”问题的能力水平就成为我必须面对的挑战。诚如现代学者所论：“没有研究者自己对哲学本身的总体性理解，没有研究者自己对哲学基础理论的系统性把握，既难以真切地理解研究对象的思想，更难以真实地提出研究对象的思想。”[②]事实上，在本文撰写的过程中，我每时每刻无不感受着来自于这种理论前提的挑战！在元哲学层面我所达到的学养厚度、思考力度，都对本文所能展示出的理论面貌发生着制约作用，不断地激活自己的理论思维，不断地挑战着自己的理论前提，已经成为我在开展道教身体哲学研究中无时无刻不从事的工作。

事实上，仍然存在着很多问题需要做进一步的论证和说明。譬

---

① 参见［美］莫尔顿·怀特《分析的时代——二十世纪的哲学家》，商务印书馆1981年版，第243页。

② 孙正聿：《孙正聿哲学讲演录》，长春出版社2011年版，第9页。

如对身体观确立的根据尚缺乏跨文化的比较，使论证的内容显得非常薄弱；在关于“汉魏南北朝身体哲学的理论构建”方面，可以选取多个理论节点来进行，本文仅选取宇宙论、认识论和伦理观三个节点进行论证分析，能否全面揭示出道教身体哲学的理论特征，确实是一个值得再思考的问题。

在具体论证的过程中，我还真切地感受到来自于更多客观层面问题的挑战。比如，如何处理好对“元哲学”研究方法的运用？如何在不同的哲学视角下抽象出道教身体哲学的基本理论特征？如何在论证过程中既合乎其理地安排全文逻辑结构以保障论证的圆融自洽性，又在历史和逻辑的统一中体现出道教身体观的自身特点？如何以最为精炼的语言表达出自己那种对“道”的最为真切的情感？还有，在论证的过程中，如何处理传统道教哲学研究中形神关系问题在道教身体哲学体系中的地位和作用问题？如何处理好道教身体哲学与儒家身体哲学的异同问题？如何在尽可能地全面照顾到汉魏南北朝时期道教重要的典籍文献的同时，又不会陷入典籍之中而失去对身体哲学之全体理论面貌的呈现？诸如此类的具体问题都曾进入我的写作过程中，以交响乐的方式激发出思绪的浪花。

在文献使用与论题关系的处理上，卢国龙在撰写《道教哲学》时所一再出现的那种“窘迫”感，我也有。卢国龙说：

> 因为道教思想资料杂而多端的特点，曾使我茫然无下手处，课题本身没有任何参照系的事实，也使我感受到处身于荒原的窘迫。既然我不能满足于按照章节罗列道派或人物，分割成块以转述其思想，而企图对道教的哲学思想有一种条畅通贯的理解，努力接近它的精神，那么，我就只能一次次地写出全书提纲，又一次次地推倒重来。①

我比卢国龙先生倍感庆幸的是，对道教身体哲学的研究，我

---

① 卢国龙：《道教哲学》，华夏出版社 2007 年版，第 487 页。

的导师李刚先生、前辈胡孚琛老师等已有所涉及，并有精致的思想论定，他们的思想成果对我的研究起到了促进作用。但即便如此，陷入道教文献的丛林中几至于思想迷路的身体感受却反复出现于研究过程中，如果说“荒原”可以让人迷失前进的方向的话，“丛林”亦可以让行者陷入其中，因找不到出路而身处绝境。所幸者，是我的身体给予我可资依靠的力量，在反复的沉思和静静的体悟中它带领着我走出了一个个思想的困境，而终于让我看到了一丝光芒，旖旎而清澈。

但不管如何，我对自己的基本要求未曾发生根本的改变。即在特定的道教文化语境中，努力将个人的体道感受、生命体验、阅读心得以当代哲学的思维方式升华为一种人类性的形而上学问题，在身体理论的铺垫中揭示出道教的人性真、人类善和人文美！

我在学习哲学中获得的心得体会是，如果个体的体验不能超越个人的苑囿，而自觉地升华为一种人类性的生存和生活问题，则这种研究不能被称为哲学的研究，至多只是一种心理的自我观察和自我呓语而已。基于此种基本的哲学理念，我认为，道教哲学研究需要彻底摆脱和克服狭隘的工夫体验论研究中那种纯粹心理自我描述的研究方式，在哲学人性论、哲学人类学和哲学文化学的意义上审视道教身体哲学的形而上学思想及其现代理论价值。而事实上，以现象学为代表的西方后现代主义哲学确实为这种理论的努力提供了问题域和方法论方面的启示，尽管道教身体哲学研究中所形成的结论可能与之完全相悖。

在这样的理论热情鼓舞下，我努力按照自己的写作思路去展开问题的论述，我心所向，意在营建出这样的一种理论氛围：从身体释人性，依身体塑人格，借身体化人文，以身体张思维，在身体明智慧。我把这几个内在相关的理论命题看作我从事道教身体哲学研究的内在使命和根本任务。

当然，“心之所往”落实于实践往往是“力有未逮”，但无论如何我都相信只要自觉且真实地思考过，并努力在思想的天地中绽放出一种生命光辉，这种工作就自有其存在的必要性。事实上，这种工作也确实在我的思想海洋中张开了一条精神远航的白帆，更圆满地实现，只有留待将来。

（四）以“身”传情：道教身体哲学研究的精神旨归

今人孜孜于营求，或沾沾于物质的增长，而美其名曰“发展”；或耽于药物佳品，而言其理曰“养生”；或茫茫于山林，而发其意为“修行”；或营营于名利，而谓之曰“价值”……以道观之，此皆是背身离道之举，有道者不为。庄子在《天地》篇中曰：“黄帝游于赤水之北，登乎昆仑而南望，还归，遗其玄珠。使知索之而不得，使离朱索之而不得，使喫诟索之而不得也。乃使象罔，象罔得之。黄帝曰：‘异哉！象罔乃可以得之乎！’”[①]今人离身而求道，无异于此者。老子曰：“归根曰静，是谓复命，复命曰常，知常曰明，不知常。妄作，凶。”[②] 然何为“归根”？何为“静”？

若离身而释“根”则归根必无着落处，或陷入空泛的玄解中令人不可捉摸。今以身解知之，归根即归身，“归根”即道不离身。离身而求自然，实乃南辕北辙，求之愈甚，背离自然越远。

因为即身而自然，身即真自然！

进而言之，大道如何由身而得？曰：体而行之，神而会之，大道自得。

庄子从正反两方面指出了体道证道的身体之路。他说：“体性抱神，以游世俗之间者，汝将固惊邪？”[③] “体性”即体道，“性”需“体”而明其义，而不能经“目”观“耳”闻以识其要，原因在于“体”可消解掉“目”观“耳”闻的先验之见的干扰，同时也防止观与闻所带来的片面认识的影响，从而对事物做大全式的把握。因而，只有以“体”的认识方式付诸实践，才能克服认识的片面性和局限性，把握“道”的真实面目。相对于“听” “说”

① 《南华真经副墨》外篇《天地第十二》，第 172 页。

② 《老子道德经注校释》第 16 章，第 35—36 页。

③ 《南华真经副墨》外篇《天地第十二》，第 182 页。

“思”等器官之能而言，“体”的认识方式内在地包含着一种否定性的认识倾向，既是一种“无思无虑”的心灵体验，又是“君子”之道所必为。庄子说：“夫体道者，天下之君子所系焉。”[①]“体”道而行，是君子的本质要求，是养成君子之质的必然规律。除了从正面说明“道”需“体”得之外，庄子还从反面说明了道不可由“声”求，难以由“目”视。他在《田子方》中假仲尼之口曰：“若夫人者，目击而道存矣，亦不可以容声矣。”[②]又在《养生主》中借庖丁之言明体道之理：“以神遇而不以目视，官知止而神欲行。”[③]庄子这一把握形上之道的方式，从不同侧面告诉人们，如果仅仅止步于耳目之闻见，而不能入于身体之内，在展示全体之身的过程中体会形上之道，则我们永远不能进入自然的玄境之中，也就永远不能得到身体的彻底解放，就依然会沦入生死之中，处于无常的烦恼世界中。《太平经》云：“语真人一大要言，上古得道，能平其治者，但工自养，守其本也。中古下失之者，但小忽自养，失其本。下古自不详，失其身，谓可再得，故大失之而乱其治。”[④]“上古”能够得道，根于“上古”能守身以自养，故不失其本。“下古”因“大失”其“身”，故“乱其治”。今人要体上古之道，成上古之德，离开身体，无异于缘木求鱼，因失其根本而必导致身体大乱，天下不宁。

当代哲学家周国平说：“我们都会说人是大自然之子的道理，可惜的是，能够记起大自然母亲面貌的人越来越少。”[⑤]倘若我的这篇论文能够为人们提供一种尊重自然，了解自然的视角，也就够了！如果能够因之推开一道门缝，让人们从中感悟到自然智慧之光的浸润，就更是心之所向了。

然而，伴随着写作的历程，愈加产生出一种说之愈多、思之愈

---

① 《南华真经副墨》外篇《知北游第二十二》，第 321 页。

② 《南华真经副墨》外篇《田子方第二十一》，第 297 页。

③ 《南华真经副墨》内篇《养生主第七》，第 47 页。

④ 《太平经合校》，第 61 页。

⑤ 周国平：《人生哲思录》，上海辞书出版社 2011 年版，第 11 页。

艰的强烈情绪。也罢，不如学学老子，放下笔来，停止思考，静默天地间，回向我那独一无二的身体吧！此是否就是老子所说的“多言数穷，不如守中”呢?!

二　对鲁迅“以此读史，有多种问题可迎刃而解”的身体诠释

道家在中国传统文化和中国人精神世界中的渗透作用，是一个恒久不衰的话题，无论否定之，消极视之者也好，还是高度肯定之，积极视之者也罢，道教那种萦绕于身，弥漫于生活中的气息都使人们不能不注意它，并对它进行研究。

鉴于长期以来人们将研究的热情主要集中于传统儒学，而对道教却认识不足，甚至蔑视和误解道教现象的存在，鲁迅在1918年8月20日《致许寿裳》的信中说：“前曾言中国根柢全在道教，此说颇为广行。以此读史，有许多问题可以迎刃而解。”[①] 对鲁迅的这段话，李刚曾这样诠释道：

> 道教这个中国土生土长的宗教，是中国文化的土特产，具有自己独特的个性魅力，近两千年来流传于中国社会，对中国古代的政治、思想、学术文化、民风民俗都产生了重要影响。因此，我们要了解中国的历史，要了解中国的社会思想和民众生活，一句话，要了解中国文化，就不能不了解道教，否则很多问题就不能迎刃而解。[②]

李刚关于“道教根柢”论的理解，主要从民俗道教方面，说明道教通过各种途径进入百姓的日常生活，作为生活常识对社会实践发生着方方面面的作用。

---

① 《鲁迅书信集》上卷，人民文学出版社1976年版，第18页。

② 转引自刘志《魏晋南北朝社会生活与道教文化》，巴蜀书社2013年版，“序”第3页。

其实，道教能够作为中华民族的文化根柢存续于世，在自身得以保全的同时，又不断地发扬光大，成为中国传统文化的三大支柱之一，源自于各方面的原因，是道教在妥善解决各方面矛盾的基础上，不断进行经验总结和理论创新的结果。本文即尝试从身体哲学的视角，对这一问题略做阐述。

（一）“生死问题”是道教文化的基源性问题

如李刚所说：

> 道教十分重视生命，并在生命问题上高扬人的主体性，强调“我命由我不由天”，依靠人的自我修炼改变命运，提高生命存在的数量和质量。道教依据“道”的生命法则，提出“生道合一”，认为修道者如能修炼与大道相合，则将超越生死之限。在道教看来，凡是热爱自己的生命进而泛爱万物生命的人，他便会与大道相通，便会“死而不亡”，使自我生命具有不朽的价值。①

鉴于生死问题的本根性和人类性特征，对这一问题的解答直指人的存在本身，是人类文明发生的大本大原问题，也是人生在世的不朽课题，道家所关注的问题的本体性特征是道教保持长久生命力的根本因素之一。

（二）道教的根身性特征使道教成为生活性宗教

根身性的道教将现实的生命关怀纳入“养生”的生命实践中，从生命的现实关切和生活的现实需要出发，思考“修道”“证道”的一切问题，赋予道教以极其强烈的生活气息。与西方的基督教和印度东传的佛教不同，道教作为本土宗教，萌发于人们的现实生活需

---

① 李刚：《重玄之道开启众妙之门——道教哲学论稿》，巴蜀书社2005年版，第3页。

要，因而，它也以关注和帮助解决现实生活中的问题作为其立教、传教的宗旨，这种特征极为鲜明地体现于教理和养生技法两个方面。

道教教理注重“道”“德”并用和“体用不二”，将“德”提至与“道”等同的地位，由此可见，道教对于社会道德生活的参与和对道德品格的磨砺是何等重视！

在注重社会道德实践维度必要作用的同时，道教也极为关注对个体生命健康的呵护，并以此作为从事道德实践的前提条件，谓之“修之于身，其德乃真”。道教修身与生活的紧密关系，从纷繁多端的道教养生方术中可以略见一斑。对道教的养生方式做大略的统计，有存思、导引、气法、健身术、外丹、内丹……如果再加上道教摄生学中的节气养生和饮食起居养生，不难发现，道教养生术涵盖了人们日常生活的各个方面、各个领域，具有极大的普适性，无怪乎人们把道教称作生活道教，仅从其养生思想中就可以看出道教的这一特点。

由于适应了人们现实生活的需要，道教在日常生活中为人们提供了一种叙事情境，勾勒出了一条生活的意义之河，为人们的和谐、平安生活提供了精神关怀和技术支持，自然而然，道教也就能够渗透民间，走入民生，影响民性。许地山结合特定时期道教的这一现象论述道：

> 唐代之佛教思想，及宋代之佛儒思想，皆为中华民族之伟大时期，而其间道教之势力却压倒二教。这可见道家思想是国民思想底中心，大有“仁者见之谓之仁，智者见之谓之智，百姓日用而不知”的气概。①

（三）道教的体知性特征使道教成为学习性、改革性宗教

对道教兼容并蓄的特性的论述，学人已着墨良多，此不赘述，仅从思想史的视角和理论构成的视角对这一问题略做说明。

① 许地山：《道教史》，中国画报出版社2013年版，第2页。

道教在其思想成立的过程中，不断地吸收其他各学派的思想营养，在汉魏时期道家宗教化的建设过程中，就分别继承和吸收了老子的身道价值观、阴阳家的天文地理学说、方仙道和黄老道的诸多养生思想，可以说，道教自产生以来，即形成了其博学约取的好学、善学优良传统。这种优良传统不仅表现在修身养生方术方面，在教理教义建设方面，也同样如此。

对此，许地山有过精彩的论述，他说：“‘道’的内容极其复杂，上自老庄底高尚思想，下至房中术，都可以用这个名词来概括它们，大体来说，可分为思想方面底道与宗教方面底道。”① 许地山在阐述、评论张君房关于道教之“正真教、反俗教和训世教”的划分时，就道教文化的汲取精神说：

> 我们可以看出后来道家或与神仙方术一起，或与斋醮符水之天师道合在一起，或与佛教混合起来，或与摩尼教混合（说摩尼为老君之化身，见《化胡经》及《佛祖统计》），到清初所成之《神仙通鉴》，又将基督教之基督及保罗等人列入道教之祖师里。现在又有万教归一之运动，凡外来之宗教无不采取。古来阴阳五行、风水、谶纬等等民间信仰，所信底没有一样不能放在道教底葫芦里头，真真够得上说“大道泛兮，其可左右了”。②

在不断地学习过程中，通过反思自身的不足，道教高度重视自身的改革，能够从理论上完善自己，从传承上不断推陈出新，从文化层面不断升华凝结，最终成为中华民族的文化基因，在民族变革的浪潮中时隐时现，相为始终。

在道教的教理体系中，蕴含着易学、医学、堪舆、武术和宗教学的多维多层次的知识，是道教积极吸收上述思想资源的结果。

---

① 许地山：《道教史》，中国画报出版社 2013 年版，第 2 页。

② 同上书，第 7 页。

"从道教的内容结构上看，它比三大世界宗教存留着较多的民间信仰和古代巫术，又杂取儒、墨、道、医诸家和佛教的思想资料，在内容上有兼容并蓄、庞杂多端的特点，在结构上有明显的层次性。"[①] 其思想世界中的巨大融摄性，为道教解释和改造现实世界、顺应和创新历史发展提供了强有力的思想和治理支持。

（四）道教的践履性特征使道教成为一种不务虚理、崇尚修行，不务玄思、崇尚身体，借修身以成人的宗教文化哲学

道教的宗教修行特质之一，就是崇道贵德，不务空谈；崇尚体验，不重概念思辨，体现出强烈的现实性特征。同时，道教从来不把修行和做人分割开来，而是将做人之道和修行之法结合在一起，让人们在实修真行中趋于生命乐境，达到身心、人我的双重自由。

以道教修行的正身思想为例。"修道的人认为，正身就是调整姿势。调整姿势本身是个小道，是个技术；但是古人同时认为它也是大道，就是要做人正派，堂堂正正，这个是修炼的大道。小道调整姿势，大道凝神内省。"[②] 由于在道教的修身方术中，包含着身体规训、心理引导等内容，使人在学习时更容易与之产生共鸣。在情感的共鸣世界中，人们对道的认识往往更加深刻，对道教长生久视的信仰也愈发坚定。

进一步剖析道教这种修身成人的体验之道，探寻道家修身何以能够将成人之理融于其中的奥秘，其答案在于道教独特的身体之中。质言之，在于道教的身体是一种内具超越性，融涵无限可能性的身体，借助于修身的行为，身体内在地生发出"意义感"——本质上是对生命的觉解状态，在此意义感的驱使下，获得关于人与世界关系诸问题的选择与解答，进入老子所说的"自知者明"的状态。

① 胡孚琛：《道学通论》，社会科学文献出版社 2004 年版，第 270 页。
② 李谨伯：《呼吸之间》，华夏出版社 2013 年版，第 58 页。

（五）道教具有超越性的价值情怀

道教神仙世界本具有的近身性、亲身性特征，使其内容虽缥缈游弋，然却能够作为个体生命追求超越，社会群体安放身心的精神家园。也因此故，道教总是保持着一种超越性的价值情怀，不会因为坠落于赤裸裸的现实工具主义之中而被扬弃。在神仙道家们的精神世界中，宇宙乃是具备价值品行，以吉凶赏罚的方式作用人间的身体场，宇宙中的一切事物，包括天地、自然都以人天对话、人天互体的方式存在于人世间。在这种人天互文、天人感应关系中的身体，已绝非形躯之身，不再拘泥于自然主义的血肉之身，而成为经由现象学还原的“道身”。如此之“道身”，涵摄肉身与灵身、经验之身与超验之身、当下之身与生成之身、个体之身与群体之身等诸多层次内容，俨然即为一生生不息的身体世界。

修身、修心、修道和合于身体实践过程中，“行善成德以至于道”，“善”之本在“行善”，“德”之成在“积善”，“道”之显在于“德”之“养”，由此而完成了道教作为“养生伦理”的价值实现进路。不仅如此，在神仙道家的精神世界里，因为“自然”“天地”等都具有神格的气象，所以道教的身体伦理的投射范围也早已溢出了今天伦理学所界定的“社会关系——人与人之间伦理规范、道德义务关系”的苑囿。在神仙道家们的精神世界深处，天地、自然万物都具足身性，个体生命与天地万物之间同样存在着内在相关的伦理关系。自然不再是意识哲学之“心物二元论”视域下单纯的客体之物，不再是异于“我在”的“他者”之在，而是从情感方面与“我”相互融通，与“我”互文对话的主体之物。这种情理交融的特征落实在修身实践中，遂显现出一种极具生命气息的身体智慧：对自然的爱护就如同对自己的身体一般的爱护，养护自然就是养护身体，就是养护生命；对自然的保护本身就是一种躬身而行的身体修行实践，具有义务和规范合二为一的特征。道教的这种神仙自然观显然已非“客体自然”意义上的自然观，而是一种具有根深性的自然观。这种自然观所包含的内容，包括天、地、人、我、万物在内，都是自然之构成要素；这种自然观包括事实判断和价值判断的双重意蕴；这种自然观的致思方式，乃是一种以整体思维为显著特征的完整身体论的思维方式！

总之，“神仙信仰”是道教区别于其他各种宗教的最为显著的特征。道教的神仙世界具有可感、可亲、可爱的特点，究其实质，乃在于道教的神仙世界本根于身体之中，面向现实生活而设，具有“直面生活”的特质。在道教的神仙世界中，不仅构成自我的灵与肉之间存在着相互对话的关系，生命个体之间，包括人与人之间、人与自然万物之间都“类性相通”，是一种“你”“我”之间的共生、共荣的关系。他们之间心意相通，彼此相依，共同构成“道”的世界。在道教的神仙世界中，不仅人与人之间存在着“通情达理”的关系，人与天地万物间亦是如此，故而才有“宇宙万有，皆是吾真”的世界情怀的浸润而生！

（六）道教身国同构的智慧特征使其能够取得上层集团的容忍和支持

道教的隐世品格并非绝世孤品、芳容自赏性的消极待世态度，而是循着身道价值论的思维惯性，自然而然地将德性关注的智慧之光投射于社会的治理和国家政治的安宁追求中。继承老子“安平泰”思想，道教始终将建设平安社会作为其修德的基本价值目标，道教徒将这一思想和道教贯通于修行之中，不仅在日常的修行中祈祷平安，祈求幸福，而且在长期的思想发展中酝酿、积蓄出一种身国同构的医世思想，集中体现出道教积极入世、理性救世的立场。长期的社会实践证明，道教身国同治的入世、救世思想不是空中楼阁、虚幻缥缈的神话故事，而是应中国现实社会的需要，能够作为富国安民的大道，为国家和社会的治理提供宝贵的思想资源。

自老子开始，就明确地提出了身国同构和身国同治的思想，这种蕴含于氏族时期，经老子哲学改造，并在黄老时期成熟为身国同治的思想，在道学智慧中，在道教那里和道易学及道教医学思想进一步整合，形成了道家医世治国的独特思想。尽管在儒家那里也包含着身国同构的治国思想，但与儒家相比，道教的医世思想包含着自身的特点。如胡孚琛所论：

> 道家政治管理学的要害在于善变易，其术因时制宜，无为而治，运用之妙，存乎一心，因之可以应变化于乱世，挽危难于逆境，可以弱致强，导强向正。因之政治家在政治危难之际，政治变革之时，都注意从道家经典中汲取智慧。[①]

随着统治集团对道教治国智慧的汲取和运用，道教在统治阶层那里往往能够在理解的同情基础上得到大力支持，甚至在特定的历史时期，道教高真们还能够直接参与国家政治治理，为太平盛世的建设贡献不朽的力量。

渊源于母系民族公社时期的中国道教，经过近万年的积淀，逐渐形成了稳定的文化结构，成为思考、探索与解决人类矛盾的智慧凝结，无论对于个体生命的自然限制，还是对于世俗社会中的生活遭遇，及其对于公共社会、人类文化、宗教信仰等问题，都给予了真实的关切，并为社会发展所证明。这种根身性的思想关切和技术拯救具有坚实的现实性基础，不仅过去是中华民族与生俱来、长久以往的宝贵的生存智慧，将来也依然会是中华民族自信、自强、自立的必要的精神和智力源泉。故道教是中华民族的根柢之论，既是对传统文化整体特定的科学概括，也是对中华文化未来发展的殷殷指导。

三 汉魏南北朝道教身体哲学建设论纲
——兼论当代新道家哲学何以可能

身体哲学是近年来道教哲学研究的热点之一，面向身体本身，从身体本原出发揭橥道教文化的精神底蕴，并在此基础上反思道教

① 胡孚琛：《道学通论》，社会科学文献出版社 2004 年版，第 49 页。

文化现代转型的可行性路径，是道教身体哲学研究的根本旨趣。秉承这一旨趣，本文以研究论纲的形式，撷取魏晋南北朝时期的道教作为考察对象，分别从不同方面阐发了道教身体哲学的相关问题，以期从整体上呈现出道教身体哲学研究的理论前景。

（一）魏晋南北朝道教身体哲学研究的背景

1. 西方后现代身体哲学研究的兴起

后现代意义上的西方身体哲学肇始于对笛卡尔“身心二元”哲学的批判。“笛卡尔的身心二元论被视为现代性种种负面恶果产生的哲学上的‘罪魁祸首’，克服现代性，在哲学上几乎就意味着克服笛氏的二元论。”[①] 伴随着对这一思想批判的历史进程，身体的际遇也大体经历了一个由“身心二元”之身到“身心合一”之身的转变。身体在哲学中的存在地位逐渐摆脱了那种静态的、被意识压迫的形躯之身的狭隘限定，具有了一种“向世界敞开”的无限性特征。“世界的问题，可以从身体开始”，梅洛·庞蒂的这句名言将世界的本原安放在了身体之上，身体由之而成为一种新的哲学观的元话题。以身体为元话题的西方身体哲学，以摆脱和克服身心、心物二元论哲学思维模式为己任，强烈反对逻各斯普遍主义下“意识独白”式的哲学话语表达方式，力主推动哲学研究范式由“思辨世界”向“生活世界”转变。这种哲学致思取向甫一进入中国哲学家的视野，便激起了众多中国哲学家的理论兴趣，并逐渐引出了中国传统哲学研究的“身体转向”[②]。

2. 中国传统哲学研究的“身体转向”

事实上，在中国传统哲学语境中包含着丰富的“身体”资源，正是在对这些“身体”资源给予现代解读的过程中，逐渐形成了中国传统哲学研究的“身体转向”。以对“身”的认识为例。早期儒家和早期道家都已认识到“身”在道德养成中的重要性。“我未见

① 胡塞尔：《现象学的观念》，倪梁康译，上海译文出版社 1986 年版，第 36 页。

② 陈立胜编：《“身体”与诠释：宋明儒学论集》第 1 辑，台湾大学出版中心 2010 年版。

好仁者，恶不仁者。好仁者无以尚之，恶不仁者其为仁矣，不使不仁者加乎其身。”[①] 他们将“仁”与“身”并列，代表着早期儒家将“仁”与“身”并举，以“仁”塑“身”的思想主张。“吾所以有大患者，为吾有身；及吾无身，吾有何患?”[②]“身”之所以成为“大患”之根源，是因为“身”之存在不仅是导致人生问题的终极之因，也是彻底解决“人世间”一切问题的终极之方。隐匿于老子精神世界中的这种“身患”意识，成为激发后世道教追崇神仙信仰以解脱生死问题的基本“问题意识”。

中国古典哲学中有关“身体”论述的资源极其丰富、深刻，以致西方哲学家得出了“中国古典哲学使用那么多词语来表示身体，表明身体是这个哲学传统的中心”的结论。[③] 以胡塞尔、梅洛·庞蒂等为代表的西方现象学哲学家，主张从哲学本体论意义上厘定“身体”在哲学中的地位和作用。这种哲学理念以“视域交融”的形式为探寻传统哲学现代转型之路打开了一道“芝麻之门”。“走向‘身体哲学’”逐渐成为当代中国传统哲学研究中一种极富思想价值的哲学观取向。“走向‘身体哲学’，才能认识到什么是真正意义上的中国哲学，才能使中国哲学研究告别以西方哲学为元话语的庞大叙事，同时，我们也才能使中国传统哲学与人类哲学新的时代精神接轨，并继往开来地使其重焕生命的青春。”[④]

3. 身体哲学是一种依“身体”而起的哲学观

总之，作为身体哲学中的“身体”，是“被自然、社会与文化所构成，同时又构成人类世界的生命原型意义上的‘身体’”[⑤]。此种“身体”是一种“彻底经验主义”意义上的“身体”。“它又是一种

---

① 《论语·里仁》，朱熹注：《四书章句集注》，中华书局 2011 年版。

② 王弼校：《老子道德经注》第 13 章，中华书局 2011 年版。

③ ［美］理查德·舒斯特曼：《身体意识与身体美学》，商务印书馆 2014 年版，第 11 页。

④ 张再林：《走向“身体哲学”——中国传统哲学研究范式的变革》，《江苏社会科学》2008 年第 3 期。

⑤ 张再林、燕连福、程秋君等编著：《身体、两性、家庭及符号》，西安交通大学出版社 2010 年版，第 137 页。

至大无外的身体，乃至整个世界、宇宙都可以看作身体的放大和再现，从而它也是一种彻底经验主义的身体。”① 基于“身体”所具备的这种无限敞开的属性，“人与世界关系的问题”以“身体与世界关系的问题”呈现出来，“身体”成为思考“哲学何以可能”问题的阿基米德点。在依“身体”而筑起的哲学图景中，世界是具有身体性的价值世界，身体是世界的自然之物。在身体与世界的一体关系中，身体成为解释世界，包括宇宙、社会、文化等的终极之因，而世界万物则成为身体开展自我观照和自我批判的价值源头！

（二）魏晋南北朝道教身体哲学研究的运思路径

与西方认识论哲学不同，中国传统哲学是以“价值论”为核心的哲学形态。“价值论是中国传统哲学的核心。与西方哲学的异隔性、分析性思维方式不同，中国哲学价值思维的突出特征是融通性、综合性。”② 中国哲学的这一独特理论品格的形成，究其思想根源，与中国哲学所内蕴的“身体性”特点不无关系。

> 这种“身体性”表现为中国古人一切哲学意味的思考无不与身体相关，无不围绕着身体来进行，还表现为也正是从身体出发而非从意识出发，中国古人才为自己构建了一种自成一体，并有别于西方意识哲学的不无自觉的哲学理论系统。③

中国哲学本有的这种“根身性”特征，在魏晋南北朝“神仙道教”哲学思想中得到了充分的体现。“神仙道教是魏晋时期独具特色的道教形式……神仙道教继承了战国时期神仙家的传统，是秦

---

① 张再林、燕连福、程秋君等编著：《身体、两性、家庭及符号》，西安交通大学出版社 2010 年版，第 137 页。

② 赵馥洁：《中国传统哲学价值论》，人民出版社 2009 年版，第 365 页。

③ 张再林：《作为身体哲学的中国古代哲学》，中国社会科学出版社 2008 年版，第 3—4 页。

汉以来方仙道和黄老道的演变，同时又是对早期道教的改造。”[①]与“神仙道教”的整体特征相适应，中国传统哲学的“根身性”特征在魏晋南北朝“神道设教”建设中，具体体现为“即身即道”“身天一体”的理论特征。对这一理论特征的具体分析，应遵循一般哲学观形成和发展的逻辑线索，即在哲学和哲学史的统一中展开对这一时期身体哲学观的研究。

1. 以老庄为端，对“身体”缘起做理论溯源性研究

魏晋南北朝道教哲学思想的形成，是在对先秦老庄道学理论做神仙道教改造的基础上形成的，其所使用的理论范畴以及所崇尚的价值理想都深受老庄道学的影响。故对魏晋南北朝身体哲学的研究离不开对老庄身体哲学意蕴的发掘与梳理。

以《道德经》对魏晋南北朝神仙道教思想的影响为例。自《道德经》显世以来，后世对《道德经》进行了诠释与解读，或奉之为养生之圭臬，或视作治国之大范，或视作谋略之始祖，或视作管理之典范，视角各异，不一而足。几乎每个阅读《道德经》的人都会得到不同的体悟，得出不同的认识结论。这些众多的解读是否都揭示了《道德经》的真义？是否存在误读的现象？对这些问题的回答，对这种现象的思考，从《道德经》思想的身体性出发可以得到合乎情理的解释。有感于世间解读《道德经》所出现的种种讹误现象，著名道学家胡孚琛指出：

> 今之著《道德经》者，多不治内丹学和《黄帝内经》，看不懂内丹家的《道德经》注本，这就忽略了对道的身体感受，将老子的许多修炼思想望文生义地曲解为政治学说了。因之弄清儒家“家国同构”和道学“身国同构”的区别，是正确理解道家著作的关键。[②]

① 胡孚琛：《道学通论》，社会科学文献出版社 2004 年版，第 292 页。

② 同上书，第 26 页。

他又说：

> 道家之学，既可知，又可行；既需学道，又需修道；既是政治哲学，又是生命哲学，要深刻理解道学，必须抓住它以身为本位，天人同构，身国一理的特点。[①]

通观《道德经》全体，在81章的内容中始终贯穿着一条思想主线，然后围绕这一思想主线形成了不同的思想层面和不同的问题维度。这条主线是根于“身患”意识之上而形成的“养生”主线。循此主线，展开了一条从自然之身出发、渐趋天地之身的内在超越的生命历程，本我和真我，心和物，都融通于这一身体养成的历程之中。为什么要养生？何以养生？如何养生？身体之患的解除乃以“生死”问题的解决为其根本标志。在“养生”中如何克服“生死”难题，如何在世俗的生活中坦然面对生命大限？《道德经》从不同层面和不同维向回答了这些问题。后世对《道德经》所做的多重诠释，都是针对《道德经》多重身体维向的，但并非其全貌。秉承《道德经》中的“身体”旨趣，以赋予“道”“玄”“守一”等范畴以神仙信仰意蕴的方式，魏晋南北朝道教建立起了以长生成仙为终极归宿的道教身体哲学。

2. 立足于“神仙道教”的整体特征，发掘其中的“身体”意蕴

道教思想中天然地蕴含着一种浓郁的“身体”情结，而且这种“身体”情结并不仅仅是道教宇宙论、伦理观或者是其他哲学问题的一种情感投射，而是一种身本论意义上的本体“意向性”精神旨趣。这种本体“意向性”旨趣，孕育于道教宇宙论、自然观、生命观和伦理观之中，成为贯通道教哲学体系中各部分内容的一根思想红线。从道教宇宙论和道教生命观之间的关系看，道教宇宙论和道

---

① 胡孚琛：《道学通论》，社会科学文献出版社2004年版，第26页。

教生命观是一种“天和人和”“人乐天乐”[①] 的同源同构和同感性的关系。这种“天人感应”的关系特征，使道教的人性论成为一种“自然摄性，归性混合”[②] 的自然人性论，使道教的认识论成为一种“心意向天，使万物兴”[③] 的认识论。而在“天人感应”的整体格局下，道教的伦理观与道教的生活论和道教的修养论则融为一体，使德性之养成、生活之行为与仙境之追求在本体上互相涵摄，在事法上则相与为用。

总之，造端于“身患”意识，纠结于“生死”问题，追崇于“神仙”信仰，笃实于“清静”修行，内观于“身心”修炼，外显于“圣道”统治的神仙道教，在长期的历史演化中造就了一种独具特色的道教“身体”观：道教的“身体”观远远溢出了“身心关系”下对“身体”的狭隘限定，包含“自然身”“本体身”“方法身”“境界身”等多种意蕴。以道教的“自然身”为例，它完全不同于“身心关系”视域下的“形躯之身”或者“肉身之身”，而是一种“天地之身”，内蕴着无限丰富的超越韵味。“人皮应天，覆盖于物，天之象也”[④]，“人之骨巨而体繁，应天地之数也”[⑤]，“身体”“象”天、“应”天，是“天地之身”。“人身中百神，皆与天灵通同。”[⑥]“身”纳百“神”，是“神性之身”。可见，道教的身体是融生命现实性于宇宙超越性之中，是融形体有限性于精神无限性之中的身体，这样的“身体”，用现代哲学的判断标准去看待，就是一种哲学之身。

3. 判别“道”与“身体”之间的关系，厘定“身体哲学”研究的前提性问题

在身体哲学的视域中，道教之“道”与道教之“身”是何关系？道教之“道”对于现实人生何以可能？也即道教之道如何落实

① 《道藏》第15册，文物出版社、上海书店、天津古籍出版社1988年版，第773页。
② 《道藏》第32册，文物出版社、上海书店、天津古籍出版社1988年版，第194页。
③ 王明点校：《太平经合校》，中华书局1997年版，第660页。
④ 《道藏》第21册，文物出版社、上海书店、天津古籍出版社1988年版，第190页。
⑤ 《道藏》第23册，文物出版社、上海书店、天津古籍出版社1988年版，第441页。
⑥ （宋）张君房编，李永晟点校：《云笈七签》，中华书局2003年版，第972页。

于现实的修行生活中？对隐匿于道教身体哲学研究中的这一问题，我们不妨借用后世大儒王夫之的一句话来回答：即身而道在。也就是说，“道”依“身”而显，道是“体道”之道，“道”贯通和显示于“以身体道”的生命实践过程之中。这一“以身体道”的过程，以生死为其根本的问题意识，以养生为其实践的基本方式，以修行为其生命存有方式，即对“生死”问题的回答最终落实于以养生为根本特征的生命实践活动中。如此可知，道教之“道”与其说是天道之“道”，不如说是借天道以言人道之“道”。而无论是天道之“道”还是人道之“道”，都是“身体”之“道”，是依“身”而显，因“体”而悟之“道”。

总之，“道”本论和与“身”本论并不矛盾，“道”之“独立不改”“周行而不殆”[①] 的特性恰恰为“身体”提供了自我超越的内在根据。这说明，“体道”修真的过程是一种自我创造和自我实现的超越之路。在这一超越的路途中，身体润泽清洁、濯而不染地超拔而出，挺立于世界之间，逍遥于六合之外，自然而自由！

4. 运用元哲学的研究成果构建“身体哲学”的研究范式

“身体哲学”研究与“身体观”研究的根本区别，在于“身体哲学”研究需要自觉地运用元哲学的问题意识和思维方式为指导，按照元哲学研究的不同论域展开道教身体哲学研究的具体维向。如依照传统形而上学将哲学探思的论域界定为对“终极存在、终极解释与终极价值”的认识，可以从身体宇宙论、身体认识论和身体伦理观等不同方面展开魏晋南北朝道教身体哲学研究。当然，不同学者由于元哲学观的不同，在处理道教身体哲学体系的过程中，可以做出个性化的安排。但就道教身体哲学研究而言，既要学习和汲取包括现象学身体观在内的哲学研究范式，以达到拓展研究视域和丰富研究内容的目的，又要结合学者自身的修行体验，寻找到符合道教“身体”生成的内在逻辑，并将其升华为道教身体哲学观的基本研究范式。

① 《老子道德经注》第25章，中华书局2011年版。

（三）魏晋南北朝道教身体哲学的理论意境

魏晋南北朝时期是道教承前继后的大变革时期。与两汉时期早期道教相比，魏晋南北朝时期道教的神仙信仰观念、炼养思想和斋醮科仪等方面，都达到了一个前所未有的高度。这一时期神仙道教教理体系初步形成，道教宫观组织制度化建设也基本上奠定了后世道教的发展格局。同时，《道藏》的编纂也从另一个侧面证明，魏晋南北朝时期道教建设已经进入了具有高度理论自觉的发展阶段。在这一过程中，以葛洪、陶弘景、寇谦之等为代表的一批道教学者，从当时道教所处的社会环境出发，结合其炼养体验，对包括道教教理教义、科仪规制、宫观建设、养生修炼等内容进行了一系列的改革，为促进道教发展做出了巨大贡献。对这一时期道教的教理教义、斋醮仪轨、养生炼养等各部分内容进行哲学的反思，可以发现，无论是道教教理教义还是道教的斋醮仪轨，或者是道教的炼养方术，都具有鲜明的“身体”特征。从“身体”出发，不仅能够揭示出它们缘起、生成的内在根据，对“道教文化何以可能”的问题做一身体本原性的回答；而且能找到它们发生、发展的内在逻辑，从而对“道教文化如何开展”的问题做一合乎“身体”逻辑的回答。

1.“神仙道教”信仰理论是一种“身体”本原性的思想理论

在神仙道家们的精神世界中，宇宙乃是具备价值品行、以吉凶赏罚的方式作用于人间身体场的，宇宙中的一切事物，包括天地、自然都以“人天对话”的方式存在于人世间。处于这种“人天对话”“天人感应”关系中的“身体”，不再拘泥于自然主义的血肉之身，而成为经由现象学还原的“道身”。如此之“道身”，涵摄肉身与灵身、经验之身与超验之身、当下之身与生成之身、个体之身与群体之身等诸多层次的内容，俨然即为一生生不息的身体世界。非仅宇宙如此，知识的生成也与身体直接相关，身体与世界的一体性使认识身体与认识世界合而为一，身体观即世界观，真理的本质乃在于对身体生成规律的揭示，认识身体就是认识世界！如此，才有老子“不出户，知天下；不窥牖，见天道”[1] 的澄明之境！

在“根身”的宇宙论和“反身”的认识论支撑下，道教的伦理观乃是一种典型的“躬身主义”伦理观。修身、修心、修道和合于养生实践过程中，“道生之，德畜之，物形之，势成之。是以万物莫不尊道而贵德。”[2] 体“道”修真之要在于“德”性之涵养，“道”之用在于“德”之养，由此而完成了道教作为养生伦理的价值实现进路。“神仙道教”伦理价值实现的这一进路对道教的自然观、社会观与生活观都产生了深远的影响。在神仙道教的生活图景中，因为“自然”“天地”等都具有神格的气象，所以道教身体伦理的投射范围也早已溢出了今天伦理学所界定的“社会关系——人与人之间伦理规范、道德义务关系”的苑囿。在他们的精神世界深处，天地、万物都具足身性，个体生命与天地万物之间，同样存在着内在相关的伦理关系。自然不再是意识哲学之“心物二元论”视域下单纯的客体之物，不再是异于“我在”的“他者”之在，而是从情感方面与“我”相互融通、与“我”互文对话的主体之物。这种情理交融的特征落实在修身实践中，遂显现出一种极具生命气息的身体智慧：对自然的爱护就如同对自己的身体一般的爱护，养护自然就是养护身体，就是养护生命；对自然的保护本身就是一种躬身而行的身体修行实践，具有义务和规范合二为一的特征。道教的这种神仙自然观，显然已非“客体自然”意义上的自然观，而是一种具有根深性的自然观。这种自然观所包含的内容，包括天、地、人、我、万物在内，都是自然之构成要素；这种自然观包括事实判断和价值判断的双重意蕴；这种自然观的致思方式，乃是一种以整体思维为显著特征的完整身体论的思维方式！由此出发，遂衍生出道教哲学所特有的全息思维、象性思维、内景思维等极具道教特征的思维方式。

---

① 《老子道德经注》第47章，中华书局2011年版。

② 《老子道德经注》第51章，中华书局2011年版。

2. 道教文化是一种依“身体”生成的内在逻辑而成的信仰文化

在道教炼养术、道教斋醮科仪与道教神仙信仰中无不投射着道教作为一种身体哲学所具有的特质。道教炼养术虽名曰“术”，但“术”中有“道”，是道和术一体性在“术”这一层面的具体结合。道教炼养术的基本内容涵盖“精”“气”“神”三个层次，而每一层次的内容中又同时蕴含着对其他两个要素的吸收与运用。道教炼养的这种特征展示了道教以个体为本位，以身心修炼为内容，道术一体，融摄于身的思想特征。道教斋戒科仪是身体的仪式表征，是身体进入社会公共场景，以符号化方式进行的一种自我形象展示。身之理性、体之情感、行之道性相互勾连，贯通于其中，使道教斋醮科仪具足了鲜活的生命意义。总之，道教斋醮科仪不仅仅是一种文化象征，更是一种身体记忆，是个体走向社会、身体上通下达的媒介和桥梁。“神仙信仰”是道教区别于其他各种宗教的最为显著的特征。道教的神仙世界具有可感、可亲、可爱的特点，究其实质，乃在于道教的神仙世界本根于身体，是面向现实生活而设的，具有“直面生活”的特质。在道教的神仙世界中，不仅构成自我的灵与肉之间存在着相互对话的关系，生命个体之间，包括人与人之间、人与自然万物之间都因“天人同气”① 而共成一体，相互之间是一种“你”“我”之间共生、共荣的关系。他们之间息息相通，彼此相依，共同构成了“道”的世界。在道教的神仙世界中，不仅人与人之间存在着通情达理的关系，人与天地万物之间亦是如此，故而“宇宙万有，皆是吾真”式的世界情怀才会浸润而生！

综合而言，魏晋南北朝时期道教的天人观念、修身思想、道德伦理观念等与先秦老庄道家和两汉道教相比，都发生了巨大的变化，形成了以神仙道教为思想核心的理论形态。这种理论形态在长期的历史演变过程中，逐渐内化、凝结为道学文化的遗传基因，并对传统文化的精神旨趣、思维方式、人格情操与审美取向等都产生

① （宋）张君房编，李永晟点校：《云笈七签》，中华书局2003年版，第771页。

了深远的影响。从“身体”出发，对魏晋南北朝时期道教思想形成的根据给予哲学层面的反思，既有助于从文化深层次解读道学的文化特征，也能对近代以来诸如“中国无宗教”“中国无哲学”“道教是消极的遁世主义”等文化虚无主义思潮给予身体哲学意义上的回应。在当代哲学的视野下看待这种“解读”和“回应”，是推动道学文化“转向”中必然要遭遇的也是必须要回答的问题。

（四）魏晋南北朝身体哲学研究中需要注意的几个问题

魏晋南北朝道教身体哲学思想研究，需要注意处理几个方面的问题：

1. 如何在哲学观的理论视野和道教语境的融合中审视“身体”概念，并将其上升为哲学范畴，以使作为形而下的身体上通下达地递进为具备精神超越层次的哲学性“身体”，以最终奠定身体哲学的理论基础？

2. 在身体认识论研究中，身体认识论和意识认识论的区别是什么？在这一过程中如何应对来自“主客关系论”哲学与“心性主体论”哲学的冲击？

3. 胡孚琛提出“建设21世纪新道学文化战略”[①]。其根本精神在于传承和弘扬道学之身心合一、体用兼备的实践品格。在道教身体哲学研究中，来自理论层面的挑战——譬如对后现代哲学思想的理解和把握问题，对当代哲学前沿尤其是身体哲学前沿动态地把握问题——尚易迎接，而更根本的挑战则来自于研究个体对道学文化、道教思想之身体认同的程度和水平——不仅是思辨性地梳理，而且是身体力行地认同。从事道教身体哲学研究，隐喻于理论之中的价值关怀精神，也必须进入研究主体的身体内部，成为研究主体之生命、生活内容的一部分。只有这样才能对道教精神做一真切的情感体会和严谨的理论说明！这就关涉到修行工夫的问题，如何处理基于身体体验之实际和理论论证之愿景之间的距离问题，对任何

① 胡孚琛：《道学通论》，社会科学文献出版社2004年版，第91页。

一个研究主体而言，都是研究中需要努力克服的最大难题。

四　论老庄的身道价值及其运思路径

现代哲学家们往往从西方哲学的历史语境出发，将哲学定性为一种“爱智”的学问，“爱智”的学问起源于人生在世的一种“惊诧”意识，并由这种“惊诧”意识萌发、缔结出逻各斯主义哲学。与西方的逻各斯传统不同，道家哲学可以说是一种“爱生命”的学问，其萌发于一种与生俱来的生命忧患意识。《道德经》第13章曰：“吾所以有大患者，为吾有身；及吾无身，吾有何患。”① 人欲走向“世界”，致向无限之境域，须以自知、自明为前提。如何由“有限”之“小我”成就“无限”之“大我”？如何由“被抛于世”的状态进入“逍遥于世”的自由之境？在老子看来，造成人生之困境者，归根结底乃因为人是一种“身体”性的存在，人性之蕴含、人格之养成及其人文之化布，皆根于此一身在而起，并循身而成。

（一）根深蒂固的“身患”意识

在“礼崩乐坏”的社会背景下，先秦诸子从各自不同的立场出发阐释了不同的“人道”观，② 铸成了中国传统文化的“轴心时代”。置身于这样的历史环境中，“保身”“全生”“养亲”“尽年”俨然已成为一个沉重而又不得不面对的人生难题。秩序的瓦解、王道的沦丧、世事的无常、人生的变幻，这些人生遭遇都从不同方面威胁着生命的安全。如何在乱世之中保全生命？面对乱世的冲击，又如何为人生搭建起一方终极乐土？这些问题成为以老庄为代表的

---

① （魏）王弼注，楼宇烈校释：《老子道德经注校释》，中华书局2008年版，第27页。

② 赵馥洁在《价值的历程——中国传统哲学价值观的历史演变》（中国社会科学出版社2006年版）一书中，依不同时代核心价值观的不同，循核心价值观演变的历史顺序，将中国古代哲学划分为“天命观”“人道观”“天道观”“自然观”等不同的历史阶段，其中“人道的争鸣”是先秦诸子时期的价值观特点。

先秦道家哲人们竭力思考解决的问题。他们的精神焦虑和思想困惑，以及由此而凝聚成的忧患意识，都围绕着这些问题而展开。纵观老庄思想的全部，能够强烈地感受到这种忧患意识已经深深地浸透于其灵魂深处，伴随其生命的历程，漫延于世间生活的各个方面。

《道德经》第23章谓："希言自然，故飘风不终朝，骤雨不终日。孰为此者？天地。天地尚不能久，而况于人乎？"① 自然界中的万事万物都由天地所生，来于天地，归于天地，但即便如天地之大者，也不能保守永恒。在浩渺的自然界中，人只是一个渺小的存在者，又如何能够规避开自然界的法则呢？人生一世，宛若飘风骤雨一般，来去匆匆，转瞬即逝。生命无常，这就是人生所面临的最平常但却是最残酷的现实。说其平常，因为无常人生是每个人都遭遇的"事实"；说其残酷，因为它会以终极存在的方式，将人所创造出的一切事物都归之于无。在生命无常的自然法则作用下，人的行为本身自然会被赋予双重意义。一方面，在自然法则裁量下，人的生命历程只不过是一个"从哪里来到哪里去"的过程而已，从原点出发最终必然回归原点，人自以为是的一切所得所有，都会被无情地消解掉。另一方面，既然生命存在对人而言具有终极关怀意义，以价值根据的方式决定着我们所从事的一切活动的意义，那么保养生命则不仅是成就其他一切事项的前提条件，而且是判断这些事项是否具有真实价值的基本标准。

老子的这种忧患意识既是对生命自然存在的一种经验总结，亦是对人生意义的一种根本觉解——生命存在的时间性对于人而言具有优先性，时间既可以销毁一切，又可以成就一切。这种根源性的忧患意识，在庄子那里，则因其别具一格的言诠方式而有了更加形象的展示："人生天地间，如白驹之过隙，忽然而已。"② "天与地无穷，人死则有时。操有时之具而托于无穷之间，忽然无异骐骥之

① 《老子道德经注校释》，中华书局2008年版，第57页。

② （明）陆西星撰，蒋门马点校：《南华真经副墨》，中华书局2010年版，第318页。

驰过隙也。”[1] 与“不在”的状态相比，个人之“在”的时间是那么短暂，只如白驹过隙，匆匆而去。

可见，庄子言天地之大，宇宙之无穷，常用以和人的生命存在相比，用以说明生命的短暂和活着的珍贵。在有限的生命时间内，我们本应珍惜生命，爱惜生命与保养生命，本应努力让自己活得更加精彩，以便在生命的辩证法内觉解到一种活着的智慧。然而事实是，生命本就如此短暂，我们却又在这有限的人生中糟蹋着我们的生命历程，做出种种戕害生命的行为，这怎能不让人忧心忡忡呢！渗透在老庄身体深处的这种根源性的生命忧患意识弥漫于整个生命历程中，并自然而然地延展、扩大为一种思想上的困惑和人类性的焦虑意识。

正是基于这种与生俱来的焦虑意识，庄子说：“吾生也有涯，而知也无涯。以有涯随无涯，殆已！已而为知者，殆而已矣！”[2]“知”作为一种外向性的实践活动，意图在占有无限世界的过程中实现人生的价值，然而，面对茫茫无垠的外部世界，“知”的力量及其所达到的效果总是显得那么的渺小，所以以有限的人生去谋取占据无限的世界，只会遭遇到“殆已”的人生困境。

在庄子看来，以有限的生命做孜孜不息的外求，企图离身而去占有整个外部世界，人生又怎么会不堕入这种“知”的困境之中而难以自拔呢？离开身体去追寻知识的错误，属于“一出发，就错了”的方向性、根本性的错误，在这种错误意识的支配下所形成的认识标准也必然极不可靠，甚至是荒谬不堪的。“天下皆知美之为美，斯恶已；皆知善之为善，斯不善已。”[3]“天下”之美丑、善恶的区分，是“天下”师心自用的结果，其导致的认识后果必然是“其出弥远，其知弥少”[4]。而其导致的实践后果也必然是暴殄天

① 《南华真经副墨》，中华书局2010年版，第443页。

② 同上书，第46页。

③ 《老子道德经注校释》，中华书局2008年版，第6页。

④ 同上书，第126页。

物，致使“宋人资章甫而适诸越，越人断发文身，无所用之”[①] 的现象层出不穷。

如果说认识上的浑噩让人们处于“被遮蔽”的状态，使智者不得不承受着精神上的忧虑和情绪上的煎熬的话，那么人们在实践中不当的生活方式和歪曲的价值追求则直接将生命推向了无底深渊，沦为人类错误行为的牺牲品。“夫天下之所尊者，富、贵、寿、善也；所乐者，身安、厚味、美服、好色、音声也；所下者，贫、贱、夭、恶也；所苦者，身不得安逸，口不得厚味，形不得美服，目不得好色，耳不得音声。若不得者，则大忧以惧，其为形也亦愚哉！”[②] 世人在生活中，都渴望健康长寿，然而恰恰是他们追求感官享受，崇尚外物的错误生活方式损害了他们的身心健康，成为难以“寿善”的重要因素。“师之所处，荆棘生焉。大军过后，必有凶年。”[③] “天下多忌讳，而民弥贫；民多利器，国家滋昏；人多伎巧，奇物滋起；法令滋章，盗贼多有。”[④] 在政治生活中，统治者为了个人目的，争权谋利，频繁地制定各种法律制度、管理政策等，不仅置自身于凶险的生存环境中，而且驱使民众处于生存的艰辛环境中。在战争和苛政、暴政的威胁下，民生维艰，生命如草芥，人们对“生”的呵护和对“寿”的期望，只能是一种空想。

（二）依身而起的身道价值观

面对自然的大限，老庄道家并不是如常人那样，或者沉沦于生命的流波之海，随波起伏，而后在遗憾和悔恨中消失于命运的无常之中，也不是愤起而立，要以“人定胜天”的姿态藐天地之能而独大自我，而是从切己的工夫体验出发，开出了一条充满生命气息的躬身践道之路，彰显出一种特立独行的身道价值。

《道德经》云：“贵以身为天下，若可寄天下；爱以身为天下，

① 《南华真经副墨》，中华书局 2010 年版，第 9 页。

② 同上书，第 254 页。

③ 《老子道德经注校释》，中华书局 2008 年版，第 78 页。

④ 同上书，第 149 页。

若可托天下。”对这句话，注者曰：“无物可以易其身，故曰贵也。”[①]“贵身”，是与“物”做价值比较后做出的价值选择，与“物”相比，“身”为纲本，“物”为“身”用，唯有自爱其身而不为“物”所移者，方能做到体立而用显，在实践中方堪以胜任家国大事。庄子言：“自三代以下者，天下莫不以物易其性矣！小人则以身徇利，士则以身殉名，大夫则以身殉家，圣人则以身殉天下。故此数子者，事业不同，名声异号，其于伤性以身为殉，一也。”[②]在庄子看来，三代以下者，无论小人、士、大夫还是圣人，他们的共同点都是“以身为殉”，舍本逐末地沾沾自喜于名利之间，不知所往。小人、士、大夫、圣人都是儒家的人格类型，庄子借助于对儒家人格价值的批判，表明了“贵身”的价值主张。

在老庄的精神世界中，既然人生中的种种问题皆因身体而起，则“身患”的消解也应从身体切入，将身体的问题通过身体来解决。庄子言：“一受其成形，不亡以待尽，与物相刃相靡，其行尽如驰，而莫之能止，不亦悲乎！终身役役，而不见其成功，苶然疲役，而不知其所归，可不哀邪！人谓之不死，奚益！其形化，其心与之然，可不谓大哀乎。”[③]庄子将生命痛苦和人世艰辛的根源，直接指向身体自身的限定性问题，“一受其成形，不亡以待尽”，也就是说，不管人愿意与否，只要我们生而为人，来到这个世间，就必然会遭受人世间的痛苦，直至生命消失，“身患”方解。与老子相比，庄子对“身患”的认识显然更加深刻，呈现出一种彻底的经验主义倾向，唯有依此痛苦所在，人的意义问题及其价值创造问题才有了现实的落泊处。既然身体的痛苦是由身体造成的，那么痛苦也必由身体来解决。如庄子所言：“不以心捐道，不以人助

---

① 《老子道德经注校释》，中华书局 2008 年版，第 36 页。

② 《南华真经副墨》，中华书局 2010 年版，第 126—127 页。

③ 王先谦：《庄子集解》卷 1《齐物论》，《诸子集成》第 3 册，中华书局 2006 年版，第 8 页。

天。”[①] 人要获得自由，从痛苦中解放出来，就需要顺从自然，循道而为，“放下”执着，则自得解脱。

著名佛教学者吴信如曾言：“我们人的身体是地、火、水、风四大元素组成的，但这个身体里头也有宝藏，也有胜义的精华的东西。人的宝贵，在于人有身体，但出问题的地方也在于人有身体。”[②] 尽管吴信如是从佛教修炼的视角来论及身体的，但其中所蕴含的身体思想对于道家而言，也不无启示作用。“人的宝贵，在于人有身体”，因而需要人们尊重身体，发挥出身体的价值。而要发挥出身体的价值，就要从养生的、治国的各方面呵护身体，按照身体的运动规律和身体所处的社会与文化境遇去想问题，做事情。“出问题的地方也在于人有身体”，因而需要人们根据身体的发生规律去养护身体。由于在道家的思想视域中，身体不仅是自然的血气之身，还是一种具体而活泼的社会之身与文化之身，因而对身体的养护必然关涉到各种复杂的“关系”问题。在身体的养护中所形成的养生经验，也必然会以身体换位和身体类比的方式作用于各个层面的关系中，从而凝结为一种养生智慧，通用于治身与治国的身体实践中，这样看来，在道教的视野中，“身体”既是生命存有的自然载体，又是价值实践的社会主体；既是由血肉之身构成的活生生的生命个体，又是由神气之身构成的充满无限创造力的审美有机体，这样的身体已经名副其实地作为一种形上之身而存现于世。

这样的哲学构架使身体不仅成为“活着”的标志，还成为“意义”的发起者，人的生命活动和现实的生存状态借助于身体而获得了完满的、多重的规定。文化哲学家勒布雷东说：“人通过自己的实体性，将世界转化为自身体验的衡量标尺。世界在人的手中，变成了一种神秘而紧密均一的组织体系。”[③] 在身体—世界的

① 王先谦：《庄子集解》卷1《齐物论》，《诸子集成》第3册，中华书局2006年版，第38页。

② 吴信如：《地藏经法研究》，中医古籍出版社1998年版，第84页。

③ ［法］大卫·勒布雷东：《人类身体史和现代性》，王园园译，上海译文出版社2010年版，第4页。

一体性中，道家将身体看作世界的缩影，以身体观察世界，又将身体置于世界中，以感通、知观、神会的方式化世界为“自身体验的衡量标尺”。与万物相比，人之所以为贵者，乃因为我们的身体本所具有的与世界一体同在的整体之性。在身体的发动下，个体之小我，与家国天下、宇宙自然之大我，俨然就是一个小身与大身的价值共生的关系。

就此而言，对生死失所的担忧，对价值标准错置的不知，皆源于身体被误解乃至被遗忘的结果。对此，老子一言以蔽之，以当头棒喝的方式，将导致人生困境的答案揭橥而出：

> 宠辱若惊，贵大患若身。何谓宠辱若惊？宠为下，得之若惊，失之若惊，是谓宠辱若惊。何谓贵大患若身？吾所以有大患者，为吾有身；及吾无身，吾有何患？①

确实，从存在的一般性上讲，身体不在了，人也就“没”了，一切忧患便自然随风而逝，忧患也便成为别人的忧患，已与“我”无关。但老子之所以将“身患”作为大患，显然是因为对“身患”的认识溢出了这种狭隘的个体生命之直观感受，而升华为一种人类性、人文性的集体焦虑意识。

（三）循身而用的身体逻辑

在实践中要真正做到“贵身”，自然需要对身体的构成特征和运动规律给予认识和把握，不然“贵身”主张就会落于空疏而无实际意义。在老庄看来，身体由形体和精神（精、气、神）等多重要素构成，具有整体性的特征。在实践中要落实“贵身”的主张，就需要从形与神入手，对身体进行全面呵护。在《道德经》和《南华真经》中，尽管没有明确地表达出这种形神一体、形神同养的思想，但通过对老庄文本的分析，仍然不难分析出其中的蕴意。老子

---

① 《老子道德经注校释》，中华书局2008年版，第29页。

说："载营魄抱一，能无离乎？专气致柔，能婴儿乎？涤除玄览，能无雌乎？爱民治国，能无为乎？天门开合，能为雌乎？明白四达，能无为乎？"[①]"魄""气"都是身体构成的基本要素，"抱一""专气"等都是比较重要的养生方法。在这段话中，老子从不同方面说明了如何由养身进入"玄德"之境的修养方法，包含着对形（气）、神（魄）等要素的认识，说明在老子那里，整体的身体观思想已经形成。

庄子在论"心斋"时说："若一志，无听之以耳，而听之以心，无听之以心，而听之以气。听止于耳，心止于符。气也者，虚而待物者也。唯道集虚，虚者，心斋也。"[②]由"耳"至"心"再至于"气"，最终达到忘形忘物的"心斋"之境，反映了养身过程中形神关系的变化历程。庄子的这段话被后世道教修炼家和养生家奉为圭臬。

使用以上的养身方法，在实践中即能达到健康身心、长生久视的目的，但是这些养生方法至多能够延长生命的存世时间，对于生死问题的解决而言，仍然无能为力。那么，要怎么才能彻底解决"身患"呢？老庄提出了解决"身患"的根本性纲领——以身体道，与道合一。老子曰："孔德之容，惟道是从。"[③]又说："同于道者，道亦乐得之；同于德者，德亦乐得之；同于失者，失亦乐得之。"[④]世间最高的德是与道同体之德，只有与道合一，才能进入超越生死的大化之境。

那么，为什么只有"与道合一"才能彻底解决"身患"问题呢？老子说："域中有四大，而王居其一焉。人法地，地法天，天法道，道法自然。"[⑤]这里包含着多重含义，基本上给出了上述问题的答案。其一，道是自然之道，以身体道的过程就是归于自然本

① 《老子道德经注校释》，中华书局 2008 年版，第 22—23 页。
② 《南华真经副墨》，中华书局 2010 年版，第 58—59 页。
③ 《老子道德经注校释》，中华书局 2008 年版，第 52 页。
④ 同上书，第 57 页。
⑤ 同上书，第 64 页。

原的过程；其二，人与道之间存在着同质异构的关系，人与道之间能够进行信息和能量的交换，因而人自具修身体道的可行性；其三，人、天、地与道四者之间，是一种“法”天、“法”地的动态关系，四者之间相互为用，交互影响；其四，在“四大”中，人和天、地和道隔位相应，从四者的功能属性上讲，人和天主动，地和道贵柔主静，由“人”到“地”，由“地”到“天”，再由“天”到“道”，最后归于自然，这一逻辑关系安排意在说明，人法道的过程是一个由“动”至于“静”，再由“静”经“动”入于“静”，最后归于不动不静的虚无之境的过程，各个逻辑环节之间存在着否定之否定的关系。

除此之外，还应该看到在“四大”中，人、天、地都有所指，是具体性的概念。而“道”却是一个抽象的概念，它蕴含着人、天、地的属性，但又与它们相区别。老子将四者并用，当别有深意。我们知道，天和地在《道德经》中除了指两种实然性的自然物之外，更多地表示一种象征意义。与万物之“微”相比，天地为空间之“大”者。与万物之“无常”相比，天地为时间之“长久”者。所谓“天长地久，天地之所以长久者，以其不自生，故能长生”①，即指时间意。在万物与天地之间的关系中，天地生万物，因而天地为万物之本原。在“四大”的关系中，用“天”和“地”指涉“道”，意在说明“道”之“大”和“道”之“久”的时空属性，及其“道”之“本”的生成功能。由天地之性，“道”获得了周全的本体规定性。在“四大”中，人的含义最为复杂，指涉的内容也最为丰富，有时指“生”有时指“身”，有时指“形体”有时指“心性”，有时指“民”有时指“王”，有时指“意识”有时指“价值”，呈现出象以言身的复杂性特征。对此，当另文论述。然而，复杂之“人”并非无根之物，其来源于天地，根于自然，养成于“道”。“道”以抽象的形式统摄着“人”的本质规定，也引领着人的行动方向。当然，这是从“道”言“人”的视角讲的，

① 《老子道德经注校释》，中华书局2008年版，第19页。

若反过来从“人”言“道”的视角讲，则蕴含着这样的思想内涵：人作为“四大”之一，是现实性和理想性的统一体，从现实性意义上讲，人就是多重构成的存在者，但从理想性上言，人又具有超越性。一言以蔽之，人具有自本自根性。

在根身的思维方式作用下，“养身”成为全部活动的思想主轴，贯通身天关系的各个层面，形成“修身”的实践智慧。在老庄之道的形上视域中，生死问题的解决与其说是对生命的保全工作，不如说是一个生命的创造过程，即在生活中重塑生命形态的过程。庄子说：“且有真人而后有真知。”① 那么何为“真人”呢？陆西星解释说：“真人者，知天之所为而顺其自然者也。”② 陆西星的这种解释，完全符合道家自然人性论的基本思想主张，但问题是，人如何才能做到“知天之所为”呢？

从逻辑层面上分析，“真人”是相对于“伪人”或“假人”而言的，但无论“伪人”还是“假人”，其成立的前提条件都须是“人”。即“真人”的养成须经历一个自我否定之否定的过程：人—伪人（假人）—真人。真人是经过长期修养而具足一种全新的生命魅力的人，由懵懂无知的人开始，经过社会化的熏陶而形成为真人，这样一个过程如果不是重塑生命形态的过程，那么又是什么呢？

依照“真人”生成过程的逻辑环节之不同，循身而用的身道逻辑遂揭橥而出：首先是身心关系问题，这是与生死最为切近的问题，然后是人我关系问题，进而至于身国关系和身天关系问题，层层递进，以至于生命的大化之境。如胡孚琛所言：“由人天同源、身国同构、道统为一的基本认识出发，在对于自然现象和社会现象的观察中特别是自身修炼的实际体验中，老子认识到自然无为是‘道’所具有的本质特征，‘无不为’则是推进‘道’的必然结果。”③ 根身、贵身、大身，以及由之自然形成的“养身”崇向，

---

① 《南华真经副墨》，中华书局 2010 年版，第 88 页。
② 同上。
③ 胡孚琛：《道学通论》，社会科学文献出版社 2004 年版，第 122 页。

内在相关地构成了道家的身体价值论；反身、省身、化身、体身，将价值实现之路始终定位于对内在真理的理解和把握上，其“远取诸物”“近取诸身”的认识特征，旗帜鲜明地表明道家的认识论是一种体身论。

（四）小结

综上所述，在老庄的思想语境中，既然人生中的种种问题皆因身体而起，则“身患”的消解也应从身体切入，将身体的问题通过身体来解决。作为中华本土文化智慧园林中的一朵思想奇葩，老庄哲学自然地流露出一种“面向生活世界”的“思乡”情结，这使道家思想无论在先秦时期，还是在其后历史演变的各个阶段，都投射出开放、自信、隐显自如的精神品格。玄思式的“纯粹知识”性的思辨生活，从来不是道学生命活动的重心，在生活世界中直面各种矛盾，在身体的打磨中内在提升，在身体的变革中实现社会的价值，从而生活即修行，修行也自然是充满生命气息，充满了生活意义的自在之旅！因此，道家的身体世界与道家的生活世界，相互辉映，相得益彰，或隐或现，或游或止，“浑浑然不可分矣”！老庄哲学的这种旨趣与进路，影响着后代道家哲学的基本走向，并在不同的历史情境中，或豁显为身国一体、身天同构的政治论思想，或豁显为身心一体、形神同构的心性价值论。

五　生命何以超越？
——对道家养生三要素的哲学考察

在仰望苍穹而有感于宇宙之大，触摸生命而有感于人生之无常的真切体会中，道家直面生死大限问题，倾一代又一代人的身心之力，为自己也为人类勾勒出了一幅灵动缥缈而多姿多彩的人文图景，宛若于生命的荒漠中为我们精心发掘出一眼人生的甘泉，滋润着世间和周围的人群。在道家看来，生命有先后之分，人有真假之别，而是否能够循天而为、尊道而行地践行养生之道，则是真俗之判的唯一标准。人天之际的价值根据问题，先天后天的生命境界问题，真俗之判的人格差异问题，皆循“精”“气”“神”关系的转化历程而呈现出不同的情状。因此，通过揭示“精”“气”“神”炼养与道教成人之道之间的关系，不仅能够更好地理解道教炼养的内在机制，而且能够揭橥出道教修以成身、养以成人及修以成文的思想特质，为道教生命哲学研究提供一种新的考察视角。

（一）“精”“气”“神”：一种宇宙景观

生则生，死则死，本就是再自然不过的事情。然而，道家却提出：“域中有四大，而王居其一焉。人法地，地法天，天法道，道法自然。”① 于是，无论生还是死，对于人而言，都成为一个问题。因为“生”被纳入了“道”的视域下，与“人”的意义产生了关联性。而从“道”的层面看待道教养生，养生的过程就不单单是对“术”的操纵那么简单了，而是一个“生道合一”的过程。在道家的视域中，所谓的人，其实是由“精”“气”“神”三要素构成的复杂集合体，修道的本质在于炼养“精”“气”“神”，在“体道合真”中成就“真我”。

那么，在身体的炼养中，循着“精”“气”“神”的转化，何以能够甄别虚妄，致向真我？道家养生中的“精”“气”“神”各具有一种怎样的特质，能够引领人们超越生命历程中的层层限制，而趋向宇宙大化的自由之境？对这些问题的思考与回答，涉及中国传统哲学研究中两种不同的哲学思路问题。

一种是以新儒家牟宗三、冯友兰和劳思光为代表的哲学家们，他们或采用西方二元论哲学的方法，对问题做知识论的处理，或采用一种精神的超越法，以心性超越的方式对上述问题做出处理。对此种研究路径，李泽厚曾提出批评，他说：

① （魏）王弼注，楼宇烈校释：《老子道德经注校释》第25章，中华书局2008年版，第64页。

> （中国哲学）传统自上古始，强调的便是“天地之大德曰生”、“生生之谓易”。这个“生”或“生生”究竟是什么呢？我以为这个“生”首先不是新儒家如牟宗三等人讲的“道德直觉”、“精神生命”，不是精神、灵魂、思想、意识和语言，而是实实在在的人的动物性的生理肉体和自然界的各种生命。其实这也就是我所说的“人（我）活着”。①

在李泽厚看来，“生生之谓易”的真实意义在于揭示生命机体自我实现与自我创造的生命规律与生命运动状态。按照李泽厚的理解，“易”是变化之意，“生生”是“使生命生成”之意，因而“生生之谓易”的过程即“生命自我创造和自我实现”的过程。

再结合“天地之大德曰生”来看“生生之谓易”，显然，“生生”即“天地”之“生生”，天地之大德即“生生”之德，“生生”就是世界万物的本原状态。与西方二元论哲学视域下关于“世界本原”问题的提问方式不同，西方传统哲学以追问“世界的本原是什么”为基本的问题意识，在这种问题意识驱使下，西方传统哲学总是自觉或不自觉地将哲学思考的方向引入设定本原性实体的方向上——世界是各种现象的集合体，现象之后存在着一个本体的东西，它决定着世界存在的方式和发展的方向。康德将这种隐匿于世界之后的“本原”称为“物自体”，黑格尔则以“绝对理念”来表征世界“本原”。西方传统哲学的这种致思方式对近代以来中国哲学研究产生了深远的影响，李泽厚所批评的，正是那种以西方本原论思维方式来研究和处理中国传统哲学的致思取向。

中国哲学的基本精神不以追问“世界的本原是什么”为己任，而以领悟世界存在的本原方式为己任，呈现出一种内契式的本体返还论特征。在中国哲人看来，我的身体的当下存在就是世界之于我

① 李泽厚、刘绪源：《中国哲学如何登场——李泽厚 2011 年谈话录》，上海译文出版社 2012 年版，第 4 页。

的全部呈现，认识我自己即是认识整个世界。这就是道家将人体称为“小宇宙”的哲学意义。汤浅近雄指出：“人本来就是宇宙万物的一部分，体认了内在于人身心之气的作用后，便能理解宇宙万物内部的作用原理（人是一个小宇宙）。”① 所以，中国哲学的“有限”和“无限”的关系问题，实质上是“小我”和“大我”的关系问题，中国哲学的“绝对性”和“相对性”关系问题，实质上是个体生命的有限性与宇宙大化的无限性问题。因此，中国哲人对“道”的思考，目的在于恢复个体生命的完整性，将生命由“不在场”的状态延伸到“在场”之上：

> 这整全的世界连同其永恒的生命流程，与我们自身的存在是连成一体且息息相关的，却又是现时的人的有限生命与实际经验所无从概括的。要从自身立足的有限世界存在进入直面无限的探究与思考，仍然属于“形上”对“形下”的超越，不过不是由“现象”超越至虚幻的“本体”，却是由“在场”（直接打交道的世界）延伸到“不在场”（未能直接打交道的世界），由局部（属人的世界）提高为整全（本然的世界）。②

人生在世，最直接也是最切要的问题便是“我活着”的问题。只要“我活着”，“世界”就与“我”同在。然而，人生最大的问题也恰恰在于，“我活着”总是处于被遗忘的状态。于是，人便追逐于功名利禄，轮回于爱恨情仇，生命因之而总是处于“不在场”的状态，“我活着”的现实问题也总是在生命即将失去时才被人们所认知。老子说：“反者，道之动。”③ 从存在论意义上讲，不就是让我们回到生命的本原问题上，重新思考“我活着”的问题么？这不正是海德格尔“向死而生”的真精神么？人是人自身，老子之所

① 汤浅近雄：《灵肉探微——神秘的东方身心观》，马超等译，中国友谊出版公司1990年版，第74页。

② 陈伯海：《回归生命本原》，商务印书馆2012年版，第15页。

③ 《老子道德经注校释》，中华书局2008年版，第110页。

以不遗余力地批评常人所处的世俗世界，是因为他看清了世俗世界对身体的遮蔽和对生命价值的扭曲，他要做的，便是让生命以优雅的姿态呈现于生活世界，让人在保有完整生命的意义上成为“在场”的人。

由此可见，以长生久视为根本旨趣的道家炼养实践，抓住了“人生在世”的本原性问题，是一种真真正正地“直面现实”的学问。“中华道家不是消极避世的厌恶人生者，道以生为贵，所谓‘仙道贵生’，对于人生的热爱和对本体生命的珍惜，决定了中华道家倡导的‘长寿’和‘长生’的合理性，同时也使中华道家修炼学具备了青春常在的强大生命力。”① 而达到了“长生久视”之境，就是人生与大道合为一体，就是成人与成物的人性的养成与人格的砥砺。

那么，如何达到“长生久视”的境地呢？道家提出了“精”“气”“神”合修的思想：“三气共一，为神根也。一为精，一为神，一为气，此三者共一位也……故人欲寿者，乃当爱气、尊神、重精也。”② “精”“气”“神”是人体构成的基本要素，合“精”“气”“神”于一体，就能做到“长生久视”。故而修炼“精”“气”“神”，合三者为一体，就是体道合一，就能递进于生命的澄明之境。《太平经圣君秘旨》，指明了“精”“气”“神”修炼的过程及其意义：

> 本于阴阳之气，气转为精，精转为神，神转为明。故欲寿者当守气而合神，精不去其形。念此三合为一，久则彬彬自见身中。形渐轻，精益明，光益精，心中大安，欣然若喜，太平气应矣。修其内，反应于外。内以致寿，外以致理。③

可知，以“精”“气”“神”为要素，三者相互作用，就是

---

① 田诚阳：《中华道家修炼学》，宗教文化出版社1999年版，第33页。

② 《太平经合校》卷154—170《令人寿治平法》，第728页。

③ 《太平经圣君秘旨》，《正统道藏》65《太平部》，涵芬楼1923年版，第192页。

“人体小宇宙”的“生生”之道。而随着修炼过程中“精”“气”“神”之见的转化，生命的境界就会发生由内到外的转变，人生也就不断地由“出场”返回“在场”，终究臻于宇宙大化之境，这就是“精”“气”“神”所呈现出来的宇宙景观。

在这种细腻和恢宏的宇宙景观中，万物皆具生命，皆是一生命的存在，它们之间存在着一种“阴”“阳”生克变化的关系属性。“天地自能化生万物，万物自能在天地间化生；而这一切又均属自然而然，并非有意作为。”① 人首先作为万物之一而存在，然后才作为人而存在，且相对于万物而言，人与万物之间并不存在本质的差异。依照杨朱所言：“人肖天地之类，怀无常之性，有生之最灵者人也。”② 人与万物之间在根本上是统一的，人和万物之间，只不过是一种形态之别，不存在本体意义上的差异，所以在《老子》中，每以万物之性论天地人之性。道家的“精”“气”“神”学说，既揭示了人与万物的一体之性，又揭示出人之为人的本体论根据。

（二）聚散之间：两重天地

根据修道、证道的不同层次，胡孚琛在《丹道法诀十二讲》中将世界分为先天虚空世界和后天实体世界两重天地，并用以指法身和色身两重境界。他说：

> 先天之世界（古称世界为天地）为虚空世界，在人体为法身。后天世界为实体世界，在人体为色身。《参同契》这六句话，将“两重天地，四个阴阳”的真谛和盘托出。两重天地分虚无的天地和实有的天地，四个阴阳即先天阴阳和后天阴阳。从另一方面说，宇宙是一大天地，人体是一小天地，各有阴阳

---

① 成复旺：《走向自然生命——中国文化精神的再生》，中国人民大学出版社2004年版，第30页。

② 《诸子集成》第3卷，《列子》卷7《杨朱第七》，上海书店出版社1986年版，第85页。

对应关系，也称“两重天地，四个阴阳”。①

从胡孚琛的论述中可知，道家的两重天地包含着多重含义，既指生与死两重天地，又指先天和后天两重天地，同样也常用来表示高低不同的修养境界。在道家炼养中，“两重天地”用来指生与死两重天地。

陶弘景在《养性延命录》中说：

> 夫神者，生之本也；形者，生之具也。神大用则竭，形大劳则毙。神行早衰，欲与天地长久，非所闻也。故人所以生者，神也；神之所托者，形也。形神离别则死，死者不可复生，离者不可复返，故乃圣人重之。②

陶弘景认为，形神之间的关系直接决定着生死问题，形神相合则生，反之则死。因而养生的根本纲要在于保持形神相合，防止二者分离。陶弘景的这种思想主张，和《太平经》及《黄帝内经》中从“精”“气”“神”一体的角度论述生命的思想并不存在本质上的差异，也反映出道教内部对于形神合一的观点抱有高度一致的认识。

按照“形”“神”相合的修炼原则，道家开辟出了一条“玄之又玄”“损之又损”式的证道路径，体现出“反身体道”的理论特色：在“精”——形躯身——的层面，主张“啬精”；在“气”的层面，主养“内”气；在“神”——意识身——的层面，贵在“少思”“息虑”。总之，如陶弘景在《养性延命录》中引《太史公司马谈》言：“夫养生之道有都领大归，未能具其会者，但思每与俗反，则暗践胜辙，获过半之功矣。”③ 一言以蔽之，“每与俗反”，

---

① 胡孚琛：《丹道法诀十二讲》上卷，社会科学文献出版社 2006 年版，第 130—131 页。

② 陶弘景：《养性延命录》卷上，《道藏》第 18 册，第 476 页。

③ 陶弘景：《养性延命录》，张君房：《云笈七签》卷 32，第 713 页。

将道教养生之要尽数概括之。老子言：

> 众人熙熙，如享太牢，如春登台。我独泊兮，其未兆，如婴儿之未孩。累累兮，若无所归。众人皆有余，而我独若遗。我愚人之心也哉！沌沌兮！俗人昭昭，我独昏昏。俗人察察，我独闷闷。澹兮其若海，飘兮若无止。众人皆有以，而我独顽似鄙。我独异于人，而贵食其母。①

养生之要，即存乎“俗”“异”之间，两重天地，两重身体景观，何去何从？每个人都应该考虑这一严肃的问题，并给出自己的选择。

道家除了用“精”“气”“神”论养生之外，还用魂魄思想来表达生死之间两重天地的变化。《参同契》云：

> 阴阳为度，魂魄所居。阳神日魄，阴神月魄，魂之与魄，互为室宅。性主处内，立置鄞鄂。情主营外，筑完城廓。城廓完全，人物乃安。于斯之时，情合乾坤。乾动而直，气布精流；坤静而翕，为道舍庐。刚施而退，柔化以滋，九还七返，八归六居。②

在身体中，魂魄相当于阴阳，它们相互作用，维护着身体的健康，当魂飞魄散时，生命健康就会受到严重威胁，甚至导致死亡。

在生命炼养中，随着“精”“气”“神”相互关系的转化，身体与万物之间的关系也发生着不断的变化，“我活着”也就展示为一种景观转换、意义迭生的美妙景象，身心境界遂呈现出高低不同的两重天地。

庄子说：“天地有大美而不言，四时有明法而不议，万物有成

---

① 《老子道德经注校释》，中华书局 2008 年版，第 46—47 页。

② 武国忠主编：《中华仙学养生全书》（上），华夏出版社 2006 年版，第 49—50 页。

理而不说。”[①]“天地之大美”之所以为“大美”，既是因为“天地”融涵万物、行而不言的质性，更是因为“天地”本所具有的“身体性”特征。诚如李泽厚所说：

> 美远不止于审美，而是以人的践行为本从而与宇宙协同存在的“天地之大美”。这大美不只是静观，也不只是自然界。没有人类和每个个体的活生生的存在、生活、实践、奋斗，宇宙将是毫无意义的一片荒凉。[②]

“天地”在修炼的过程中成为“我”的存在，是一种超越个体而升华为宇宙“全体”的“身体”情境，因此之故，“天地”即是“我”的“天地”，“我”即是“天地”之“我”。“天地”与“我”交相辉映，构成了一个有“情”世界。

张再林在论“中国古代宇宙的身体性”问题时说：

> 显而易见，这一区别于实体主义的“肉身”的行为主义的“宇宙身”的理念，既是一种身体观又是一种宇宙论，故“《大易》不言有无”（张载语），中国古代宇宙论从来就不是什么“存有论”的（无论是把这种“存有”视为“物质”还是“意识”），而是一开始就是一种“身体论”的，它是一种根身的宇宙论，或毋宁更准确地说，乃一种根身的生态学。[③]

道家生命修炼就是以一种身体实证的方式现实地诠释了“大易”之美，有“情”之宇宙和有“理”之身体绾结为一体，组合成了情理交融的生命世界。在道家修炼中，这一“情”

---

① （晋）郭象注，（唐）成玄英疏：《南华真经注疏》，中华书局 1998 年版。

② 李泽厚、刘绪源：《中国哲学如何登场——李泽厚 2011 年谈话录》，上海译文出版社 2012 年版，第 122 页。

③ 张再林：《作为身体哲学的中国古代哲学》，中国社会科学出版社 2008 年版，第 6—7 页。

“理”交融的世界又是通过“精”“气”“神”的相互作用关系来体现的。

在汉魏之后兴起的道教内丹学根据心性的不同变化，提出了识神、元神的双重身体观思想。张伯端说：“夫神者，有元神焉；有欲神焉。”其中，元神是“指人一念未生时，未被意识、情绪活动所扰乱波动的寂定心体”①。识神则指在欲望意识主导下的身心状态。内丹家根据修炼中身体内景的不同，分为识神、元神两重天地，实质上是以“精”“气”“神”为基本要素而划分的两重天地，并无本质上的不同，只是所依据的标准不同而已。道教的两重天地是建立于“身象合一”的思维方式基础上的，克服了西方认识论思维下经验世界和先验世界之间的隔阂。

（三）寓“道”于“术”：生活世界

道家养生术，内容繁多，方法各异，充分反映出道家重视养生的思想特色。葛洪说：“道家之所至秘而重者，莫过于长生之方也。”② 又说：“生可惜也，死可畏也。”③ 重视长生，自然而然地就会围绕“长生久视”的价值追求来开展身心方面的实践探索，经过累世积累，慢慢形成了道家蔚为大观的养生方术体系。

对道家的养生方术做分类研究，可以发现几乎涵盖了人们日常生活中各个方面的内容，与日常生活息息相关。“大致分来，有服食与辟谷、导引与行气、缘督与按摩、内视与守一、存神与坐忘。医药与饮食，房中与起居等。可谓方法众多，于人们的日常生活内容无所不及。”④ 这充分说明道家养生思想已经与人们日常生活有机地结合在一起，成为一种生活化的实践行为。这也从一个侧面揭

---

① 《道藏》第4册，第364页。

② 《抱朴子内篇》卷14《勤求》，王明撰：《抱朴子内篇校释》，中华书局1985年版，第252页。本文引《抱朴子内篇》皆以王明本为据，下引只注卷数、页码。

③ 《抱朴子内篇校释》卷18《地真》，第326页。

④ 杨普春等：《道家内丹学说的生命价值观及其现代审视》，四川大学出版社2015年版，第34页。

示出“何以中国根柢全在道教”之问的答案。

由于不同的养生术所适用的条件、环境往往不同，在养生实践中，必须多闻而体要，以实现“藉众术以共长生”的目的。葛洪说：

> 凡养生者，欲令多闻而体要，博见而善择，偏修一事，不足必赖也。又患好事之徒，各仗其所长：知玄素之术者，则曰唯房中之术可以度世矣；明吐纳之道者，则曰唯行气可以延年矣；知屈伸之法者，则曰唯导引可以难老矣；知草木之方术者，则曰唯药耳可以无穷矣。学道之不成，由乎偏枯之若此也。①

尽管道家养生术内容众多，方式各异，但又有所旨归，都以“道”为其理论根据，是“道”下贯于生活的具体体现。在养生实践中，既要准确把握每一种养生方术的使用特点，又要从整体上领会各种方术之间的内在关系，于“术”中见“道”。

“道”“术”不离的生活特征，包含着道家对自身信仰建设的独特认知。人们修道的根本目的是求得生命的究竟解脱，超出现实社会中客观存在的种种对生命的束缚，以获得大自在。人世间的各种诱惑，人自身对名、利、情的本能需求，都是修道之人的束缚和障碍，只有通过艰苦修炼来冲破这一切，人才能获得超越于人的智慧和力量，才能明悟生命之真谛，才能知道真正的幸福是什么。而这一切都需要在当下的生活中，在有情的世界中来观照和体悟，离开了生活，修道就成为无源之水和无土之木，因而修道与生活须臾不可分离。

道家认为，实现生命关怀的最为直接也最为笃实的方式莫过于修炼，它构成了道学文化的哲学底蕴，道学文化不尚空谈，不尚理论的疏辩，而认为人生之要务在于宝身全生，践行这一目标的最好

① 《抱朴子内篇校释》卷6《微旨》，第124页。

方式就是在生活中体验，在生活中磨炼，这反映出道家强烈地生活本体论特征。詹石窗结合其修行体验说："经过了半个多世纪的人生历练之后，我重新回忆童年往事，感到我们的祖先对于生命由来的认识是很有智慧的，在他们心目中，人的生命并不是在天地产生之后才形成的，而是与天地一起孕育、一起'孵化'出来的。"①道家依托个体修行的生命体验，将之发显为一种生命主体创造精神，并凝聚为一种生活气质，呈现出鲜明的"生活道家"特征。

道家"贵身"的价值主张和"体道"的方法路径，将生命与生活互置，为我们浸润出了一种独特的生活智慧：生活因为有了生命的感受而成为有情生活，生命因为有了生活的支撑而化为有理生命，"有情"又"有理"的道家哲学，将生命的形上追求寓于形下的生活世界，不出世间而诗情自溢，身居闹市而诗意盎然地栖居其中，从而真正实现了"诗意栖居"的人生情怀。在先后天之间、真人和俗人之间，并非存在不可僭越的天堑，这一切形成了道家修真保明与涵养人性的双重意境。

（四）身以载道：修身成人

在宇宙论的视域下，道家的修身观思想已经不能被狭隘地理解为"养生成仙"，而应将其视作借修身以完成个体生命气质的涵养，在修身中充实道德品质，提升人格境界，因此道家的修身之道同时也是道家的成人之道。

在道家的思想视域中，人并非生而成人的，尽管如《吕氏春秋》所言："性者，万物之本也，不可长，不可短，因其固然而然之，此天地之数也。"②然此种禀赋宇宙造化的人性，从存在论意义上突出人的生命实存的根本大限，为道家修行指明了所依持的根据和前进的方向，但要归于此种大化之境，也就是要实现"生道合一"，则必须克服种种反自然甚至歪曲自然的错误倾向，将那种不

① 詹石窗：《道教修行指要》，宗教文化出版社 2006 年版，第 48 页

② 《诸子集成》卷 6《吕氏春秋・不苟论》，上海书店出版社 1986 年版，第 315 页。

正确的生命状态拉回到契合“道”的路上，恢复到健康、自然的状态中来。

首先，需要克服身体的异化倾向，回归“真人”状态。在常人的世界里，物质、名利构成了全部的生活内容，用物质财富的多寡、社会地位的贵贱来充实生命的过程，来衡量人生的价值，导致人整日处于患得患失之中，身体被遗忘，道性被遮蔽，因此修身的首要工作，便是出离于物质、名利的束缚，认识到身体的根本价值，将身体打造成载道之体，实现身道合一。为此，需要通过“精”“气”“神”的炼养，循着“反者，道之动”的方向，一步步地转化形躯身为道身。

总之，如《悟真篇》云：“不求大道出迷途，纵负贤才岂丈夫。百岁光阴石火烁，一生身世水泡浮。只贪利禄求荣显，不顾形容暗瘁枯。试问金山等山岳，无常买得不得无。”[①] 人生光阴苦短，生命如白驹过隙，转瞬即过，那种一心于名利的行为，除了劳费心神，戕害性命，扭曲人性外，则一无是处。这种由直观生命所形成的生命焦虑意识成为道家最直观也是最深的生死情结，支配着道家对其他一切问题的理解。

其次，道家认为，人的存在不可能是单个生命个体的独存，人是社会生活的人，人格的养成依托社会道德实践，要在社会生活中来实现。在社会道德生活中，必然会遭遇种种矛盾，恰当地处理这些矛盾考验着修身的工夫境地，也是致向真人之境中必须完成的人生课题，否则，就难以养成真正的理想人格。在这一问题上，道家认为在社会道德实践中，只要能够处理好两个方面的问题，就能贴切地处理好社会道德实践中的各种矛盾。其一，践行真善，远离伪善，即不为追名逐利而行善为善。庄子云：“为善无近名，为恶无尽刑，缘督以为经，可以保身，可以全生，可以养亲，可以尽年。”[②] 善不是人们有意追求的东西，而是根据生命

① 王沐：《悟真篇浅解》，中华书局1991年版，第11页。

② 曹础基：《庄子浅注》，中华书局2007年版，第35页。

的运化之道，去做自己能做可为的事情。其二，在社会道德实践中，当遇到与他人发生冲突、矛盾时，道家主张应挺身而出，以正己为解决矛盾的根本法门，通过对自身的行为进行修正和调整，达到“幸能正生，以正众生”的效果。[①] 正生就是按照生命的循行之道，契合天道地想问题，做事情，如果能够做到这一点，就会影响其他人，为人与人之间的和谐交往打下基础。老子曰：“修之于身，其德乃真；修之于家，其德乃余；修之于乡，其德乃长；修之于国，其德乃丰；修之于天下，其德乃普。”[②] 可见，应通过修身以达到顺其自然而生存，保持生命的活力不断涌动，保证本真之心不被扭曲。由此而往，将修身的法则拓展于家庭、社会和国家，三者皆能贯彻天地“生生之德”，彼此无害，如此一来，家庭自然和睦，社会自然平安，国家自然长治久安，人类的“命运共同体”自然得以建立。

（五）结语

追求“长生久视”的道家哲学，是一种在“身”的实修中体悟生命大道的智慧学问。“言”“听”“行”等既是身体存有的标志，又是身体实践的基本方式，因而兼具“材质”和“属性”的特征；“精”“气”“神”等既是生命构成的基本要素，又是生命由个体生命致向宇宙生命的必由之路，因而兼具生成和转化二重义；“天”“地”“人”等，既是一种“有我”之“实在”之物，又是一种“无我”之“虚象”之状，因而兼具实然和应然之属性。“道生一，一生二，二生三，三生万物”[③]，在道生万物的统一性中，万物之间存在着有无相关，即自和对自否定统一的矛盾关系，即成即毁，即有即无，世间万物皆因“对待”而生，万物的背后并不存在一个永恒的上帝。因此之故，有学者称道教文化并非一种“技术

---

① 曹础基：《庄子浅注》，中华书局 2007 年版，第 60 页。

② 《老子道德经注校释》，中华书局 2008 年版，第 144 页。

③ 同上书，第 117 页。

模式”的文化形态，而是一种根身性的“生命模式”的文化形态。[①] 它的一切方面的内容都深深地浸润着一种生命气息，流淌着一种生活情怀，即便是承担着认识功能的主要范畴“心”，也只是整体之身的一种功能表征而已。心感与身行，须臾不可分离，构成了道教的整体之身和有机之身，亦是本体之身。在上清派代表性经典《上清大洞真经》卷1中这样描写了“存思日月”功法的内容：“口吸日月一息炁，分三九咽，结作二十七帝君。”其中“九帝下入绛宫，穿尾闾穴，上入泥丸；又九帝亦下穿绛宫，入下关之境；又九帝入中关之境，令日月使照一身，内彻泥丸，下照五脏肠胃之中，皆觉洞照于内外，令一身与日月中之光共合。良久，叩齿，用‘嘻’字吐息。”[②] 在“存思日月”功法的运用中，其行功要害在于，需要在身体内景中将“存神”“吸炁”“叩齿”等方法依照一定的数理规律有机地结合起来，按照身体内景次第秩序的不同，内演内炼，以达到凝结身心，升华气质，改造体质的目的。在这一过程中，“心感”与“身行”被以“存神”“叩齿”等身心操练行为结合在了一起。

道家炼养中这种整体之身与有机之身在道教文化的视域中滥觞为一种身体思维，以身体普照光的方式为人们提供了一种精神的张力。它以一种自身否定性的方式将人生的意义建立于个体身体活动的基础上，借助以身观身的方式形成对生命态度和生活方式的评价，最终彰显出一种身体理性智慧之光。在这种“普照光”的照耀下，不仅貌似散乱的道教文化得到了一种统一性的理解，道家文化中所蕴含的丰富的形而上学思想也获得了现实的价值。如卡西尔所说：

---

① 德国学者彼得·科斯洛夫斯基在《后现代文化》一书中提出：关于文化的思想不应该以“技术模式”为导向，而应该以“生命模式”为导向。“技术模式”的文化观认为世界是“造”出来的，而“生命模式”则认为世界是“生”出来的。由“造”和“生”的分歧进而派生出一系列文化观念的分歧。参见［德］彼得·科斯洛夫斯基《后现代文化》，中央编译出版社1999年版，第79页。

② 《上清大洞真经》卷1，《道藏》第1册，第518页。

> 在神话想象、宗教信条、语言形式、艺术作品的无限复杂化和多样化现象之中，哲学思维揭示出所有这些创造物据以联结在一起的一种普遍功能的统一性。神话、宗教、艺术、语言，甚至科学，现在都被看成是同一旋律的众多变奏，而哲学的任务正是要使这种主旋律成为听得出的和听得懂的。[①]

追求“以理服人”的道教身体哲学研究的目的之一，就是努力使道教文化在当代人们生活中仍然被理解和被接受，并在新时期焕发出新的生命力。

① ［德］恩斯特·卡西尔：《人论》，甘阳译，上海译文出版社 1985 年版，第 91 页。

参考文献

一 道家、道教经典类

楼宇烈:《老子道德经注校释》，中华书局 2009 年版。

蒋门马:《南华真经副墨》，中华书局 2010 年版。

王明:《抱朴子内篇校释》，中华书局 1985 年版。

赵益:《真诰》，中华书局 2011 年版。

王家葵:《登真隐诀辑校》，中华书局 2011 年版。

胡守为:《神仙传校释》，中华书局 2010 年版。

王家葵:《真灵位业图校理》，中华书局 2013 年版。

王京州:《陶弘景集校注》，上海古籍出版社 2009 年版。

杜琮、张超中:《黄庭经注释 · 太乙金华宗旨注释》，中国社会科学出版社 2004 年版。

《无上秘要》，《道藏》第 3 册，文物出版社、上海书店、天津古籍出版社 1988 年版。

《上清大洞真经》，《道藏》第 1 册。

《云笈七签》卷 11《上清黄庭内景经》，《道藏》第 24 册。

《云笈七签》卷 12《太上皇庭外景经序》，《道藏》第 2 册。

《元始五老赤书玉篇真文天经书》，《道藏》第 1 册。

《太上灵宝诸天内音自然玉字》，《道藏》第 2 册。

《元始无量度人上品妙经》，《道藏》第 1 册。

《上清道类事项》，《道藏》第 24 册。

《列仙传》，《道藏》第 5 册。

《仙苑编珠》，《道藏》第 5 册。

《洞玄灵宝五岳古本真形图》，《道藏》第 6 册。
《道要灵祇神鬼品经》，《道藏》第 28 册。
《太上三五正一盟威箓》，《道藏》第 28 册。
《三天内解经》，《道藏》第 28 册。
《洞玄灵宝道学科仪》，《道藏》第 24 册。
《元始上真众仙记》，《道藏》第 3 册。
《洞玄灵宝飞仙上品妙经》，《道藏》第 6 册。
《元始天尊说三官宝号经》，《道藏》第 2 册。
《元始无量度人上品妙经四注》，《道藏》第 2 册。
《周氏冥通记》，《道藏》第 5 册。
陆修静：《道门科略》，《道藏》第 24 册。
《太上洞玄灵宝灭度五炼生尸妙经》，《道藏》第 6 册。
《赤松子章历》，《道藏》第 11 册。
《三洞珠囊》，《道藏》第 25 册。
《老君音诵戒经》，《道藏》第 18 册。
《洞玄灵宝上师说救护身命经》，《道藏》第 6 册。
《太上洞玄洞渊神咒治病口章》，《道藏》第 32 册。
《上清黄书过度仪》，《道藏》第 32 册。
《洞真太上素灵洞元大有妙经》，《道藏》第 33 册。
《神仙服饵丹石行药法》，《道藏》第 6 册。
《太上洞玄灵宝飞行三界通微内思妙经》，《道藏》第 24 册。
《黄帝龙首经》，《道藏》第 4 册。
《因缘经》，《道藏》第 17 册。
《要修科仪戒律钞》，《道藏》第 6 册。
《太上洞渊神咒经》，《道藏》第 6 册。
《三皇内文遗秘》，《道藏》第 18 册。
《斋戒录》，《道藏》第 6 册。
《道教经典精华》，宗教文化出版社 1999 年版。
苏晋仁、萧链子：《历代释道人物志》，巴蜀书社 1998 年版。
任继愈：《道藏提要》，中国社会科学出版社 1991 年版。

胡孚琛：《中华道教大辞典》，中国社会科学出版社 1995 年版。
王家葵：《养性延命录校注》，中华书局 2014 年版。
《魏书》卷 114《释老志》，中华书局 1974 年版。

二 道教研究专著、相关典籍类

王明：《道家和道教思想研究》，中国社会科学出版社 1984 年版。
朱越利：《道藏分类解题》，华夏出版社 1996 年版。
陈国符：《道藏源流考》，中华书局 1963 年版。
卿希泰：《中国道教史》第 1 卷，四川人民出版社 1995 年版。
卿希泰：《中国道教思想史》第 1 卷，人民出版社 2009 年版。
汤一介：《早期道教史》，昆仑出版社 2006 年版。
窪德忠：《道教史》，萧坤华译，上海译文出版社 1987 年版。
小林正美：《六朝道教史》，李庆译，四川人民出版社 1987 年版。
许地山：《道教史》，中国画报出版社 2013 年版。
朱越利：《道藏说略》，北京燕山出版社 2009 年版。
潘玉廷：《道教史发微》，复旦大学出版社 2012 年版。
王卡：《道教经史论丛》，巴蜀书社 2007 年版。
蒙文通：《佛道散论》，商务印书馆 2011 年版。
李养正：《道教义理综论》，宗教文化出版社 2009 年版。
胡孚琛：《道学通论》，社会科学文献出版社 2009 年版。
胡孚琛：《魏晋神仙道教》，人民出版社 1989 年版。
朱越利：《理论·视角·方法——海外道教学研究》，齐鲁书社 2013 年版。
盖建民：《道教医学》，宗教文化出版社 2001 年版。
陈鼓应：《道教文化研究》第 24 辑，生活·读书·新知三联书店 2009 年版。
白才儒：《道教生态思想的现代解读——魏晋南北朝道教研究》，社会科学文献出版社 2007 年版。
钟玉英：《汉末魏晋南北朝道教与社会分层思想研究》，四川大学出版社 2008 年版。

盖建民：《开拓者的足迹：卿希泰先生八十寿辰纪念文集》，巴蜀书社 2010 年版。
牟钟鉴：《当代中国宗教研究精选丛书 · 道教卷》，民族出版社 2008 年版。
姜生：《汉魏两晋南北朝道教伦理论稿》，四川大学出版社 1995 年版。
刘志：《魏晋南北朝社会生活与道教文化》，巴蜀书社 2013 年版。
王家葵：《陶弘景丛考》，齐鲁书社 2003 年版。
马晓东：《魏晋南北朝庄学史论》，中华书局 2012 年版。
马良怀：《汉晋之际道家思想研究》，厦门大学出版社 2006 年版。
张继禹：《天师道史略》，华文出版社 1990 年版。
汤伟侠：《汉魏六朝道教教育思想研究》，巴蜀书社 2001 年版。
丁宏武：《葛洪论稿》，中国社会科学出版社 2013 年版。
乐爱国：《中国道教伦理思想史稿》，齐鲁书社 2010 年版。
游建西：《道家道教史略论稿》，光明日版出版社 2006 年版。
赵芃：《道教自然观研究》，巴蜀书社 2007 年版。
郑全：《葛洪研究》，宗教文化出版社 2010 年版。
张崇富：《上清派修道思想研究》，巴蜀书社 2004 年版。
马德邻：《老子形上思想研究》，学林出版社 2003 年版。
谢清果：《道家科技思想范畴引论》，宗教文化出版社 2013 年版。
刘仲宇：《道教法术》，上海文化出版社 2002 年版。
许建良：《魏晋玄学伦理思想研究》，人民出版社 2003 年版。
李申：《道教本论（黄老、道家暨道教论）》，上海文化出版社 2001 年版。
徐斌：《魏晋玄学新论》，上海古籍出版社 2000 年版。
张钦：《道教炼养心理学引论》，巴蜀书社 1999 年版。
成中英：《论中西哲学精神》，东方出版中心 1991 年版。
唐明邦：《论道崇真集》，华中师范大学出版社 2006 年版。
龚鹏程：《道教新论》，北京大学出版社 2009 年版。
詹石窗：《道教与中国养生智慧》，东方出版社 2009 年版。

何兹全、张国安：《魏晋南北朝史》，人民出版社 2013 年版。
唐长孺：《魏晋南北朝史论丛》，商务印书馆 2010 年版。
卢国龙：《道教哲学》，华夏出版社 2007 年版。
王孝鱼：《尚书引义》，中华书局 1962 年版。
赵馥洁：《中国传统哲学价值论》，人民出版社 2009 年版。
李刚：《中国道教文化》，长春出版社 2011 年版。
李刚：《何以中国根柢全在道教》，巴蜀书社 2008 年版。
李刚：《重玄之道开启众妙之门》，巴蜀书社 2005 年版。
曾召南、李刚、张钦：《学步集：曾召南道教研究论稿》，巴蜀书社 2008 年版。
李刚：《魏晋南北朝宗教政策研究》，四川大学出版社 1994 年版。
李刚：《汉代道教哲学》，巴蜀书社 1995 年版。
吕鹏志：《唐前道教仪式史纲》，中华书局 2008 年版。

三　哲学观研究专著类

[俄] T. H. 奥伊泽尔曼：《元哲学》，高晓惠译，人民出版社 2013 年版。
邹诗鹏：《生存论续探》，中国社会科学出版社 2013 年版。
爱莲心：《未来的形而上学》，余日昌译，江苏人民出版社 2012 年版。
吴伟赋：《第三种形而上学》，学林出版社 2002 年版。
张世英：《哲学导论》，北京大学出版社 2002 年版。
孙正聿：《哲学通论》，复旦大学出版社 2012 年版。
孙正聿：《哲学观研究》，吉林人民出版社 2007 年版。
杨国荣：《道论》，北京大学出版社 2001 年版。
李泽厚：《哲学纲要》，北京大学出版社 2011 年版。
孙正聿：《探索真善美》，吉林人民出版社 2007 年版。
孙正聿：《属人的世界》，吉林人民出版社 2007 年版。
孙正聿：《哲学的目光》，吉林人民出版社 2007 年版。
[美] 所罗门：《大问题：简明哲学导论》，张卜天译，广西师范大

学出版社 2004 年版。
高清海:《哲学的奥秘》，吉林人民出版社 1997 年版。
高清海:《哲学思维方式的变革》，吉林人民出版社 1997 年版。
孙正聿:《崇高的位置》，吉林人民出版社 1997 年版。

四 后现代主义哲学、身体哲学研究专著类

张再林:《作为身体哲学的中国古代哲学》，中国社会科学出版社 2008 年版。
汪民安、陈永国:《后身体——文化、权力和生命政治学》，吉林人民出版社 2003 年版。
林丹:《日用即道》，光明日报出版社 2012 年版。
刘丰祥:《身体的现代转型》，光明日报出版社 2009 年版。
周与沉:《身体：思想与修行》，中国社会科学出版社 2005 年版。
夏可君:《身体》，北京大学出版社 2013 年版。
张尧均:《隐喻的身体——梅洛—庞蒂身体现象学研究》，中国美术学院出版社 2006 年版。
[英] 安东尼·吉登斯:《现代性的后果》，田禾译，译林出版社 2011 年版。
[美] 劳伦斯·E. 卡洪:《现代性的困境——哲学、文化和反文化》，王志宏译，商务印书馆 2008 年版。
[美] 大卫·雷·格里芬（D. R. Griffin）编:《后现代精神》，王成兵译，中央编译出版社 2012 年版。
汪民安:《身体的文化政治学》，河南大学出版社 2004 年版。
汪民安:《身体空间与后现代性》，江苏人民出版社 2006 年版。
《身体在历史》（全三卷），华东师范大学出版社 2013 年版。
贾江鸿:《作为灵魂和身体的统一体的人——笛卡尔哲学研究》，中国社会科学出版社 2013 年版。
汪民安:《尼采和身体》，北京大学出版社 2008 年版。
张之沧:《身体认知论》，人民出版社 2014 年版。
张祥龙等:《现象学思潮在中国》，首都师范大学出版社 2011 年版。

张艳艳：《先秦儒道身体观及其美学意义考察》，上海古籍出版社2007年版。

杨儒宾：《儒家身体观》，中研院中国文哲研究所筹备处1992年版。

杨儒宾：《中国古代思想中的气论及身体观》，巨流图书公司1993年版。

蔡璧名：《身体与自然——以〈黄帝内经素问〉为中心论古代思想传统中的身体观》，台湾大学出版社1997年版。

汤浅近雄：《灵肉探微——神秘的东方身心观》，马超等编译，中国友谊出版公司1990年版。

张再林等：《身体、两性、家庭及其符号》，西安交通大学出版社2010年版。

莫里斯·梅洛—庞蒂：《知觉现象学》，姜智辉译，商务印书馆2005年版。

［英］基斯·特斯特：《后现代性下的生命与多重时间》，李康译，北京大学出版社2005年版。

［美］劳伦斯·E. 卡洪：《现代性的困境》，周宪、许钧主编，商务印书馆2008年版。

五　期刊论文、报刊文献类

杨大春：《身体的神秘：法国现象学的一个独特维度》，《学术月刊》2010年第10期。

杨国荣：《哲学对话：走向内在的视域》，《光明日报》2004年1月6日。

林玮：《朱子学的身体哲学再诠释》，《江西社会科学》2012年第2期。

张再林：《中国古代宇宙论的身体性》，《西北大学学报》（哲学社会科学版）2006年第7期。

方英敏：《修身与赤身：两种不同的处“身”理想》，《贵州大学学报》（哲学社会科学版）2011年第7期。

陈宁：《东西方身体文化观的比较》，《长江大学学报》（哲学社会科学版）2012 年第 3 期。

陈定家：《身体："想象的起点和终点"——〈身体课〉与〈身体活〉的互文性诠释》，《北京联合大学学报》（哲学社会科学版）2013 年第 7 期。

陆航：《作为中西哲学桥梁的身体哲学——访西安交通大学张再林教授》，《中国社会科学报》2011 年 7 月 5 日。

张曙光：《身体哲学：反身性、超越性和亲在性》，《学术月刊》2010 年第 10 期。

安娜：《"身体思维"探微》，《社科纵横》2010 年第 9 期。

燕连福：《中国传统文化的对话范式——从身体的视角看》，《青海社会科学》2007 年第 9 期。

张国启：《身体哲学视域下修身理论价值的现代诠释》，《南通大学学报》（哲学社会科学版）2008 年第 1 期。

张再林：《身体哲学视域下中国传统生命辩证法——兼论中西辩证法的理论之辨》，《中国人民大学学报》2013 年第 3 期。

崔永和、程爱民：《身体哲学：马克思颠覆传统形而上学的生活旨归》，《河南师范大学学报》（哲学社会科学版）2013 年第 9 期。

解战原、文兵：《反中心化：后现代主义哲学的总体特征》，《新视野》2005 年第 5 期。

周书俊：《再谈身体哲学的"身体"——对唐涛先生回应的答复》，《宁夏党校学报》2009 年第 5 期。

张再林：《中医"身体符号"系统的特征及其意义》，《学术月刊》2010 年第 1 期。

方英敏：《身体之思——先秦中华民族主体意识觉醒的参照系》，《云南社会科学》2008 年第 3 期。

方英敏：《贵身：身体的本体认定》，《江西社会科学》2010 年第 3 期。

郑敏希、赵玲：《怀特海的"事件"理论与身体哲学》，《求索》2011 年第 3 期。

宋健：《后现代身体观的生态启示》，《前沿》2009 年第 9 期。

杨大春：《从身体现象学到泛身体学》，《社会科学战线》2010 年第 7 期。

季晓峰：《从认识主体返回身体主体——论梅洛—庞蒂身体哲学视域下的“主体性”概念》，《福建论坛》（哲学社会科学版）2010 年第 4 期。

张再林、燕连福：《从经验到体验：现代西方哲学的彻底经验主义走向》，《江海学刊》2010 年第 2 期。

费多益：《从“无身之心”到“寓心于身”——身体哲学的发展脉络与当代思路》，《哲学研究》2011 年第 2 期。

张再林、马新锋：《本心与习心——基于“身体哲学”的阳明心学阐释》，《人文杂志》2010 年第 2 期。

高建红：《什么是“身体的历史”》，《中华读书报》2013 年 5 月 22 日。

胡军良：《身体哲学：新的哲学范式》，《光明日报》2009 年 1 月 15 日。

严奕峰：《身体主体：教学变革亟待关注的问题》，《中国社会科学报》2013 年 8 月 30 日。

陆贵山：《后现代主义社会文化思潮解析》，《文艺报·理论与争鸣》2013 年 11 月 25 日。

倪卫国：《关于身体的“造反有理”——读〈身体的历史〉》，《光明日报》2013 年 6 月 11 日。

史忠义：《后现代之后的当代性》，《光明日报》2012 年 12 月 3 日。

王晓华：《低估身体：身体美学研究的一个欠缺》，《中国社会科学报》2012 年 11 月 9 日。

后记　且修行 且写作

(一)

赵馥洁在《价值的历程——中国传统价值观的历史演变》一书中，以“清境、真境、乐境、美境”四重境界阐释道家的“玄境”，我对道家思想和道家学说的爱好，也经历了一个类似的过程。

我自幼喜山乐水，崇佛慕道，及至长大后，为求学计虽四处奔波，然无论于栖遑流离之时，还是于觥筹交错之中，亦未曾失一点清静之心、自明之识，可说是自幼于心灵的土壤中便植入了致虚守静的“种子”。

后机缘凑泊，我得以师从赵馥洁、李刚两位先生系统地学习中国传统价值哲学和道家哲学，从中我不仅获得了治学方法上的启迪，而且使我逐渐养成了达观空灵、高举远慕的哲学心境，这种心境催发了沉抑于心灵深处的“种子”，我遂以体道观身，悟道明性为求学的致思路向与人生的理想旨归。

当我能从熙熙攘攘、烦躁浮华的现实表象中抽身而出，转身于体悟隐藏于生命深处的灵性奥秘时，在身体的韵动中，我恍然悟及，原来，我们的个体生命向自然复归的过程，便是哲学的最高境界和美学的绝妙归宿！

(二)

从熟悉、背诵道教原典，到重新温习、夯实元哲学理论基础，再到深入哲学史梳理哲学的身体线索，并最终运用哲学的问题意识和论证方法去探究道教思想和道教文化发生与发展的哲学机理与理性的根据，这是一段极为艰苦的心路历程。

一步一个脚印地走过来，我的精神气质、人格情操都逐渐渗入自然的气息。这一过程尽管离所追求的那种生命创造的过程尚有差距，但却无疑是一个充满挑战、充满收获的过程。自信经过这样的洗练，我可以称作一个道人——问道之人！对这一称谓，我由衷地感到自豪。如前所言，我出身于乡野，自幼性情顽劣，品格粗疏。然在幼年时于心田深处即已植入道学的种子——性情悲悯，憧憬自然，好山乐水，钟情遐思。这一种子随着我的成长始终凝聚在我的心灵深处，使我在后来的人生路上，无论遭遇怎样的困境，都没有失去人生的根本方向。后来，因身体多病而广求医药，终不得愈，在偶然之际，遇见道教炼养之书，遂一发不可收拾。除读古经，玩味道典外，对前辈学者胡孚琛先生的《丹道法诀十二讲》和詹石窗先生的《道教修行指要》及陈全林先生的《辟谷道论》等书，一读再读，并下狠力实践其中道理，身心渐入佳境，求道之心也日益坚定。在因缘际会下潜伏于我心灵深处的种子终于萌发为我的人生追求。这篇博士论文就是我这一追求的阶段性成果。

太上曰："道生之，德成之。"又曰："知人者智，自知者明。"我自知在寻道的每一个阶段所取得的每一个成果，除了我的坚持之外，更是老师、家人和朋友共同爱护，无私帮助的结果。业师李刚在我入学之初即启发我选定论题，然后在论文的每一个关节点又恰到好处地给予我指导。仿佛如一盏灯塔，总是在我认识处于低谷时给我指明致思的方向。在论文撰写的过程中，先生更是给予我无微不至的指导。没有老师的精心教诲，根本不会有这一成果的产生。

我原认为在生活世界中，"我"作为"意义"的原发点完全可以存现于自我世界中，依照身体的界限，在身体之内完成生命意义的创造活动。然而，博士课业的开展终于让我体悟到一个道理，人的存现是借助于我们赖以生活的周围世界而显现的，离开周围的世界我们将无家可归，也无处可寻，正是这一个个生动活泼的有情世界，让我时时明了出入世间之真谛，皆赖此身、此心。

除了尚能进行一些无聊的玄思之外，我自知身无长处，能够一步步走到今天，没有我的家人的默默关怀和倾力支持，没有我的老师们的无私爱护和提携，没有我的朋友们的热情鼓舞和长期的宽宥，没有读博期间我的博士兄弟姐妹们的帮助和扶持，也绝对不会有我的今天，我的博士学业也绝对难以如期如愿地完成。对他们，我唯愿斯生斯年，长相祝愿，长相期盼。祝愿我的亲人们、师长们、兄弟姐妹们永远幸福安康，期盼天假良机，让我能够聊尽孝心，略尽诚心！

尽管，随着博士课业的钻研，隐匿于我心灵深处的那种与生俱来的“无家”意识和生死情结并没有因为博士课业的推进而得以释然，但是，漂泊于无何有之乡的那种生死情结总算因为有了经典的支撑而得到了持久的慰藉。在我的心灵深处，也有早年不敢或者不甘直面宿命的问题，到今天终于悟得，原来宿命中包含着一种生命的力量和人性的美感，听从身体的呼唤，尊重身体自身成长的规律，立定于人世间，未尝不是对宿命论的真切觉解。

在对道教经典的阅读和道教人文思想的体悟中，我渐渐感到它们使我的身体最终回归到了这片大地之上，根植于这片大地之中，身体也因为有了大地母亲的滋润而焕发出无限生机。面对自然的大限，既然我们无可回避，那么与其苟且地等待，不如迎上前去，创造出一种全新的生命天地吧！这难道不就是“道法自然”所昭示出的人格气象么?

回来吧，那思念故乡的人儿！

我也逐渐形成了一种信念，生命的回归之路，不在于山泉林野，而在于每天每时的生活，这或可作为对道祖老子“归根曰静”的一种诠释吧。

行文至此，心中涌起一种诗意道情，遂填词一首以赋意：

望江南——体道

道可道，壶内有洞天。功行周处返自然，默会幽冥悟玄玄，放下即神仙。

为无为，方外非道缘。思痕墨影入芸编，理境遥寻智慧泉，观内亦燕然。

伫立于望江之畔，我已泪流满面……为逝去的年华，为深厚的情谊，为生命的将来！感恩，生活！

（三）

我性情顽劣，心性游移，对家庭责任、社会道义问题的思考，直到攻读博士阶段方解这些问题之于自我人生存在的真实性和迫切性，并进入自己的心灵深处，凝结为自我人生成熟的生命基因，浸润于生命的深处，引发出我的恐慌和焦虑情绪，人生方渐趋成熟的轨道。因此，相对于一般人，我是晚熟性的人。这样的心理历程，于自己可能是一种洒脱，但于家人，尤其于携手终生的爱人而言，确是一种实实在在的压力。

我的妻子朱慧芸女士年幼于我，但却一直默默地包容着我，如果没有我的妻子，就不会有我的博士生涯，更没有本书的出版，权用本书作为一份小小的献礼，感谢她辛勤的付出。

本书的出版离不开石玉平老师、张全省老师、张周志老师和刘林魁老师和张波先生的指导，他们的热情鼓励，一直促发着我不断对书稿进行修改和完善。还有我的老班主任赵林虎老师，与我亦师亦兄亦友，也借本书的出版对其致以感谢之情，感谢他长期以来的宽容、爱护和支持。

还有我身边与我相嬉相乐，相交相知的诸多兄弟、朋友，我情感之，我心知之。

……唯有戮力以往，不敢稍有停歇，以不负此身此生此友！

2018 年 8 月 8 日

于宝鸡蛰心斋